DIE DIGITALE PILLE

Dr. Elgar Fleisch ist Professor für Informations- und Technologiemanagement an der ETH Zürich und der Universität St. Gallen. Der gebürtige Österreicher ist Initiator des wissenschaftlichen Center for Digital Health Interventions, Mitgründer mehrerer Start-ups und Mitglied in verschiedenen Aufsichts- und Verwaltungsräten.

Dr. Christoph Franz ist Honorarprofessor für Betriebswirtschaftslehre an der Universität St. Gallen. Der gebürtige Frankfurter ist außerdem Verwaltungsratspräsident der Roche AG.

Dr. Andreas Herrmann ist Professor an der Universität St. Gallen, wo er die Forschungsstelle für Customer Insight leitet. Als Autor und Ko-Autor hat er bereits 15 Bücher veröffentlicht. Außerdem ist er Gründer zweier Unternehmensberatungen mit Sitz in Mainz und St. Gallen.

Annette Mönninghoff ist Projektleiterin und Doktorandin am Institut für Customer Insight an der Universität St. Gallen. Ihr Forschungsgebiet ist die Schnittstelle zwischen Konsumentenverhalten und Digitaler Medizin.

Elgar Fleisch, Christoph Franz, Andreas Herrmann, Annette Mönninghoff

DIE DIGITALE PILLE

Eine Reise in die Zukunft unseres Gesundheitssystems

Campus Verlag
Frankfurt/New York

Die englische Originalausgabe erschien 2021 bei Emerald Publishing Limited unter dem Titel *The Digital Pill: What Everyone Should Know about the Future of Our Healthcare System*. All rights reserved.

This edition of *The Digital Pill* by Elgar Fleisch, Christoph Franz, Andreas Herrmann is published under licence from Emerald Publishing Limited of Howard House, Wagon Lane, Bingley, West Yorkshire, BD16 1WA, United Kingdom. All rights reserved.

ISBN 978-3-593-51369-0 Print
ISBN 978-3-593-44734-6 E-Book (PDF)
ISBN 978-3-593-44733-9 E-Book (EPUB)

Umschlaggestaltung: Guido Klütsch, Köln
Umschlagmotiv: © shutterstock/jamesteohart
Abbildungen im Innenteil: © Marcus Frey (Frey Illustration), Bad Vilbel
Satz: inpunkt[w]o, Haiger (www.inpunktwo.de)
Gesetzt aus der Minion und Neo Sans
Druck und Bindung: Beltz Grafische Betriebe GmbH, Bad Langensalza
Printed in Germany
www.campus.de

Inhalt

Vorwort

Ein Buch über die Chancen digitaler Technologien im Gesundheitswesen zu schreiben stellt eine besondere Herausforderung dar. Jeden Tag und überall auf der Welt entstehen Gesundheits-Apps und innovative Ansätze, um aus Patientendaten neue Therapien zu entwickeln. Sie haben die Kraft, die Rolle von Patienten und Ärzten neu zu definieren, medikamentenbasierte Therapien durch digitale zu ergänzen und aus einer «Reparaturmedizin» eine «Vorsorgemedizin» zu entwickeln. Auch besteht die große Chance, die in vielen Ländern unterfinanzierten und an ihrer Leistungsgrenze agierenden Gesundheitssysteme zu entlasten und viel mehr Menschen als bislang eine angemessene medizinische Versorgung zukommen zu lassen.

All diese technologischen Entwicklungen zu überschauen, zu durchdringen oder schon jetzt abschließend zu bewerten ist nicht möglich. So liefert das Buch keinen in allen Details ausgearbeiteten Entwurf über die digitalen Technologien im Gesundheitswesen, sondern entspricht eher den gesammelten Tagebüchern einer Reise, die noch gar nicht abgeschlossen ist. Gleichwohl erscheint es lohnenswert, diese Reise anzutreten, da jetzt die einmalige Chance besteht, unser Gesundheitssystem völlig neu zu denken und tatsächlich auch zu verändern. Es ist der Zeitpunkt gekommen, um diese digitalen Optionen im Gesundheitswesen auf die Bühne der gesellschaftlichen Diskussion zu befördern und damit einen Beitrag zu leisten, dass sie unser Leben zum Besseren verändern. Daher ist das Buch als Sachbuch für den interessierten Laien geschrieben, nicht als rein wissenschaftliches Werk oder Fachbuch. Es orientiert sich am Patienten und weniger an den Abläufen in Krankenhäusern oder Arztpraxen.

Die Auseinandersetzung mit dem Thema hat auch uns Autoren bewegt und fasziniert, vor allem deswegen, weil es nur auf den ersten Blick um Technologie, Apps, Algorithmen, Daten und Sensoren geht. Viel spannender sind die Geschichten dahinter, das heißt die neuen Möglichkeiten, die die digitale Welt den Menschen eröffnet. Neben all den Chancen bewegt uns eine andere Einsicht ganz besonders: Noch immer besitzen keineswegs alle Menschen Zugang zu bester medizinischer Versorgung. Mithilfe von Apps, digitalen Arzthelfern, automatisierten Mini-Kliniken, Telemedizin und vielem anderen könnten künftig viel mehr Menschen, egal wo sie leben und welche finanziellen Möglichkeiten sie besitzen, kostengünstig und wirkungsvoll medizinisch versorgt werden. Damit tragen diese digitalen Technologien quasi zur Demokratisierung des Gesundheitswesens bei, was ein wichtiger Schritt ist, um Menschen gerade auch in Entwicklungsländern eine Perspektive zu vermitteln.

Die Pandemie 2019 hat uns vieles vor Augen geführt. Sie hat uns auch gezeigt, wie wichtig die Digitalisierung im Gesundheitswesen ist, um es auch in Zeiten der physischen Distanz am Laufen zu halten und um schnell und zuverlässig Daten zu erfassen und zu konsolidieren, wenn die öffentliche Gesundheit in Gefahr ist. Zudem haben uns die zurückliegenden Monate gezeigt, dass wir als Gesellschaft zu Veränderungen in Richtung Digitalisierung fähig sind!

Bei aller Begeisterung für digitale Technologien – sie sind für uns nie Selbstzweck, sondern immer ein wichtiges Mittel, um die medizinische Versorgung der Menschen zu verbessern. Deshalb zielt dieses Buch nicht nur darauf ab, den Werdegang der Gesundheitssysteme zu skizzieren und digitale Anwendungen am Beispiel bestehender Start-ups und bereits etablierter Unternehmen oder Organisationen im Gesundheitssektor zu verdeutlichen. Vielmehr sollen auf Basis der technologischen Möglichkeiten die wesentlichen Wirkungsmuster und Eckpfeiler eines neuen Gesundheitswesens hergeleitet und ausgeführt werden. Diese stellen wir zur Diskussion, überzeugt davon, dass wir mit ihrer Umsetzung die medizinische Versorgung der Menschen zum Besseren verändern könnten. Mit den 25 Mustern und fünf Pfeilern des Gesundheitssystems von morgen wollen wir einen Diskurs anregen, Bestehendes infrage stellen, gerne auch anecken, Kritik und Zustimmung erfahren, aber viel wichtiger noch: den Weg aufzeigen zu einem wirkungsvolleren und effizienteren Gesundheitswesen.

Der Vergleich mit einem Laubbaum versinnbildlicht das Ziel, das wir mit diesem Buch verfolgen, vielleicht am greifbarsten: Wir wollen nicht nur Digitalisierungsbeispiele aus der ganzen Welt sammeln und sie einem bunten Blätterhaufen gleich darstellen. Vielmehr wollen wir anhand der Beispiele den Baum nachzeichnen, an dem die Blätter hängen – mit seinen Wurzeln, seinem Stamm, seinen tragenden Ästen und feingliedrigen Zweigen. Denn sie sind es, die dem Baum seine Struktur und Stabilität geben und ihn zu dem machen, was er ist: ein über Jahrzehnte beständiger Organismus, der sich dennoch laufend weiterentwickelt und erneuert, neue Triebe bildet und Ausgedientes abwirft. Die Blätter kommen und gehen jedes Jahr, Wurzel, Stamm und Äste bleiben.

Dieses Werk befasst sich mit den wichtigsten fünf chronischen Krankheiten – Herz-Kreislauf- und Atemwegserkrankungen, Diabetes, Krebs und psychische Erkrankungen wie Depressionen. Sie verursachen enormes Leid bei den Patienten und beeinträchtigen die Lebensqualität vieler Menschen. Sie sind auf dem Vormarsch und bringen die Gesundheitssysteme vieler Länder an die Belastungsgrenze. Die gute Nachricht ist jedoch, dass diese chronischen Krankheiten durch einen entsprechenden Lebensstil und eine medizinische Vorsorge verhindert oder zumindest abgeschwächt werden können. Genau hier kommen die digitalen Technologien ins Spiel, mit deren Hilfe Lebensstile verändert, die Vorsorge und medizinische Betreuung verbessert und innovative Therapien entwickelt werden können. Gelingt uns dies, können wir nicht nur das Leid der Menschen mindern, sondern auch die Gesundheitssysteme entlasten. Wir zeigen die digitalen Muster des Gesundheitswesens am Beispiel der chronischen Krankheiten, weil sie global das größte Leid und die höchsten gesellschaftlichen Kosten verantworten. Die meisten Muster gelten jedoch genauso für akute und ansteckende Krankheiten.

Wir haben das Buch in drei Teile gegliedert. Jeder Teil kann für sich gelesen werden ohne Vorwissen aus den anderen Teilen. Wer Interesse an der Entwicklung und den Konsequenzen der chronischen Krankheiten hat, der steigt bei Teil 1 ein. Wer sich gleich in die 25 Muster der Digitalisierung stürzen will, der kann das Buch mit Teil 2 beginnen. Teil 3 fasst die Erkenntnisse der ersten beiden Abschnitte zu fünf Pfeilern des Gesundheitssystems von morgen zusammen.

In der engsten Auslegung bedeutet Digitalisierung lediglich das Übersetzen von Informationen in ein digitales, maschinenlesbares Format. Wenn wir in diesem Buch von Digitalisierung sprechen, so meinen wir die umfassende Auslegung des Begriffes: die Anwendung aller möglichen Informationstechnologien, um neue Produkte, Dienstleistungen, Kundenerlebnisse, Formen der Zusammenarbeit und Geschäftsmodelle hervorzubringen. Und was meinen wir mit dem Buchtitel *Die digitale Pille*? Unter der in sich schon fast widersprüchlichen und daher anregenden Begriffskombination verstehen wir nicht nur eine Tablette oder Therapie, die Bits und Bytes enthält, sondern jeglichen Einsatz von digitalen Technologien, der unser Gesundheitssystem verändert, den medizinischen Fortschritt beschleunigt oder neue Therapie- oder Vorsorgemöglichkeiten schafft.

Dieses Buch hätte nie geschrieben werden können ohne die inspirierenden, kritischen und erhellenden Gespräche mit vielen Menschen, die daran arbeiten, digitale Technologien für das Gesundheitswesen zu entwickeln und am Markt zu erproben. Troy Cox, Dough Hirsch, Andrew Thompson, Nat Turner, Zach Weinberg, Frank Westermann, Torsten Wirkes und viele andere – sie alle werden mit ihrer medizinischen Erfahrung, ihrem Pioniergeist und Unternehmergeist in den nächsten Jahren unseren Umgang mit digitalen Therapien prägen. Mit ihrem Wissen tragen sie maßgeblich dazu bei, dass Apps, innovative Datenanalysen und vieles mehr ihren Weg ins Gesundheitswesen finden werden. Wir bedanken uns, dass sie sich Zeit genommen haben, um mit uns ihre Erkenntnisse und Überzeugungen zu teilen.

Viele Ärzte, Mitarbeiter, Kollegen, Experten und herausragende Persönlichkeiten aus Medizin, Politik, Wirtschaft und Gesellschaft haben uns Anregungen und Impulse vermittelt. Unser Dank gilt ihnen allen für die Bereitschaft, all ihr Wissen und alle ihre Erfahrungen einzubringen. Zu ihnen zählen Lisa Marsch, Gerald Fleisch, David Gorgan, Tobias Kowatsch, Tim Jäger, Joseph Kvedar, Dave Kotz, Sandy Pentland, Florian von Wangenheim, Florian Wirth und Felix Wortmann. Besonders wertvoll waren die detaillierten, kritischen Reviews, Hinweise und Kommentare von Martin Brutsche, Thierry Carrel, Steffi Gassmann und Christoph Stettler sowie auch jene von Daniel Grotzky. Er hat die Entstehung dieses Buchs von Anfang an begleitet und überall dort, wo wir uns nicht sicher waren, stets den Rat seiner medizinischen Kollegen bei der F. Hoffmann-La Roche AG eingeholt. Ganz besonders danken wir Niall Kennedy vom Emerald Verlag und Patrik Ludwig vom Campus Verlag für ihre Unterstützung. Sie konnten sich von Anfang an für dieses Projekt begeistern.

Wir hoffen, dass ein Buch entstanden ist, das aus vielfältigen Perspektiven dazu beiträgt, eine offene, ehrliche, vielschichtige und differenzierte Diskussion über die digitalen Anwendungen im Gesundheitswesen zu führen. Wir Autoren sind enorm inspiriert von den Möglichkeiten der Digitalisierung. Und auch uns bewegen die Fragen und Herausforderungen, die in diesem Zusammenhang entstehen und in diesem Buch angesprochen werden.

Elgar Fleisch
Christoph Franz
Andreas Herrmann
Annette Mönninghoff

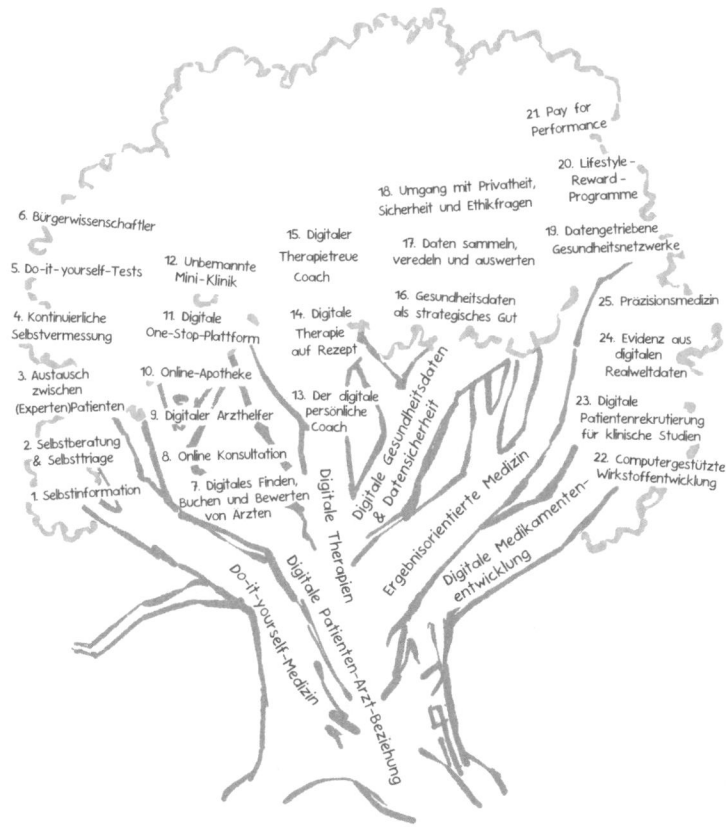

Quelle: Eigene Darstellung

Geleitwort

Die Gesundheitssysteme dieser Welt kommen durch Erfolge moderner Medizin an ihre Belastungsgrenzen – die sich einseitig drehende Kostenspirale gefährdet zunehmend den Zugang sozial benachteiligter Bevölkerungsgruppen und hierdurch vermehrt den sozialen Frieden. Kann die »digitale Pille« unsere Gesundheitssysteme mit einem veritablen Quantensprung kurieren?

Grundsätzlich steht jedes Gesundheitssystem unter einem erheblichen Veränderungs- und Digitalisierungsdruck. Bereits heute wäre vieles machbar. Trotzdem werden von vielen Dienstleistern häufig nach innen gerichtete Papierprozesse digitalisiert und die Chance einer echten partnerschaftlichen digitalen Transformation vertan. Selten resultiert durch neue Anwendungen mehr Zeit für die praktische Arbeit am Patienten – meist rückt die Computerarbeit mehr und mehr in den Vordergrund. Dabei steht für die einzelnen am Veränderungsprozess Beteiligten zu viel auf dem Spiel – Ängste um Mindereinnahmen, der Verlust des Arbeitsplatzes oder potenziell weniger interessante Arbeitsinhalte dominieren den Diskurs. So findet weltweit eine Vernichtung von Geld aufgrund von wenig nachhaltigen IT-Insellösungen statt. Auch die Mühlen der Gesetzgebung, die ausgeprägte Segmentierung im Gesundheitsmarkt, die Trägheit der Zulassungsbehörden und schließlich die allseitig weit verbreitete Angst vor Veränderung leisten ihren Beitrag zur Konservierung des Status quo. Es gilt zu bedenken, dass Veränderungen in Gesundheitssystemen nicht nur die im Gesundheitsmarkt tätigen Arbeitnehmerinnen und Arbeitnehmer, sondern grundsätzlich jeden Bürger und somit uns alle betreffen. Die Geheimhaltung der Privatsphäre jedes Einzelnen stellt höchste Ansprüche an Ethik, Prozesse und Technik und wirft die Frage auf, wem die Daten gehören sollen, wer diese verwaltet und wer daran Bares verdient. Obwohl die Privatsphäre ungeteilt dem Individuum gehört, kann jedes Individuum durch das Beisteuern seiner anonymisierten Gesundheitsdaten jedweder Herkunft einen wichtigen Beitrag für die Gesundheit der gesamten Gesellschaft leisten. Dabei ist die Masse an Daten entscheidend – je mehr, je vollständiger und je besser die Qualität der Daten, desto größer das Potenzial, das mittels künstlicher Intelligenz gehoben werden kann. Der notwendige gesellschaftspolitische Kraftakt, der zumindest in westlich geprägten Demokratien notwendig ist, um eine solche Datenallianz auf die Beine zu stellen, ist vergleichbar mit der Leistung, die im Europa des 20. Jahrhunderts zu den wichtigen Sozialwerken geführt hat. Erzielte Erträge gehören, einem logischen Schluss folgend, den Innovatoren am Gesundheitsmarkt, aber hauptsächlich dem Individuum und der Gesellschaft. In der Tat scheinen die Hürden dieser Anforderungen und Erwartungen übermenschlich hoch. Digitale Transformation braucht Zeit für Kulturwandel und sozialen Schulterschluss.

Die Steuerung von Gesundheitssystemen läuft in vielen Ländern über die Finanzierung. Die Medizin hängt sozusagen am »Geld-Tropf«. Es regiert ein unheiliger, pseudo-freier Gesundheitsmarkt, der auf Geldanreize reagiert. Häufig erfolgt die Steuerung nicht nach medizinischen Kriterien, sondern ist im kompartimentalisierten Gesundheitssystem den Partikularinteressen der Dienstleister und Berufsgruppen ausgesetzt. So besteht das immanente Risiko, dass das Verlagern von neuen Anreizen zu weiteren Verzerrungen im Gesundheitsmarkt führt, die nicht ausreichend am Patientennutzen ausgerichtet sind. Solange genügend Ressourcen im System verfügbar sind, besteht wenig Druck für revolutionäre Veränderung. Es gilt die Volksweisheit »(Erst) Not macht erfinderisch«. Gesundheitssysteme bringen aber Volkswirtschaften überall auf der Welt in absehbarer Zeit in Bedrängnis, sodass der Umstand von Not langsam, aber sicher die Welt erfassen wird beziehungsweise in ärmeren Regionen dieser Welt nie einen Status außerhalb von Not erreichen konnte. Veränderung wird also kommen – lasst sie uns rechtzeitig und kontrolliert angehen.

Die Covid-19-Pandemie seit dem Frühjahr 2020 hat der Welt im Zeitraffer aufgezeigt, wie es funktionieren könnte. Auf einmal mussten innerhalb von Tagen medizinische Konzepte auf die Beine gestellt werden. Die medizinische Erkenntnis änderte sich teils im Stundenrhythmus – selbst Gesundheitsprofis waren auf ausschließlich internetbasierte Information angewiesen. Auf einmal fand während des Lockdowns in vielen Ländern eine kleine Revolution der Arbeitsmodalitäten statt. Homeoffice, virtualisierte Meetings und Veranstaltungen der Aus-, Fort- und Weiterbildung wurden salonfähig. Nachdem primär alle Veranstaltungen abgesagt wurden, entstanden binnen weniger Wochen digitale Angebote, die nach kurzer Zeit mehr als nur Behelfslösungen wurden und sich nachhaltig durchgesetzt haben. Innerhalb von Tagen wurden plötzlich Konsultationen via Videotelefonie abrechenbar, rege benutzt und geschätzt. Der Einsatz von Contact Tracing Apps wurde aufgrund des zu erwartenden Nutzens plötzlich höher bewertet als die absolute Privatsphäre von Bürgern – ein Novum zumindest für Europa. Veränderung geht also!

Digitale Transformation braucht einen Kulturwandel – einen Blick aus der Vogelperspektive und von außen. Und genau hier ist dieses Buch eine Goldgrube, aus der es zu schürfen lohnt. Strikt Hegelscher Dialektik folgend, kartografiert dieses Buch in verständlicher und angenehm zu lesender Sprache den IST-Zustand der Gesundheitssysteme dieser Welt. Dies im Hinblick auf deren aktueller Tragfähigkeit bei der Bewältigung der Herausforderung, Prävention, Behandlung und Kosten der immer häufiger werdenden Nichtübertragbaren Erkrankungen vor dem Hintergrund der sich verändernden Bevölkerungspyramide mit zunehmender Überalterung stemmen zu können. Das Buch skizziert dabei das immense, derweil nicht ausgeschöpfte Potenzial der digitalen Transformation im Bereich der Gesundheitserhaltung und Therapie, aus dem sich schließlich, wie Phönix aus der Asche, ein realistisches und positiv-geprägtes ZIEL-Bild für ein den Herausforderungen gewachsenes Gesundheitssystem ergibt. Das Buch ist reichhaltig mit anschaulichen und berührenden Beispielen aus verschiedenen Ecken dieser Welt bebildert. Vermittelt werden 25 praktische Lösungsansätze, im Buch »Muster« genannt, die kombiniert die Resilienz, Fitness und Agilität von Gesundheitssystemen verbessern und somit den Erfolg für Patienten materialisieren lassen. Gebührend Erwähnung findet dabei die weltweit äußerst kreative und wegweisende Start-up-Szene im Bereich der digitalen Gesundheit und Medizin. Möglichen Risiken der neuen Technologien wird genügend Raum gegeben. Schließlich gibt es keine Entwicklung, die neben positiven nicht auch negative Effekte zulässt. Letzteren gilt es, mit geeigneten flankierenden Maßnahmen entgegenzutreten.

Den Risiken der digitalen Transformation müssen auch die Risiken einer Auslassung beziehungsweise verspäteten Umsetzung gegenübergestellt werden.

Es muss und wird uns gelingen, mittels digitaler Medizin zukunftsgerichtete Gesundheitssysteme zu konsolidieren, die den Herausforderungen der zunehmenden Nichtübertragbaren Krankheiten der alternden Gesellschaft mittels vermehrter Anstrengungen im Bereich der Gesundheitserhaltung, smarter Betreuungsmodelle und Therapien, digital unterstützter Forschung und Innovation gewachsen sind. Durch die Skalierbarkeit der digitalen Gesundheit und Medizin kann der Zugang allen Bevölkerungsschichten, Gruppierungen, Regionen und selbst Ländern dieser Welt im Sinne eines kostengünstigen Gesundheitssystems gewährt werden.

Prof. Dr. Dr. Martin Brutsche
Chefarzt Klinik für Pneumologie und Schlafmedizin, KSSG und Präsident der Schweizerischen Gesellschaft für Pneumologie (bis 2018)
Im Mai 2020

Teil I
Wird das Gesundheitssystem Opfer seines Erfolgs?

Kapitel 1
Der medizinische Fortschritt ist eine Erfolgsgeschichte mit Folgen

Die Kernthesen in diesem Kapitel:
- Der medizinische Fortschritt der vergangenen 100 Jahre ist das Investment des Jahrhunderts. Innerhalb von nur 100 Jahren hat sich unsere Lebenserwartung verdoppelt.
- Antibiotika und Impfungen waren entscheidend im Kampf gegen Infektionskrankheiten.
- Der medizinische Fortschritt ist eine Erfolgsgeschichte mit Folgen: Wir leben länger, aber bezahlen immer mehr für die Behandlung von Krankheiten.
- Die Lebenserwartung steigt, nicht aber immer die Lebensqualität im Alter. Die dazugewonnenen Jahre werden vielfach von chronischen Krankheiten begleitet. Wir überleben dank medizinischem Fortschritt Krankheiten wie Herzinfarkte oder Krebserkrankungen heute besser, jedoch leben wir als Konsequenz immer häufiger mit Krankheiten.
- Ohne die Solidargemeinschaften der Krankenversicherten oder der Steuerbürger (bei staatlicher Finanzierung) kommt der medizinische Fortschritt nicht bei allen Menschen an.
- Mehr als die Hälfte aller Amerikaner, die Privatinsolvenz anmelden, tun dies aufgrund von unbezahlten Arztrechnungen.

Alles beginnt mit einer guten Nachricht: Innerhalb von nur 100 Jahren hat sich unsere Lebenserwartung verdoppelt. Und das nicht nur in wohlhabenden, entwickelten Ländern. Anfang des 20. Jahrhunderts konnte ein Mensch damit rechnen, etwa 40 bis 46 Jahre alt zu werden. Inzwischen ist die durchschnittliche Lebenserwartung weltweit betrachtet auf 72 Jahre gestiegen. In Indien lebt ein Mensch heute gar dreimal so lange wie seine Vorfahren vor 100 Jahren; dort hat sich die Lebenserwartung von 24 Jahren Anfang des 20. Jahrhunderts auf stolze 69 Jahre erhöht.[1] Hinter diesen Zahlen stecken Milliarden von Menschenleben, die heute wohlhabender, gebildeter und länger leben als je eine Generation auf diesem Planeten zuvor. Wenn man bedenkt, dass es uns Menschen bereits seit mehr als 150 000 Jahren gibt, dann sind diese Entwicklungen innerhalb von nur 100 Jahren als geradezu spektakulär zu bezeichnen.

Was hat diesen unglaublichen Erfolg möglich gemacht? Natürlich ist nicht allein der medizinische Fortschritt dafür verantwortlich. Auch der wachsende Wohlstand, die bessere Ernährung und die gestiegene Hygiene – sauberes Trinkwasser, geregelte Müll- und Abwasserentsorgung – sowie die Befriedung Europas und der Welt nach den Weltkriegen haben ihren Beitrag geleistet. Der entscheidende Grund für den Anstieg der Lebenserwartung ist jedoch der Fortschritt bei der Bekämpfung von Infektionskrankheiten. Diese waren bis vor wenigen Jahrzehnten die häufigste Todesursache; sie kamen allzu oft einem Todesurteil gleich und rissen Menschen in großer Zahl bereits in der Kindheit aus dem Leben. Anfang des 20. Jahrhunderts starb in den USA noch jedes zehnte Kind vor seinem ersten Geburtstag. Die häufigsten Todesursachen für Kleinkinder waren damals Lungenentzündungen, Grippe, Tuberkulose oder Magen-Darm-Infekte.[2]

Doch dann wendete sich das Blatt. Zwei medizinische Entwicklungen sind mehr als alle anderen für die gestiegene Lebenserwartung verantwortlich. Es handelt sich um besonders wirkungsvolle Waffen im Kampf gegen Infektionskrankheiten: Antibiotika und Impfungen. Die Geschichte von der Entdeckung des Penicillins als erstem Antibiotikum ist legendär, fast jeder hat sie während seiner Schulzeit erzählt bekommen: Der Bakteriologe Alexander Fleming betrat nach einem ausgedehnten Sommerurlaub mit der Familie sein Labor in London. Er hatte einen Ruf als exzellenter Forscher, war aber auch für seine Unordnung bekannt. Vor seinem Urlaub hatte Fleming einige Bakterienkulturen in Petrischalen angesetzt. Als er diese nach seiner Rückkehr betrachtete, fiel ihm auf, dass eine der Kulturen verunreinigt war. In der Petrischale wuchs Schimmel. Bei genauem Hinschauen fiel Fleming auf, dass um den Schimmelpilz herum die Bakterienkultur zurückgegangen war. Er begann daraufhin, diesen Schimmelpilz zu untersuchen, und fand heraus, dass er der Gruppe Penicillium angehörte. Deshalb nannte er die neue Substanz, die er daraus gewann, Penicillin – das damals wirkungs-vollste Mittel gegen bakterielle Infektionen.

Mit Flemings Entdeckung begann das Zeitalter der Antibiotika. »Manchmal findet man, was man nicht sucht. Als ich am 28. September 1928 kurz nach Sonnenaufgang aufwachte, hatte ich sicherlich nicht vor, die gesamte Medizin zu revolutionieren, indem ich das weltweit erste Antibiotikum oder den ersten Bakterienkiller entdeckte. Aber ich neh-me an, das war genau das, was ich getan habe«[3], sagte Fleming später. Antibiotika wie Penicillin haben Hunderte Millionen von Menschen-leben gerettet. Genaue Schätzungen sind schwierig, allein Antibiotika der Firmen Pfizer, GlaxoSmithKline und Roche wurden seit ihrer Zulas-sung milliardenfach verschrieben. Zudem ermöglichten diese medizi-nischen Fortschritte wie Organtransplantationen, die ohne Antibiotika nur schwer denkbar gewesen wären.

Neben den Antibiotika trug die Entwicklung von Impfstoffen einen großen Teil zur höheren Lebenserwartung bei. Besonders deutlich wird der Erfolg von Impfungen, wenn man auf die erste virale, also durch Viren verursachte Erkrankung schaut, für die eine Impfung entwi-ckelt wurde: die Pocken. Wolfgang Amadeus Mozart hatte sie, Abra-ham Lincoln und Josef Stalin ebenfalls. Die drei überlebten, zum Teil schwer gezeichnet. Pocken sind eine der gefährlichsten und tödlichsten Krankheiten für den Menschen – jeder dritte Mensch, der an Pocken erkrankt, erliegt den Folgen. Noch im 20. Jahrhundert starben mehr als 300 Millionen Menschen an den Pocken, seit 1980 gilt die Krankheit als ausgerottet.[4]

Der Grund? Die Erfindung und Verbreitung der Pockenimpfung! Bei einer Impfung werden gesunden Menschen abgeschwächte Viren ver-abreicht, die die Bildung von Antikörpern im Immunsystem anregen. Kommt der Geimpfte später in Kontakt mit dem eigentlichen Erreger, ist sein Immunsystem vorbereitet und kann das Virus bekämpfen.

Edward Jenner, ein Landarzt aus England, gilt als einer der Väter der heute weit verbreiteten Massenimpfungen. Viele seiner Patientin-nen waren Melkerinnen, die häufig an Kuhpocken, einer abgemilder-ten Form des Pockenvirus, erkrankten. Und Jenner fiel auf, dass keine der Melkerinnen die gefährliche oder sogar tödliche Form des mensch-lichen Pockenvirus bekam. Er entwickelte daher eine Methode, bei der er das Sekret aus einer Kuhpockenerkrankung gesunden Menschen verabreichte, darunter auch seinem eigenen Sohn. Die Probanden durchlebten danach eine leichte Pockenerkrankung. Später infizierte Jenner dieselben Personen mit dem gefährlichen Pockenvirus – und wundersamerweise blieben sie gesund. Damit war die Massenimpfung geboren, die bis heute als Vakzination bezeichnet wird und damit auf den Ursprung ihrer Erfindung verweist. Denn »vacca« bedeutet auf Lateinisch nichts anderes als »Kuh«.[5]

Die Aufgabe ist nicht zu Ende. Infektionskrankheiten müssen weiter in Schach gehalten werden, dies zeigte zuletzt schmerzhaft die Corona-Virus-Pandemie. Es muss an neuen Generationen von Virostatika oder Impfstoffen geforscht werden, neuartigen Viren und Bakterien muss durch gute Pandemievorbereitung begegnet werden. Die Skepsis vor Impfungen in Teilen der Bevölkerung und somit zu niedrige Impfraten verursachten ein Wiederaufflackern von fast vergessenen Krankheiten wie Masern. Auch hier sind Intervention und Überzeugungsarbeit wichtig. Aber fest steht: Impfungen und Antibiotika haben zu einer Wende in der Bekämpfung der Infektionskrankheiten geführt, die zu

Wir werden älter und sterben seltener an Infektionskrankheiten:
Lebenserwartung und Anteil Todesfälle aus Infektionskrankheiten

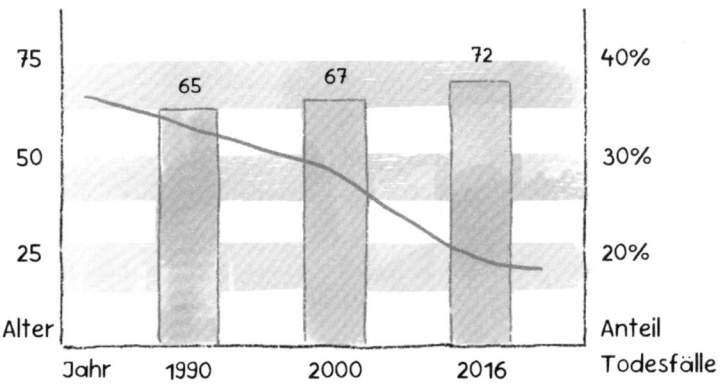

Quelle: Institute for Health Metrics and Evaluation, University of Washington (2019)

einer fundamentalen Veränderung in unserem Verständnis von Gesundheit wurde. 1990 lässt sich noch jeder dritte Todesfall weltweit auf Infektionskrankheiten zurückführen, heute nur noch weniger als jeder fünfte. Mit diesen Fortschritten stieg auch die Lebenserwartung an, zuletzt von 65 Jahren im Jahr 1950 auf heute 72 Jahre. Diese Entwicklung zeugt vom Erfolg des medizinischen Fortschritts, ist aber auch Quelle von neuen Herausforderungen.

Gewonnene Jahre – Krankheitsjahre?

Zusätzliche Lebensjahre bedeuten zumeist zusätzliche Lebensqualität. Früher war es normal, dass in einer Familie mindestens ein Kind früh starb. Ein Urenkelkind zu erleben war selten. Die Lebenserwartung beispielsweise in Deutschland schnellte zwischen 1950 und 2000 von 64,6 Jahren für Männer und 68,5 Jahren für Frauen auf 78,4 beziehungsweise 83,4 Jahre hoch.[6] Doch das verlängerte Leben stellt Gesellschaft und Einzelne auch vor neue Probleme.

Der medizinische Fortschritt hat nicht nur zum Rückgang von Infektionskrankheiten geführt, sondern erlaubt es auch, viele nicht ansteckende Krankheiten erfolgreich zu behandeln, die vor 100 Jahren fast sicher zum Tod geführt hätten, wie Herz-Kreislauf-Schwächen oder Krebs. Dabei gibt es allerdings einen fundamentalen Unterschied zur Bekämpfung von Viren und Bakterien: Anders als Infektionskrankheiten werden Nichtübertragbare Krankheiten häufig nicht gestoppt – sondern nur aufgehalten oder verlangsamt. Eine Studie der University of Southern California zeigt, dass wir nicht per se »gesünder« geworden sind und daher länger leben. Vielmehr *überleben* wir dank medizinischem Fortschritt Krankheiten wie Herzinfarkte oder Krebserkrankungen heute besser, jedoch *leben* wir als Konsequenz immer häufiger mit Krankheiten.[7]

Vor den großen medizinischen Innovationen des 20. Jahrhunderts stand oft genug am Ende einer Krankheit entweder der Tod oder die Genesung. Heute sind viele der gewonnenen Jahre oft zugleich Jahre, in denen eine oder mehrere Krankheiten einen Menschen begleiten. Das kann erhebliches Leid für Erkrankte und deren Angehörige mit sich bringen und stellt Gesundheitssysteme vor neue Herausforderungen.

Gesundheitsökonomen haben dafür Ende der 1990er-Jahre eine Kennzahl entwickelt, die sie YLD nannten. YLD steht für »Years Lost to Disability« – auf Deutsch kann diese Statistik mit »Krankheitsjahren« übersetzt werden. Gemeint sind Jahre, die man »verloren« hat, weil man sehr stark durch seine Krankheit eingeschränkt war. Manchmal wird die Kennzahl auch als »Years Lived with Disability« übersetzt, was ein etwas milderes Bild zeichnet: Jahre, die man mit Einschränkungen lebt. Die Weltgesundheitsorganisation (WHO) berechnet diese Kennzahl, indem sie die prozentuale Anzahl der Erkrankten mit der durchschnittlichen Dauer einer Krankheit und einem Gewichtungsfaktor multipliziert.[8] Der Gewichtungsfaktor beurteilt die gesundheitliche Beeinträchtigung durch eine Krankheit. Diese ist zum Beispiel bei Diabetes geringer als bei Krebserkrankungen.

Wir leben viele Jahre mit Krankheiten: Krankheitsjahre in Millionen

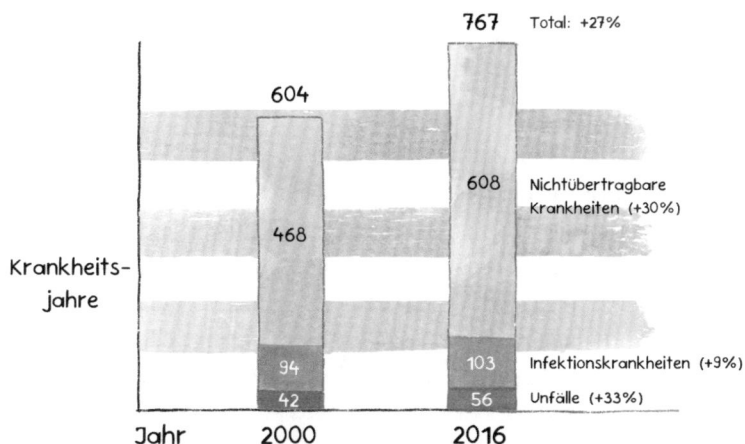

Quelle: World Health Organization (2017). Die durch Infektionskrankheiten verursachten Krankheitsjahre inkludieren maternelle, perinatale und ernährungsbezogene Fälle

Schaut man nun den Trend der Krankheitsjahre an, erkennt man einen steilen Anstieg, seit der Jahrtausendwende um etwas mehr als ein Viertel. Das heißt: Weltweit leben immer mehr Menschen mit einer schweren Krankheit. Viele leiden über Jahre hinweg, sind teilweise arbeitsunfähig und im Alltagsleben sehr eingeschränkt. Weltweit summierten sich im Jahr 2016 diese Krankheitsjahre auf 767 Millionen. Treiber hinter dieser Entwicklung sind nicht übertragbare, chronische Krankheiten, die im Fachjargon »NCDs« genannt werden: Non Communicable Diseases. Besonders stark war in den vergangenen Jahren der Anstieg von psychischen Krankheiten. Wir werden auf die NCDs später im Buch noch ausführlich eingehen.

Dauer des Lebens und Lebensqualität gehen nicht immer Hand in Hand. Nur weil wir Krankheiten heute öfter »überleben« als früher, wird das menschliche Leiden nicht weniger.

Als Zwischenbilanz bleibt festzuhalten: Der medizinische Fortschritt ist eine Erfolgsgeschichte. Wir werden immer älter, aber wir leben auch immer länger mit Krankheiten. Diese verursachen oft großes menschliches Leid für die Betroffenen und deren Familien.

Die Erfolge der Medizin bringen auch neue Herausforderungen

Neben Impfungen und Antibiotika hat die Medizin in den vergangenen 100 Jahren viele weitere neue Diagnosemethoden und Therapieansätze hervorgebracht, die den Kampf gegen Krankheiten erleichtern. Bildgebende Verfahren wie Computertomografen, Ultraschall- und Röntgengeräte helfen Ärztinnen und Ärzten dabei, Krankheiten zu diagnostizieren. Mit Strahlentherapien, chirurgischen Eingriffen und Chemotherapien lässt sich Krebs bekämpfen, und Dialysegeräte säubern das Blut bei Nierenversagen. Die Liste der Erfolge ist umfassend und bedeutsam.

Was sind die Folgen des Erfolgs? Wir leben immer länger, wir leben in größerem Wohlstand, wir siegen immer öfter im Kampf gegen Krankheiten. Immer mehr Großeltern dürfen nicht nur erleben, wie ihre Enkel auf die Welt kommen, sondern auch, wie sie heranwachsen und gedeihen, eine Ausbildung absolvieren, heiraten und eine Familie gründen. Dies war früher keineswegs selbstverständlich. Dieser Erfolg bringt jedoch auch Herausforderungen mit sich.

Ökonomische Folgen

Die Medizin wurde in den vergangenen Jahren durch den Fortschritt immer teurer. Die krankheitsbezogenen Kosten steigen seit Jahren erheblich. Schauen wir uns dies am Beispiel von Nierenversagen an: Es war einst gleichbedeutend mit einem Todesurteil – heute überleben diese Patienten dank Dialyse und Nierentransplantationen viele Jahre. Die Kosten für eine Dialysebehandlung belaufen sich in Deutschland pro Patient und Jahr auf mehr als 25 000 Euro.[9] Wo früher keine Kosten entstanden, müssen heute Hunderttausende Euro aufgebracht werden. Eine wichtige Frage, die daraus resultiert: Wer zahlt dafür?

Historisch war das natürlich der Patient und seine Familie, bis sich ab Anfang des 20. Jahrhunderts die Solidargemeinschaften der Krankenversicherten oder der Steuerbürger bei staatlich finanzierten Gesundheitssystemen herausbildeten. In der Praxis findet man in vielen Ländern heute Mischformen aus diesen drei Finanzierungssäulen.

Nicht immer werden heute die Kosten ganz oder überwiegend von der Solidargemeinschaft getragen. Für viele Menschen bedeutet Krankheit ökonomische Unsicherheit. Besonders in Ländern ohne eine obligatorische, allgemeine Krankenversicherung wie den USA, den meisten afrikanischen Ländern und einigen asiatischen Staaten führt Krankheit nicht selten zum Verlust des erarbeiteten Wohlstandes. Während in Ländern wie Deutschland oder der Schweiz selten jemand wegen einer schweren Erkrankung massiv in sein Vermögen eingreifen muss, schlittern in Afrika jährlich schätzungsweise elf Millionen Menschen in die Armutsfalle, weil sie die Kosten für eine medizinische Behandlung durch Kredite finanzieren müssen oder diese nicht mehr zahlen können.[10] In Indien kommen Patienten für 62 Prozent aller Krankheitskosten privat auf. Viele leben deshalb in großer Sorge: Nicht nur die Krankheit selbst macht ihnen Angst, sondern vor allem die finanziellen Folgen, die ihre Existenz gefährden können.[11]

In einer ganz besonderen Situation sind viele Menschen in den USA. In wohl keinem anderen Land ist der Gegensatz zwischen den enormen Errungenschaften des medizinischen Fortschrittes und einem herausgeforderten Gesundheitswesen eklatanter. In keinem anderen Land wird mehr medizinische Forschung betrieben oder werden neue Medikamente schneller zugelassen, nirgendwo gibt es so viele Spitzenspitäler oder Pharma- und Biotech-Firmen. Doch zugleich steht das Land in bestimmten Bereichen seit Langem vor echten Herausforderungen in der Versorgung aller Bevölkerungskreise mit moderner Medizin.

Eindrücklich zeigt sich die finanzielle Not von Menschen ohne Krankenversicherung auch, wenn man sich die amerikanische Plattform »Go Fund Me« anschaut. Auf der Seite können Spendenaufrufe gestartet werden, die sich dann viral über das Internet verbreiten lassen. Meistens spenden Hunderte Menschen jeweils kleine Summen von 5 bis 50 US-Dollar. Die Schicksale, die den Spendenaufrufen zugrunde liegen, sind oft herzzerreißend. Auf der Plattform finden sich neben Müttern und Vätern, die wegen ihrer Krebserkrankung ihre Familie nicht mehr finanziell versorgen können, auch Eltern von kleinen, schwerkranken Kindern, die mit der Last der medizinischen Kosten überfordert sind. Wie muss es sich anfühlen, seinem kranken Kind nicht die beste medizinische Versorgung zukommen lassen zu können, weil das nötige Geld fehlt?

Rund ein Drittel aller Spendenaufrufe auf »Go Fund Me« sind medizinischer Natur. Jedes Jahr wenden sich rund 250 000 verzweifelte Amerikaner an ihre Mitmenschen, weil sie mit den Kosten ihrer Krankheit überfordert sind. Pro Jahr kommen so mehr als 650 Millionen US-Dollar zusammen, die manchmal Leben retten.[12]

Für Anamaria Markle, eine Frau aus New Jersey, wurden die medizinischen Kosten irgendwann untragbar. Die britische Zeitung *Guardian* berichtete von ihrem tragischen Fall.[13] Mit 50 Jahren erhielt Anamaria die Diagnose, dass sie an Eierstockkrebs erkrankt war, kurz darauf verlor sie ihren Job und damit auch ein Jahr später ihre Krankenversicherung. Sich privat zu versichern konnte sie sich schlicht nicht leisten. Die Rechnungen für Operationen, Chemotherapie und Medikamente stapelten sich. Mit nur 52 Jahren starb Anamaria Markle an ihrer Krebserkrankung, weil sie kein Geld mehr für eine weitere Behandlung hatte. Sie hinterließ zwei Töchter.

Schicksale wie jenes von Anamaria zeigen, dass der medizinische Fortschritt nicht zwangsläufig bei allen ankommt. In Systemen ohne allgemeine Krankenversicherung führt er zu einer Zweiklassenmedizin, in der Reiche den Zugang zu moderner Medizin haben, ärmere Menschen aber nicht mehr mithalten können. Es ist ein unbarmherziges System, das zeigt auch eine eindrückliche Statistik: Was ist der häufigste Grund für Privatinsolvenzen in den USA? Antwort: Arztrechnungen![14]

Doch es gibt auch einen Hoffnungsschimmer, in Asien zum Beispiel, wo Regierungen versuchen, die ökonomischen Folgen von Krankheit zu lindern.

China unternimmt derzeit große Kraftanstrengungen, um das Gesundheitswesen zu reformieren und seiner Bevölkerung auch neue, innovative Spitzenmedizin zukommen zu lassen. Die Regierung hat seit 2008 die Ausgaben für Gesundheit – allerdings ausgehend von einem sehr niedrigen Niveau – mehr als vervierfacht, das Spitalwesen überholt und die Zulassung und Vergütung für neue Medikamente beschleunigt.[15]

Thailand hat 2002 ein allgemeines Krankenversicherungssystem eingeführt. Zuvor war nur jeder vierte Thailänder krankenversichert. Heute haben dank des steuerfinanzierten Systems auch ärmere Menschen Zugang zu medizinischer Versorgung.[16]

Auch Indien hat 2018 eine Krankenversicherung eingeführt, die weniger wohlhabenden Bevölkerungsschichten Zugang zu medizinischer Versorgung geben soll. 500 Millionen Menschen können sich in dem Programm mit dem Namen »*Ayushman Bharat*« versichern. Der Guardian berichtete in einer Reportage beispielhaft von Rajiv Gupta, einem Schneider, dessen Mutter dringend eine künstliche Hüfte gebraucht hätte. Sie konnte vor Schmerzen nicht mehr gehen.[17] Die Kosten für die Operation beliefen sich auf über 2 000 Euro, was die finanziellen Mittel von Rajiv überstieg. Durch die neue Krankenversicherung kam seine Mutter dann doch noch zu ihrer neuen Hüfte. Thailand und Indien sind beeindruckende Beispiele, wie selbst Schwellenländer eine medizinische Grundversorgung der ganzen Bevölkerung zukommen lassen können.

Demografische Folgen

Die Erfolge in der Medizin führen zu einem erheblichen demografischen Wandel, und auch dieser treibt unsere Gesundheitskosten in die Höhe. Wir werden heute doppelt so alt wie noch vor 100 Jahren. Gleichzeitig bekommen wir besonders in den hoch entwickelten Industriestaaten weniger Kinder. Begünstigt durch den wachsenden Wohlstand, die sexuelle Aufklärung und die Verfügbarkeit von Verhütungsmitteln ging die Geburtenrate seit 1950 um die Hälfte zurück, von fünf Geburten pro Frau auf durchschnittlich nur noch 2,5. Die Folgen sind bereits deutlich sichtbar. Die Studie eines Forscherteams aus Singapur sagt voraus, dass im Jahr 2050 jeder fünfte Mensch über 80 Jahre alt sein wird. In den wohlhabenden, entwickelten Ländern wird sogar fast jeder dritte über 80 Jahre alt sein.[18]

Quelle: Eigene Darstellung

Dies hat gravierende Auswirkungen auf unser Gesundheitssystem. Mit dem Alter werden wir anfälliger für Krankheiten, unser Körper wird verletzlicher, und unser Immunsystem und unsere Organe werden schwächer. Je älter wir werden, desto höher ist die Gefahr, dass wir an Krebs erkranken. Die medizinischen Kosten in den USA für Menschen über 65 sind viermal so hoch wie die für jene zwischen 20 und 45.[19] In Europa zeigt sich ein ähnliches Bild. Ein Blick auf die Schweiz verdeutlicht, dass die Gesundheitskosten auch dort nach dem 65. Lebensjahr exponentiell steigen. Ein Mensch über 80 verursacht dort mehr als doppelt so hohe Kosten wie ein 60-Jähriger.[20] Was bedeutet die Alterung der Gesellschaft für die Gesundheitskosten, und wer soll das bezahlen?

Der Erfolg des Gesundheitssystems bringt neue Probleme: Wir finden immer gewieftere Wege, Krankheiten zu bekämpfen, leben immer länger – vielfach mit einer hohen Lebensqualität. Zugleich nehmen für viele von uns die Jahre zu, in denen wir von Krankheiten gezeichnet leben, an denen wir leiden. Als Einzelne und als Gesellschaft stoßen wir an die Grenzen des Finanzierbaren. Das Gesundheitssystem ist in Gefahr, aus den Fugen zu geraten – gerade, weil es so wirksam ist.

Kapitel 2
Chronische Krankheiten strapazieren unser Gesundheitssystem

Die Kernthesen in diesem Kapitel:

– Chronische Krankheiten (NCDs) sind die neue, große Herausforderung für das Gesundheitswesen. Milliarden von Menschen weltweit leiden an Krebs, Diabetes, Herz-Kreislauf- und Atemwegserkrankungen sowie an psychischen Krankheiten.

– Diabetes wird zum Wirtschafts- und Gesellschaftsrisiko in China: Jeder Zweite hat heute dort erhöhte Blutzuckerwerte.

– Entwicklungsländer in Asien und Afrika sind doppelt belastet. Sie kämpfen immer noch mit Infektionskrankheiten und Säuglingssterblichkeit und werden zugleich von der Epidemie der NCDs erfasst.

– Patienten mit chronischen Krankheiten leben über Jahrzehnte mit ihrer Krankheit. Geheilt werden die wenigsten, viele leiden.

– Chronische Krankheiten verursachen in entwickelten Ländern 80 bis 90 Prozent der Gesundheitskosten. Wir geben einen immer größer werdenden Anteil unseres Einkommens für Gesundheit beziehungsweise den Kampf gegen Krankheit aus.

– Das Kostenwachstum im Gesundheitswesen ist nicht nachhaltig. Auf Dauer stehen die Gesundheitssysteme am Rande der Finanzierbarkeit.

– Pflege von kranken Angehörigen wird bald den gleichen gesellschaftlichen Stellenwert wie Kinderbetreuung haben.

David Maldonado lebte viele Jahre lang den amerikanischen Traum. Er kam als Kind gemeinsam mit neun Geschwistern aus Mexiko in die USA und fasste Fuß in seiner neuen Heimat. Er heiratete, ergatterte einen guten Job als Verkäufer, verdiente bald mehr als 100 000 US-Dollar im Jahr. Das reichte für ein angenehmes, sicheres Leben in einem Vorort von Dallas, Texas. Seine beiden Kinder waren bekannt als strebsame

Schüler, Davids Frau Maribel kümmerte sich um das Wohl der Familie und arbeitete nebenbei als Friseurin. Eine glückliche Familie, doch dann traf ein unerwarteter Befund ein.

Die Ärzte fanden bei Maribel Brustkrebs, sie verordneten eine Mastektomie: Beidseitig musste Brustgewebe entfernt werden. Danach war nichts mehr, wie es einmal war bei den Maldonados. Und das hat nicht nur mit Maribels Krankheit zu tun, sondern vor allem mit dem amerikanischen Gesundheitssystem. Der Nachrichtendienst *Bloomberg* hat das Schicksal der Familie Maldonado im Rahmen einer Serie über die Schwachstellen des US-Gesundheitssystems eindrücklich beschrieben und damit beachtliches Aufsehen erregt.[1] Die Erkenntnis: Krankheiten können mittlerweile auch das Leben einer Familie aus der Mittelschicht von heute auf morgen zerstören; das Gesundheitssystem in den USA bietet ihnen keinen ausreichenden Schutz mehr.

Die meisten Amerikanerinnen und Amerikaner sind über ihre Arbeitgeber versichert, da das US-Gesundheitssystem keine obligatorische Grundversicherung kennt. So auch Familie Maldonado, die über Davids Betrieb versichert war. David bezahlte monatlich eine Versicherungsprämie von 260 US-Dollar zusätzlich zu einer Selbstbeteiligung an den Arzt- und Medikamentenrechnungen. Die Kosten für die Operation bei Maribel und für die Nachbehandlungen trug die Versicherung. Doch nachdem das Schlimmste überstanden war, wurde David gemeinsam mit seinen Kollegen in das Büro des Chefs gerufen. Der verkündete, dass sich die Firma die rasant gewachsenen Prämien für die Krankenversicherung der Mitarbeitenden nicht mehr leisten könne. Zwar stünden keine Arbeitsplätze auf dem Spiel, aber ab sofort werde die Firma keine Krankenversicherung mehr finanzieren. Das Leben der Maldonados geriet aus den Fugen.

David bekam einen Brief von der Versicherung, aus dem hervorging, dass die monatliche Prämie von bislang 260 US-Dollar auf 1 375 US-Dollar steigen werde. Ein Jahr später erhöhte sich die Prämie nochmals, auf 1 900 US-Dollar. Zur selben Zeit wollte Sohn Cristian ein Studium beginnen. Für David war klar, dass er das alles nicht mehr finanzieren konnte, obwohl die Familie bereits auf Urlaubsreisen und viele andere Annehmlichkeiten verzichtete. Er entschloss sich, die Krankenversicherung für sich und für seinen Sohn zu kündigen und nur noch seine Frau und seine Tochter zu versichern. Damit ging die monatliche Prämie auf 750 US-Dollar zurück. Allerdings nur für eine kurze Zeit.

Im nächsten Jahr kam wieder ein Brief von der Versicherung, die Prämie sollte auf 1 060 US-Dollar steigen. Seither hat auch Davids Tochter Alexa keine Krankenversicherung mehr, und dies, obwohl sie seit ihrer Kindheit an Asthma leidet.

Die USA sind ein besonders extremes Beispiel dafür, was passiert, wenn Investitionen im Gesundheitswesen ineffizient eingesetzt werden. Denn obwohl die Gesundheitsausgaben mit zu den höchsten der Welt zählen und gerade auch deshalb ein sehr großer Teil medizinischer Innovationen aus diesem Land stammen, lag 2017 die Lebenserwartung im Durchschnitt der Bevölkerung bei rund 78 Jahren – niedriger als in der Schweiz (84 Jahre) und Deutschland (81 Jahre).[2] Kein Wunder, dass in der Schweiz 87 Prozent der Menschen mit dem Gesundheitswesen zufrieden sind, in Deutschland 77 Prozent, aber nur 52 Prozent in den USA.[3]

Der größte Teil der Gesundheitsausgaben fließt in die stationäre und ambulante Betreuung von Patienten. Diese beiden Bereiche machen zusammen fast zwei Drittel der gesamten Gesundheitskosten aus und umfassen die Vergütung von Ärzten und Pflegepersonal in Praxen und Kliniken sowie den Klinikbetrieb. Rund 20 Prozent der Gesundheitskosten fallen für Medikamente und andere Medizingüter an. Die restlichen Kosten werden für Langzeitpflege von älteren oder sehr kranken Menschen sowie für andere Dienstleistungen aufgewendet. Insbesondere die Ausgaben für die Langzeitpflege wuchsen in den vergangenen Jahren wegen der weltweit gestiegenen Lebenserwartung stark.

Aber nicht nur in den USA, sondern weltweit sind die Kosten für Gesundheit in den vergangenen Jahrzehnten stark gestiegen. Das liegt nicht nur daran, dass eine bestimmte Behandlung mehr kostet, sondern auch daran, dass Versicherungen immer mehr Behandlungen übernehmen. Im Jahr 2016 wurden global 7 800 Milliarden US-Dollar dafür ausgegeben.[4] Man kann das für eine gute Sache halten, immerhin ist diese Summe das Fünffache der weltweiten Militärausgaben und entspricht etwa der Wirtschaftsleistung von Frankreich, Großbritannien und Italien zusammen – Gesundheit ist der Gesellschaft etwas wert. Global betrachtet machen die Gesundheitskosten etwa zehn Prozent der Wirtschaftsleis-

Gesundheitsausgaben nach Servicetyp OECD-Durchschnitt in 2017

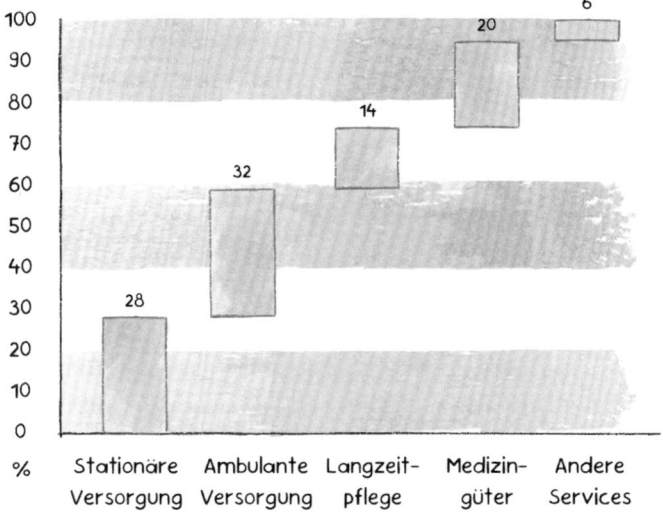

Quelle: OECD (2019), Health at a Glance: OECD Indicators

tung aus. In den zurückliegenden 50 Jahren hat sich der Anteil mehr als verdoppelt. Doch die schiere Größe der Ausgaben erfordert einen genauen Blick darauf, wie effektiv mit Ressourcen umgegangen wird.

Gesundheit wird teuer: Gesundheitsausgaben pro Kopf und Jahr in US-Dollar

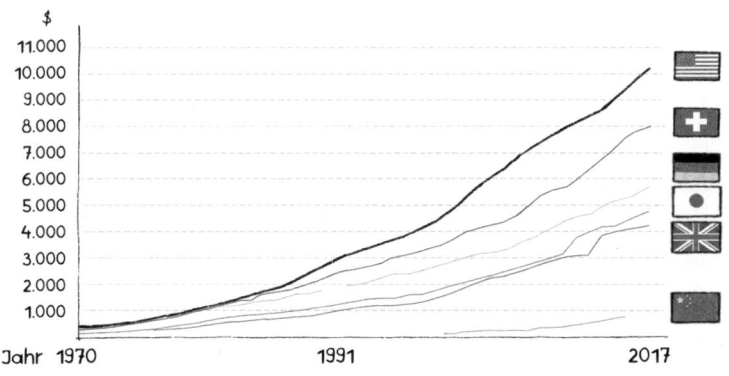

Quelle: OECD (2019), Health at a Glance: OECD Indicators

Die USA, David Maldonados Heimat, sind mit Abstand Spitzenreiter bei den Gesundheitsausgaben pro Kopf: Mehr als 10 000 US-Dollar fallen pro Jahr an, der Betrag hat sich in den zurückliegenden 50 Jahren verdreißigfacht. Rechnet man die Inflation heraus, so haben sich die Kosten inflationsbereinigt immer noch verzwanzigfacht. 1970 lagen die Kosten lediglich bei jährlich rund 320 US-Dollar pro Person. Die Schweiz leistet sich das pro Kopf betrachtet zweitteuerste Gesundheitssystem der Welt mit jährlich 8 000 US-Dollar. In der Schweiz betragen die Gesundheitskosten das 18-Fache der Militärausgaben.[5] In Deutschland sind es pro Kopf rund 6 000 Dollar, in Kanada und Australien rund 5 000, während es in China nur 700 US-Dollar pro Kopf sind.

Die Schweiz muss sich deshalb nicht unbedingt Sorgen um die Landesverteidigung machen, aber eines ist klar: Dauerhaft kann ein solches Ausgabenwachstum nicht gutgehen. Die Kosten für die Krankenversicherungspolicen haben sich in den vergangenen 20 Jahren verdoppelt, während im gleichen Zeitraum die Löhne nur um etwas mehr als 20 Prozent stiegen.[6] Die Kosten des Gesundheitssystems liegen sogar deutlich höher als die Summe der bezahlten Krankenkassenbeiträge. Folglich wird auch in der Schweiz das Gesundheitswesen in Teilen durch die öffentliche Hand finanziert. Und doch müssen die Menschen immer mehr selbst bezahlen. Der Kostenanstieg trifft vor allem Familien und Menschen mit geringem Einkommen. Bei Familien mit mittlerem Einkommen können die Gesundheitskosten bis zu 25 Prozent des verfügbaren Einkommens ausmachen. Daher ist es keine Überraschung, dass die Kostenentwicklung im Gesundheitswesen laut Umfragen zu den großen Sorgen der schweizerischen Bevölkerung zählt.[7]

Auch in Deutschland sind die Ausgaben für die Gesundheit in den vergangenen Jahren weiter angestiegen. Im Jahr 2000 zählte das Statistische Bundesamt Gesundheitsausgaben von 214 Milliarden Euro. 2017 waren es 375 Milliarden.[8] Ein ähnliches Bild zeigt sich an vielen anderen Orten der Welt. Für wohlhabende Länder wie die Schweiz oder Deutschland mag das Kostenwachstum noch verkraftbar sein. Andere Länder werden sehr bald schon in viel größere Probleme geraten. Die Versicherungen funktionieren nicht mehr wie früher, der Staat muss einspringen, die Menschen müssen immer mehr medizinische Untersuchungen, Behandlungen und Medikamente ganz oder teilweise selbst bezahlen.

Die Brisanz der Lage wird spätestens dann deutlich, wenn man die Entwicklung der Gesundheitskosten im Vergleich zur Wirtschaftsleistung betrachtet. Weltweit steigen die Kosten für Gesundheit deutlich schneller als die Wirtschaftsleistung. Deshalb müssen Familien einen immer größeren Teil ihres verfügbaren Einkommens für Gesundheit aufwenden.

Überproportionaler Anstieg der Gesundheitsausgaben: Anstieg Gesundheitsausgaben und Wirtschaftsleistung 1970-2017

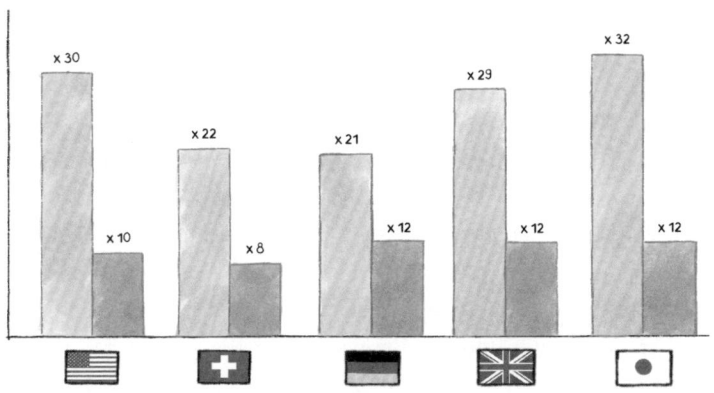

    Entwicklung der Pro-Kopf-Gesundheitsausgaben 1970-2017
    Entwicklung des Pro-Kopf-Bruttoinlandsprodukts 1970-2017

(Anmerkung: In laufenden Preisen, nicht inflationsbereinigt.)

Quelle: OECD (2019), Health expenditure and financing database: health expenditure indicators

In Großbritannien haben sich die Gesundheitskosten in den vergangenen 50 Jahren verdreißigfacht, wobei rund die Hälfte des Anstiegs inflationsbedingt ist. Die Briten haben ein staatlich finanziertes Gesundheitssystem, den National Health Service. Er wird rein aus öffentlichen Haushaltsbudgets und nicht aus zweckgebundenen Beiträgen von Arbeitgebern und -nehmern finanziert. Deshalb steht bei Haushaltsengpässen zuweilen weniger Geld zur Verfügung als zum Beispiel in versicherungsbasierten Systemen wie in den USA, Frankreich oder Deutschland. Die Folge für die Erkrankten sind teilweise sehr lange Wartezeiten für

Operationen, eine eingeschränkte Ärztewahl und ein wachsender Kostenanteil, der von den Patienten selbst getragen werden muss.

Um die Versicherungskosten gering zu halten, wählen Amerikaner immer häufiger Versicherungen mit sehr hoher Selbstbeteiligung. In den vergangenen Jahren haben sich die selbst gezahlten Gesundheitskosten mehr als verdoppelt, während im gleichen Zeitraum die Löhne nur um 26 Prozent stiegen.[9] Zudem gibt es in den USA, wie bereits erwähnt, keine verpflichtende allgemeine Krankenversicherung. Zuletzt waren rund neun Prozent der Amerikaner, also rund 28 Millionen, ohne Krankenversicherung. Bei den unter 35-Jährigen leistet sich sogar jeder Fünfte keine Versicherung,[10] wohlwissend, dass jede Krankheit den sozialen Absturz bedeuten kann.

Wer aber denkt, steigende Gesundheitskosten seien ein Phänomen der westlichen Welt, der irrt: Zwischen 2006 und 2016 haben sich die Kosten im Reich der Mitte vervierfacht.[11] Die Regierung ist in den vergangenen Jahren vermehrt bemüht, das Gesundheitswesen zu modernisieren, chronische Krankheiten verstärkt in den Mittelpunkt zu rücken, neue Medikamente rascher zuzulassen und die Versicherung und Versorgung auf breitere Bevölkerungsgruppen auszudehnen. Die Reformen der chinesischen Regierung und die Bereitschaft, mehr Geld für Gesundheit auszugeben, zeigen Wirkung: Von 2001 bis 2016 ist der Anteil der selbst zu tragenden Gesundheitskosten von 60 Prozent auf 29 Prozent gefallen.[12]

Asiatische und afrikanische Entwicklungsländer sind in einer schwierigeren Lage als die Wirtschaftsmacht China. Oft kämpfen sie immer noch mit Infektionskrankheiten (zum Beispiel HIV in Südafrika) und haben weiterhin hohe Mütter- und Säuglingssterblichkeitsraten. So ist die Säuglingssterblichkeit in der asiatisch-pazifischen Region achtmal so hoch wie in der OECD. Die Gesundheitssysteme dieser Länder haben schon länger Herausforderungen wie fehlende öffentliche Gesundheitsinfrastruktur zu meistern, die große Investitionen erfordern. Nun kommen die nicht übertragbaren, chronischen Krankheiten dazu. Denn auch in Entwicklungsländern sind die NCDs stark im Anstieg. So ist der Anteil der übergewichtigen Menschen im asiatisch-pazifischen Raum auf fast 60 Prozent der Bevölkerung gestiegen.[13] Diabetes und kardiovaskuläre Krankheiten häufen sich nicht nur in China, sondern auch in Singapur, Indonesien, Thailand und Pakistan. In Südafrika haben sich die Gesundheitskosten in den zurückliegenden zehn Jahren im Durchschnitt um 11,4 Prozent jährlich erhöht. Das sind rund fünf Prozentpunkte mehr als die allgemeine Inflation.

Unabhängig von der Frage der Finanzierbarkeit ist zu klären, ob diese immensen Ausgaben für Gesundheit effizient angelegt sind. Als Indikator bietet sich die Lebenserwartung an. Die Statistiken bestätigen immerhin: Die Lebenserwartung der Bevölkerung hängt mit den Gesundheitsausgaben eines Landes zusammen. Grundsätzlich gilt also: Je mehr Geld im Gesundheitssystem steckt, desto länger leben die Menschen.

Lebenserwartung und Gesundheitsausgaben (in US-Dollar) pro Kopf und Jahr

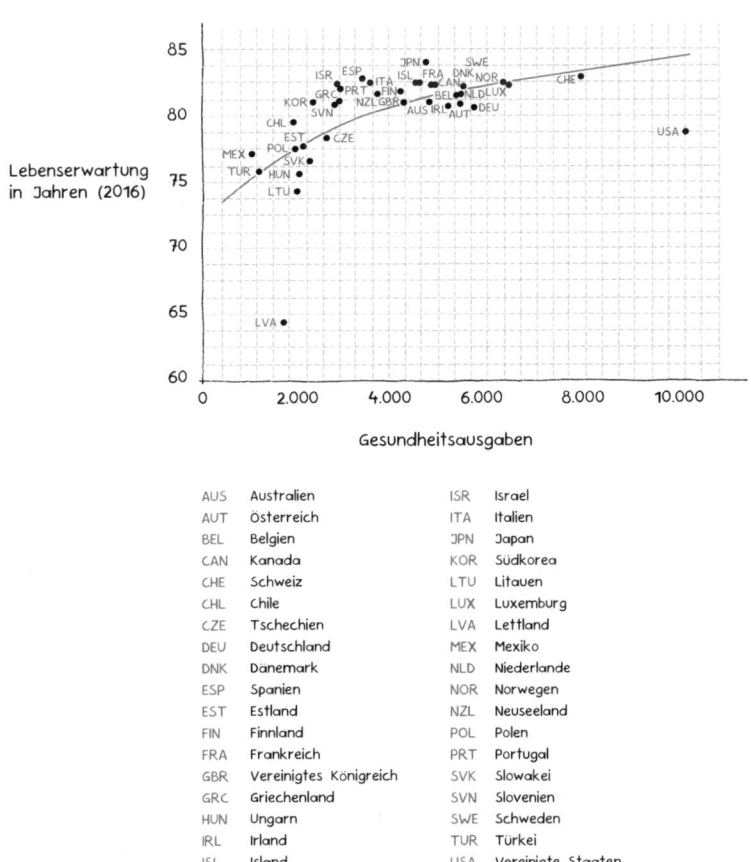

AUS	Australien	ISR	Israel
AUT	Österreich	ITA	Italien
BEL	Belgien	JPN	Japan
CAN	Kanada	KOR	Südkorea
CHE	Schweiz	LTU	Litauen
CHL	Chile	LUX	Luxemburg
CZE	Tschechien	LVA	Lettland
DEU	Deutschland	MEX	Mexiko
DNK	Dänemark	NLD	Niederlande
ESP	Spanien	NOR	Norwegen
EST	Estland	NZL	Neuseeland
FIN	Finnland	POL	Polen
FRA	Frankreich	PRT	Portugal
GBR	Vereinigtes Königreich	SVK	Slowakei
GRC	Griechenland	SVN	Slowenien
HUN	Ungarn	SWE	Schweden
IRL	Irland	TUR	Türkei
ISL	Island	USA	Vereinigte Staaten

Quelle: OCED (2019), Health expenditure and financing database: health expenditure indicators; United Nations (2017), World population prospects

Der Preis für die ständig steigende Lebenserwartung wird für viele Staaten zur Herausforderung, wenn sie die Kosten der mit zunehmendem Alter immer weiter verbreiteten chronischen Krankheiten nicht in den Griff bekommen.

Chronische Krankheiten: menschliches Leid und hohe Kosten

Die Familie Maldonado aus Dallas, Texas, die wir eingangs kennengelernt haben, kämpft mit jenen Krankheiten, die in modernen Gesellschaften die größten Sorgen und die größten Probleme bereiten: Die Mutter hat Krebs, die Tochter Asthma. Krebs und Asthma zählen zu den sogenannten nicht übertragbaren, chronischen Krankheiten (NCDs).

Die NCDs sind, das zeigen alle Daten, auf dem Vormarsch. Der WHO zufolge werden bis 2060 doppelt so viele Menschen davon betroffen sein wie heute. Welche Krankheitsbilder zählen zu den fünf wichtigsten NCDs? Kardiovaskuläre Krankheiten, also Krankheiten des Herz-Kreislauf-Systems, dann Krebs, chronische Atemwegserkrankungen wie Asthma, ferner Diabetes sowie psychische Erkrankungen. Das sind die Volkskrankheiten von heute. In nahezu jeder Familie, überall auf der Welt, findet sich ein Betroffener. Wir alle kennen das menschliche Leid, das diese Krankheiten verursachen können.

Das Tückische der NCDs ist, dass sie die Erkrankten meist jahrelang begleiten. Eine Studie, die in der Fachzeitschrift *Annals of Family Medicine* veröffentlicht wurde, hat das durchschnittliche Diagnosealter von amerikanischen Patienten mit Diabetes untersucht. Es lag in den 1990er-Jahren noch über 50 und ist bis zum Jahr 2000 auf 46 Jahre gefallen.[14] Die Autoren führen das auf die verbesserte Früherkennung von Diabetes zurück. Man spricht hier vom »Lead-Time Bias«: Dadurch, dass Patienten früher auf erhöhte Blutzuckerwerte untersucht werden, können Diagnosen auch früher gestellt werden. Zudem tragen Übergewicht und Bewegungsmangel zu den frühen Diagnosen bei. In den USA wird inzwischen empfohlen, ab einem Alter von 45 Jahren alle Patienten auf Diabetes zu untersuchen.

Was aber bedeutet es, Diabetes bereits mit 46 Jahren zu haben? Was bedeutet es, so früh an einer chronischen Krankheit zu leiden? Anders als bei Infektionskrankheiten gibt es bei chronischen Krankheiten nur selten ein Medikament, das schnell zur Heilung führen kann. Bei Diabetes muss man verschiedene Krankheitstypen unterscheiden: Typ-1-Diabetes tritt meist im Kindes- oder Jungendalter auf und wird von genetischen Faktoren mitverursacht. Typ-2-Diabetes macht etwa 90 Prozent aller Diabeteserkrankungen aus und ist neben genetischen Faktoren zu einem großen Teil durch den individuellen Lebenswandel von Patienten verursacht. Typ-2-Diabetes, wie auch alle anderen chronischen Krankheiten, entwickelt sich graduell und oft über Jahre hinweg. Übergewicht und zu wenig Bewegung begünstigen diese Form von Diabetes. Bei Diabeteskranken sammelt sich zu viel Zucker im Blut, da die Regulation des Blutzuckerspiegels geschädigt ist. Der hohe Blutzucker kann über Jahre die Blutgefäße und die von ihnen versorgten Organe schwer schädigen. Unbehandelt kann Diabetes zu sehr ernsten Folgen wie Nierenschäden, Herzerkrankungen oder Erblindung führen. Diabetes ist also keineswegs eine harmlose Krankheit. Die Patienten müssen ihre Ernährung und ihren Blutzuckerspiegel permanent überwachen. Tägliches Einnehmen von Medikamenten ist die Norm. Oft leben Patienten jahrzehntelang mit diesen Zwängen. Gelingt es ihnen nicht, ihren Blutzucker zu regeln, so leben sie in der ständigen Gefahr, dass alle arteriellen Gefäße und die Niere geschädigt werden. Zudem haben Diabeteskranke eine verschlechterte Wundheilung. Wenn der Diabetes nicht optimal behandelt wird, können offene Füße und Beine die Folge sein.

Es leiden auch die Familien der chronisch Kranken, denn die jahrelange Pflege eines Angehörigen ist sehr belastend. Hat der Vater einen offenen Fuß, braucht er meistens Hilfe beim Anziehen, beim Verbinden der Wunde, kann keine langen Strecken mehr gehen, nicht mehr Auto fahren und ist auch sonst stark eingeschränkt. Angehörige müssen beruflich oft kürzertreten, um die Pflege zu gewährleisten. Auch bei den psychischen Krankheiten, die ebenfalls zu den NCDs gehören, wird das Leben der Angehörigen stark beeinträchtigt. Menschen mit Burn-out oder Depressionen werden häufig arbeitsunfähig und antriebslos. Nicht nur die Erwerbstätigkeit, sondern auch die Arbeit im Haushalt muss teils von anderen Familienmitgliedern übernommen werden.

Die Behandlung von chronischen Krankheiten führt zu enormen volkswirtschaftlichen Kosten. In den USA sind es 86 Prozent der Gesundheitskosten, in der Schweiz 80 Prozent.[15] Der Anteil an den Gesamtkosten ist so hoch, weil chronische Krankheiten zum einen so viele Menschen betreffen, zum anderen aber auch Kosten über Jahrzehnte hinweg entstehen. Im Jahr 2010 verursachten NCDs Schätzungen des *Weltwirtschaftsforums* (WEF) und der *Harvard School of Public Health* zufolge weltweit rund 6 300 Milliarden US-Dollar an Ausgaben. Dies entspricht in etwa der jährlichen Wirtschaftsleistung von Japan und Südkorea zusammen. Bei der Ausgabenberechnung werden sowohl direkte und indirekte Behandlungskosten als auch durch Krankheit entstandene Einkommensausfälle berücksichtigt. Bis 2030 werden sich die weltweiten Kosten für die Behandlung von NCDs Schätzungen zufolge mehr als verdoppeln und auf 13 000 Milliarden US-Dollar steigen. Dies entspricht bereits der Wirtschaftsleistung von China, der zweitgrößten Wirtschaftsnation der Welt.[16]

Während im 19. Jahrhundert die Infektionskrankheiten im Fokus der Medizin standen, kommt im 21. Jahrhundert ein neuer Feind hinzu. Die NCDs sind inzwischen weltweit gesehen die häufigste Todesursache: 2016 kosteten sie rund 41 Millionen Menschen pro Jahr das Leben. Dies sind halb so viele Todesopfer, wie der gesamte Zweite Weltkrieg gefordert hat. In den USA ist mittlerweile jeder Zweite von NCDs betroffen. Bereits im Jahr 2010 hat China die USA als Land mit den meisten Diabetes-Diagnosen überholt.

Top 5 Nichtübertragbare Krankheiten (NCDs)

Krankheiten des Herz- Kreislaufsystems

Unter die Erkrankungen des Herz-Kreislauf-Systems – oder auch kardiovaskulären Erkrankungen – fallen eine Reihe von Erkrankungen, bei denen entweder das Herz oder die Blutgefäße betroffen sind. Rund 500 Millionen Menschen weltweit weisen eine Form kardiovaskulärer Erkrankung auf. Laut WHO sterben jährlich fast 18 Millionen Menschen an Herz-Kreislauf-Erkrankungen, davon drei Viertel in Entwicklungs- und Schwellenländern.[17]

Zu den Herz-Kreislauf-Erkrankungen gehören die koronare Herzkrankheit, die zu einem Herzinfarkt führen kann, Schlaganfall als Folge von Arteriosklerose oder Rhythmusstörungen und Herzklappenerkrankung als Folge von altersbedingten Abnützungserscheinungen. Andere wichtige Krankheiten, die in das

Spektrum fallen, sind Herzinsuffizienz, Lungenembolie, Venenthrombose und entzündliche Blutgefäßerkrankungen. Viele weitere kardiovaskuläre Erkrankungen treten zumeist als Folge verschiedener degenerativer, entzündlicher, infektiöser oder genetischer Ursachen auf.

Zu den vermeidbaren Ursachen für mehrere kardiovaskuläre Krankheiten und weiteren NCDs gehören Tabakkonsum und Alkoholmissbrauch, ungesunde Ernährung, Fettleibigkeit und Bewegungsmangel. Neben der Prävention ist die Früherkennung und Behandlung von Risikofaktoren wie Bluthochdruck, Diabetes und Hyperlipidämie ebenfalls essenziell in der Bekämpfung kardiovaskulärer Krankheiten. Je nachdem, welche Grunderkrankung vorliegt, zielen die meisten Behandlungsmöglichkeiten entweder auf die Verbesserung des Fettstoffwechsels, die Kontrolle von Entzündungen oder die Verhinderung unerwünschter Blutgerinnung.

Krebs

Jährlich werden weltweit 17 Millionen neue Fälle von Krebs diagnostiziert, die Zahl soll bis 2040 Hochrechnungen zufolge auf 27,5 Millionen steigen. Mittlerweile lassen sich mehr als 250 Krebsarten unterscheiden, jede mit anderer genetischer Zusammensetzung. Jährlich sterben rund 9 Millionen Menschen an Krebs.

Den Krebserkrankungen gemeinsam ist die unkontrollierte Teilung von Zellen aufgrund genetischer Mutationen in ihrem Erbgut. Man schätzt, dass Krebsformen, die rein auf das Erbgut zurückzuführen sind, nur rund 5 bis 10 Prozent der Erkrankungen ausmachen und dass der Großteil der Fälle auf eine Kombination vererbter Faktoren und Umweltfaktoren zurückzuführen ist, darunter Rauchen, Alkoholkonsum, Fettleibigkeit und generell falsche Ernährung.

Viele Krebsformen sind heute behandelbar, und einige lassen sich heilen, wenn sie frühzeitig diagnostiziert werden. Wegen der genetischen Spezifika verschiedener Krebssorten spielt gerade in diesem Bereich die sogenannte Personalisierte Medizin, in der Behandlungen auf das genetische Profil eines Tumors ausgerichtet werden, eine große Rolle.

Chronische Atemwegserkrankungen

Laut WHO sterben jährlich fast vier Millionen Menschen an chronischen Atemwegserkrankungen. Zu den häufigsten chronischen Atemwegserkrankungen gehören chronisch-obstruktive Lungenerkrankungen (COPD) und Asthma. 235 Millionen Menschen leiden allein unter Asthma.

Neben dem Tabakrauch sind weitere Risikofaktoren die Luftverschmutzung, Chemikalien und Stäube am Arbeitsplatz sowie häufige Infektionen der unteren Atemwege im Kindesalter. Chronische Atemwegserkrankungen gelten als nicht heilbar. Jedoch können verschiedene Behandlungsformen helfen, die Atmung zu erleichtern oder die Erkrankung zu stabilisieren und damit die Atemnot zu lindern.

Diabetes

Diabetes ist eine komplexe Stoffwechselerkrankung mit verändertem Glukose- und Insulin-Stoffwechsel, die sich je nach Diabetes-Typ durch verschiedene Anzeichen bemerkbar machen kann. Nach aktuellen Schätzungen sind weltweit etwa 425 Millionen Menschen betroffen. Bis 2045 wird die Anzahl der Diabetes-Kranken voraussichtlich auf über 630 Millionen Menschen ansteigen., Bereits heute stirbt alle sieben Sekunden ein Mensch an Diabetes und dadurch verursachte Komplikationen wie Herzinfarkt, Schlaganfall und Nierenversagen.

Typ-1-Diabetes, auch als juvenile Diabetes bezeichnet, ist eine genetisch verursachte Form von Diabetes, bei der die Bauchspeicheldrüse nur sehr wenig oder gar kein Insulin produziert, was zu einem hohen Blutzuckerspiegel führt.

Mit mehr als 90 Prozent ist Typ-2-Diabetes der häufigste Diabetes-Typ. Er ist durch hohen Blutzucker, Insulinresistenz und relativen Insulinmangel gekennzeichnet. Wesentliche Ursachen für einen Typ 2 sind Übergewicht und Fettsucht/Adipositas, zu wenig Bewegung und genetische Veranlagung. Wird Diabetes frühzeitig erkannt, können durch Überwachung und Kontrolle des Blutzuckerspiegels, ausgewogene Ernährung und gesteigerte Bewegung Folgeerkrankungen vermieden werden. Behandlungen für beide Diabetes-Typen sind leicht verfügbar, doch ihre rechtzeitige Anwendung ist zeitaufwendig, da sie eine häufige Blutzuckerüberwachung erfordert und bedingt, dass die Krankheit im Rahmen einer Vorsorgeuntersuchung frühzeitig diagnostiziert wurde.

Psychische und neurodegenerative Erkrankungen

Zu den psychischen Erkrankungen gehören unter anderem Depressionen, bipolare Störungen, Schizophrenie und andere Psychosen. Zu den neurodegenerativen Krankheiten zählen beispielsweise Demenz oder Autismus. Sie belasten typischerweise auch die Angehörigen stark. Das Institut für Health Metrics & Evaluation schätzt, dass rund 500 Millionen Menschen weltweit an psychischen Erkrankungen wie Depressionen und Angststörungen leiden, die sich auf Lebensqualität, Alltag und Arbeitsfähigkeit auswirken können. Nichtsdestotz bleiben psychische und neurodegenerative Erkrankungen häufig im Verborgenen. Sie sind gesellschaftlich stigmatisiert und bleiben deshalb oft unerkannt. In ihrer gesellschaftlichen und wirtschaftlichen Bedeutung werden sie nach wie vor stark unterschätzt. Zwar gibt es für viele dieser Erkrankungen Behandlungsmöglichkeiten, doch besteht bei den meisten dieser Erkrankungen ein noch ungedeckter Bedarf an besseren Therapien.

Diabetes-Epidemie in China

Mary Shi steht exemplarisch für eine neue, junge Generation von Diabetes-Kranken in China. Sie ist Anfang 30, sehr gut ausgebildet, Software-Ingenieurin mit besten Perspektiven und lebt in Shanghai. In Marys Lebenszeit hat sich China von einem Entwicklungsland zur zweitgrößten Wirtschaftsnation der Welt gewandelt und dabei grundlegende soziale Veränderungen erlebt. Shanghai bietet für Menschen mit Geld alles, was das Herz begehrt. Nicht nur tolle Autos, sondern gleich den kompletten westlichen Lebensstil. Mehr als 600 Starbucks-Filialen gibt es in dieser Metropole, ein Zeichen für die Internationalisierung des Landes. Wer möchte, kann sich aus dem gesamten Sortiment westlicher Fast-Food-Ketten bedienen.

Doch dieser Lebensstil hat seine Schattenseiten. Seit sie 18 ist, lebt Mary mit Typ-2-Diabetes, einer Form von Diabetes, die durch einen gesunden Lebenswandel hätte verhindert oder zumindest verzögert werden können. Mary lernte monatelang für das Gao Kao – das berühmt-berüchtigte Examen, das jeder, der in China an einer Universität studieren möchte, bestehen muss. Eines Tages brach sie zusammen, und eine Vermutung lag nahe: Stress ist der Grund. Die Diagnose des Arztes lautete aber: Diabetes. Die psychische Belastung durch die Krankheit und die soziale Diskriminierung seither seien weit schlimmer als die täglichen Medikamente, sagte Mary dem Online-Portal Quartz, das sich für ihre Geschichte interessierte. Seit einigen Jahren ist China von einer regelrechten Diabetes-Epidemie erfasst.[18] Mary Shi war ungewöhnlich jung, als die Typ-2-Diabetes-Diagnose gestellt wurde, jedoch gibt es in China immer häufiger junge Diabetes-Kranke. Ihr Anteil ist im Ländervergleich hoch und wächst stark.

Der Anteil der Diabetes-Kranken an der Gesamtbevölkerung ist in den vergangenen 40 Jahren von 1 auf über 11 Prozent gestiegen. Jeder zehnte Chinese leidet an Diabetes. Ein Drittel aller Diabetiker lebt global betrachtet in China. Das hat natürlich mit dem durch wachsenden Wohlstand veränderten Lebensstil zu tun. Als Folge hat die Anzahl der Fettleibigen und Übergewichtigen zugenommen. Mehr als 40 Prozent der Bevölkerung gelten als übergewichtig. Zudem gibt es genetische Gründe für die rasante Ausbreitung von Diabetes: Asiaten bekommen schon bei weit niedrigerem Body-Mass-Index und in einem jüngeren Alter Diabetes als Kaukasier, Afrikaner oder Afro-Amerikaner.

Chinas Aufschwung bringt auch Probleme: Diabetes-Verbreitung in Prozent und Wirtschaftsleistung in Millionen Renminbi (RMB)

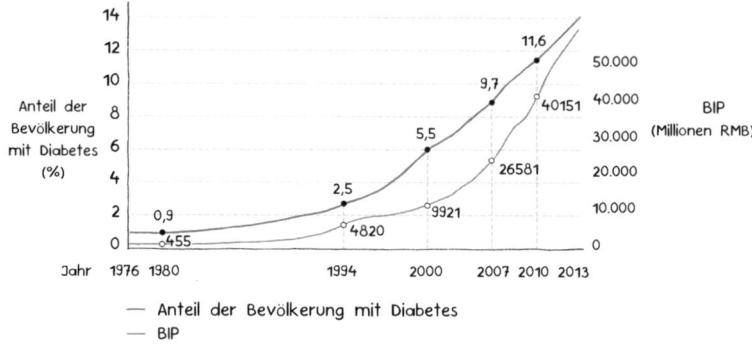

Quelle: Chan, J., Zhang, Y., Ning, G. (2004), Diabetes in China: a societal solution for a personal challenge, The Lancet: Diabetes & Endocrinology, Volume 2, Issue 12,Dezember 2014, Seiten 969–979

Das chinesische Gesundheitssystem steht damit vor einer großen Herausforderung. Lange Schlangen vor Krankenhäusern sind keine Ausnahme. Der Zugang zu medizinischer Versorgung gestaltet sich insbesondere auf dem Land mühsam. Oft müssen lange Strecken zurückgelegt werden, um zum nächsten Arzt zu gelangen, weshalb digitale medizinische Lösungen wie die Telemedizin im Reich der Mitte besonders relevant sind. Bei einer chronischen Krankheit wie Diabetes, die permanente Überwachung und regelmäßige Arztbesuche erfordert, erschwert dies die Therapie. Studien belegen: Lediglich 70 Prozent der Diabetes-Kranken in China wissen überhaupt von ihrer Krankheit, nur 25 Prozent erhalten eine Therapie. So wird Gesundheit zum Luxusgut: Schätzungen zufolge geben chinesische Familien mit einem Diabetes-Kranken 24 Prozent ihres Einkommens für Medikamente aus.[19] Insbesondere neue und innovative Medikamente müssen weiterhin selbst gezahlt werden. Da ist es nicht verwunderlich, dass sich arme Familien eine Behandlung nicht leisten können. Immerhin reicht das Einkommen von Mary, um eine fortschrittliche Therapie zu bezahlen.

Kardiovaskuläre Krankheiten in Mexiko

Das dramatische Ausmaß der chronischen Krankheiten und das menschliche Leid, das sie mit sich bringen, lässt sich sehr gut auch am Beispiel Mexikos verdeutlichen. Es ist mit 123 Millionen Einwohnern nach den USA und Brasilien das bevölkerungsreichste Land Amerikas und geschlagen vor allem von Herz-Kreislauf-Erkrankungen. Während in den OECD-Ländern das Risiko, an kardiovaskulären Krankheiten zu sterben, seit 1990 um fast 50 Prozent gesunken ist, bleibt es in Mexiko unverändert hoch.[20]

Die Ernährung spielt eine entscheidende Rolle. Mehr als 70 Prozent der Menschen gelten als übergewichtig oder fettleibig, mehr als 30 Prozent leiden an Bluthochdruck.[21] Damit steht Mexiko beispielhaft für die neuen Ernährungsgewohnheiten in vielen Schwellenländern. Natürliche, vollwertige Lebensmittel wurden in den vergangenen Jahren durch hochverarbeitete, hochkalorische ersetzt. Oft sind diese länger haltbar und zudem preisgünstiger als die traditionellen Lebensmittel. Nehmen wir zum Beispiel Limonaden oder Milch-Mischgetränke. Der Konsum von hochkalorischen Getränken hat sich in Mexiko zwischen 1999 und 2006 verdoppelt. Mexiko ist das Land, in dem die meisten Softdrinks konsumiert werden, 163 Liter pro Person und Jahr. Der Konsum liegt sogar 40 Prozent über dem der USA, wo die süßen Limonaden erfunden wurden. Die Liebe der Mexikaner zu zuckerhaltigen Getränken geht so weit, dass schätzungsweise zehn Prozent aller Säuglinge bis zum Alter von sechs Monaten mit Limonade gefüttert werden.[22] Manchmal wird der starke Konsum von Soft-Getränken auch auf die schlechte Qualität des mexikanischen Leitungswassers zurückgeführt.

Wenn man in Mérida, einer Stadt in der Provinz Yucatán, in eine der Pulperías geht, also einen der Tante-Emma-Läden, die es an jeder Ecke gibt, dann findet man zumeist kein Wasser in den Regalen. Dagegen sind die Kühlschränke voll mit bunten Limonaden, die zudem oft günstiger sind als Wasser. Das hat gravierende Folgen. Reporter von *BBC News* besuchten für eine Reportage über die Limonadensucht der Mexikaner in einem Armenviertel von Mérida eine Frau namens Silvia Segura. An den Wänden befanden sich Haken für die Hängematten, in denen die Familienmitglieder schliefen, weil das bequemer und wegen der Hitze angenehmer war, als in Betten zu nächtigen. Im Wohnzimmer hingegen stand ein Doppelbett; dort hatte bis zu ihrem Tod Silvias Mutter übernachtet, nachdem sie zu krank geworden war, um in eine Hängematte zu klettern. Sie war kurz vor dem Besuch der Reporter an Komplikationen durch Typ-2-Diabetes gestorben. Bis zum Ende, sagte Silvia, habe der Appetit auf zuckerhaltige Getränke die Mutter nicht verlassen. »Meine ganze Familie trinkt Coca-Cola«, sagte Silvia. »Meine Mutter, möge sie in Frieden ruhen, war eine wahre Cocacolera – sie konnte nicht ohne Coca-Cola leben.«[23] Als ihre Mutter im Krankenhaus lag, schmuggelte Silvia das Süßgetränk bei Besuchen hinein und gab ihr ein paar Schluck davon zu trinken.

Der Schritt von der Diabetes-Diagnose, die Silvias Mutter ereilte, zu Erkrankungen von Herz und Kreislauf ist sehr kurz. Diabetiker haben ein doppelt so hohes Risiko, von kardiovaskulären Krankheiten heimgesucht zu werden, wie Nicht-Diabetiker. Studien belegen, dass weniger als die Hälfte der Patienten mit Bluthochdruck in Mexiko überhaupt von ihrer Krankheit weiß. Und wer davon weiß, hat in vielen Fällen keinerlei Idee, was dagegen zu unternehmen ist. Nur die Hälfte der Bevölkerung hat eine Krankenversicherung. Auch Versicherte müssen die Hälfte der Gesundheitskosten selbst bezahlen. Gesundheitsökonomen prophezeien, dass die Kosten für kardiovaskuläre Krankheiten in Mexiko bis 2030 auf 25 Milliarden US-Dollar pro Jahr steigen werden, wenn man direkte (Therapie- und Medikamentenkosten) und indirekte Krankheitskosten (geminderte Arbeitsproduktivität) betrachtet.[24]

Ab dem Jahr 2004 wurden die Pro-Kopf-Gesundheitsausgaben in Mexiko sehr stark erhöht mit dem Ziel, mehr Menschen Zugang zur Krankenversorgung zu verschaffen und die Qualität der Versorgung zu verbessern.[25] Doch das Gesundheitssystem ist trotz beachtlicher Investitionen weiterhin unter Druck, da der rasante Anstieg von chronischen Erkrankungen das System enorm belastet. 2014 versuchte die Regierung, die Notbremse zu ziehen. Sie beschloss, eine Steuer auf Limonaden und nicht-essenzielle hochkalorische Lebensmittel wie Chips oder Schokoladenkekse zu erheben. Dadurch wurden diese Produkte um rund zehn Prozent teurer. Studien zeigen, dass die Steuer durchaus geholfen hat, den Konsum von Limonaden zu bremsen. Doch kulturelle Essgewohnheiten verändern sich nur langsam, und es dauert lange, bis Eingriffe dieser Art ihre Wirkung zeigen. Bisher lässt sich noch kein signifikanter Rückgang der kardiovaskulären Krankheiten erkennen.[26] Keine Überraschung in einem Land, in dem viele Supermärkte in Coca-Cola-Farben gestrichen und Limonaden an jeder Ecke gekauft werden können.

Es zeigt sich sehr deutlich: NCDs sind ein globales Phänomen, das Milliarden betrifft. Immer mehr Menschen leiden an Diabetes, Krebs, psychischen oder Herzkrankheiten. Global führt dies zu einem enormen Kostendruck auf die Gesundheitssysteme oder treibt Menschen ohne Versicherungsschutz ins finanzielle Verderben. Die meisten Länder haben bisher keine nachhaltige Antwort auf die Frage, wie sie damit umgehen sollen.

Kapitel 3
Digitalisierung ist ein wichtiger Erfolgsfaktor für das Gesundheitssystem von morgen

Die Kernthesen in diesem Kapitel:

- Gesundheitsvorsorge kommt zu kurz: Weniger als drei Prozent der Gesundheitskosten werden für Prävention verwendet.
- Unser jetziges Gesundheitssystem hat seinen Namen nicht verdient: Wir behandeln Krankheit, statt Gesundheit zu bewahren.
- Wir kümmern uns mehr um unsere Autos als um unsere Gesundheit: Wir nehmen alle Termine zur Fahrzeuginspektion wahr, gehen aber nur selten zur Vorsorgeuntersuchung.
- Wir machen uns zu 50 Prozent selbst krank. Rund die Hälfte des Erkrankungsrisikos für chronische Krankheiten liegt an vier Risikofaktoren: Wir essen zu viel und das Falsche, bewegen uns zu wenig, rauchen zu viel und trinken zu viel Alkohol.
- Digitale Technologien helfen, das Wissen über unsere eigene Gesundheit und deren Folgen zu stärken. Sie unterstützen uns bei der Veränderung unserer Verhaltensweisen und Lebensstile und werden so zu Medizin.
- Digitale Technologien helfen uns, unsere Eigenverantwortung wahrzunehmen. Sie werden zum Navigationssystem (GPS) unserer Gesundheit.
- Die Digitalisierung ist ein wichtiger Schlüssel, um die Herausforderungen im Gesundheitssystem zu bewältigen: Sie macht Gesundheit für jeden zugänglich und besser, außerdem wirkt sie dem Kostenanstieg entgegen.
- Richtig eingesetzt, macht die Digitalisierung das Gesundheitssystem effizienter. Weil die finanziellen Mittel überall beschränkt sind, hat gewonnene Effizienz eine heilende Wirkung.

Chronische Krankheiten betreffen so gut wie jeden von uns. Entweder leiden wir selbst daran, oder wir kennen jemanden in der Familie oder im Freundeskreis, der an Diabetes, Bluthochdruck oder gar an Krebs erkrankt ist. Einige Schicksale haben wir bereits vorgestellt: Da waren Anamaria Markle und David Maldonado aus den USA, Mary Shi aus China sowie Silvia und ihre Mutter aus Mexiko. Für Familien können NCDs zu einer besonderen finanziellen und psychischen Belastung werden. Zwar übernehmen Krankenversicherungen in vielen entwickelten Ländern die direkten Kosten der Krankheit. Jedoch entstehen zusätzlich enorme indirekte Kosten, insbesondere für die Pflege der Angehörigen. Selbst in wohlhabenden Ländern bedeutet eine chronische Krankheit für betroffene Familien oft enorme Anstrengungen.

In der Schweiz gibt eine vierköpfige Familie mittleren Einkommens bis zu 25 Prozent davon für Gesundheit aus.[1] In einer Studie aus Korea gaben fast 70 Prozent von Familien, die krebskranke Angehörige pflegten, an, dass sie einen Großteil ihrer Ersparnisse auflösen mussten. Jeder fünfte Studienteilnehmer zog in eine kleinere Wohnung, um den finanziellen Aufwand der Pflege zu stemmen.[2]

Was kann getan werden, um das Leid dieser Familien zu lindern? Eines der bekanntesten Zitate aus Goethes Faust fasst die Situation gut zusammen: »Die Botschaft hör ich wohl, allein mir fehlt der Glaube.« Man muss wissen, dass chronische Krankheiten nur bedingt schicksalhaft sind. Ein beachtlicher Teil des Erkrankungsrisikos liegt in unseren Händen. Diese Botschaft wird Patienten nicht nur von ihren Ärzten vermittelt, man kann sie auch in vielen gängigen Medien lesen. Viele Menschen wissen heute, dass sie mehr Wert auf Bewegung und eine gesunde Ernährung legen sollten. Jedoch verschließen zu viele noch zu oft die Augen vor dieser unbequemen Wahrheit.

Die Weltgesundheitsorganisation (WHO) geht davon aus, dass die Hälfte des NCD-Risikos eines einzelnen Menschen beeinflussbar ist. Bei den kardiovaskulären Krankheiten gelten 80 Prozent des Risikos als vermeidbar. Sogar bei Krebs könnten demnach noch 30 bis 50 Prozent des Risikos durch einen entsprechenden Lebenswandel vermieden werden.[3] Prävention ist also der Ansatz, mit dem wir die NCD- und Kostenkrise in den Griff bekommen können.

Die WHO identifiziert vier individuelle Faktoren, mit denen wir alle das Risiko, an einer der NCDs zu erkranken, beeinflussen können: erstens eine gesunde Ernährung, zweitens genügend Bewegung, drittens

Verzicht auf Tabakkonsum, viertens moderater Alkoholkonsum. Wir wissen also, wie wir die Krankheitsrisiken reduzieren könnten, jedoch stehlen wir uns allzu oft aus der Verantwortung für unsere Gesundheit.

Individuelle Risikofaktoren

Ungesunde Ernährung

In den zurückliegenden Jahrzehnten hat sich der Lebensstandard in vielen Entwicklungsländern dramatisch verbessert, deshalb hat sich die Ernährung fundamental verändert: hin zu einer höheren Energiedichte, einem erhöhten Konsum von Fett und Salz, zu Nahrungsmitteln mit zugesetztem Zucker und wenigen Ballaststoffen.[4] In den vergangenen 30 Jahren ist der Konsum von Fett weltweit um knapp 50 Prozent gestiegen. Die WHO empfiehlt, den Salzkonsum auf 5 Gramm am Tag zu reduzieren, zudem sollten gesättigte Fettsäuren (zum Beispiel Fleisch und Milch) reduziert und durch ungesättigte Fettsäuren ersetzt werden (beispielsweise Oliven und Nüsse). Der Verzehr von mindestens 400 Gramm Obst und Gemüse pro Tag wird empfohlen.

Eine ungesunde Ernährung führt zu einem erhöhten Risiko für kardiovaskuläre Krankheiten und erhöht das Risiko, an Darm- oder Magenkrebs zu erkranken.[5]

Rauchen

Wer Tabak konsumiert, geht ein hohes Risiko ein, einen Lungentumor, Atemwegserkrankungen und auch kardiovaskuläre Krankheiten zu bekommen. Nach den Empfehlungen der WHO ist jegliche Zigarette eine zu viel, Rauchen sollte komplett unterlassen werden. Während der Tabakkonsum seit den 1970er-Jahren im westlichen Europa und in Nordamerika stark zurückgegangen ist, bleibt er in Asien und den Staaten der ehemaligen Sowjetunion hoch. In Indonesien rauchen drei von vier Männern, in China jeder zweite Mann.

Über 70 Prozent aller Lungenkrebserkrankungen sind auf das Rauchen zurückzuführen, zudem 42 Prozent aller chronischen Atemwegserkrankungen und 10 Prozent aller kardiovaskulären Erkrankungen. Die globalen Gesundheitskosten des Rauchens werden auf 2 100 Milliarden US-Dollar beziffert. Das ist so viel wie der Schaden, der durch bewaffnete Konflikte entsteht.[6]

Übermäßiger Alkoholkonsum

Alkohol ist Teil unserer Kultur. Bei der Vernissage in der Galerie um die Ecke ein Glas Prosecco, zum Geburtstag vielleicht sogar die Flasche Champagner, das Feierabendbier mit den Kollegen, der Glühwein auf dem Weihnachtsmarkt. Wann waren Sie das letzte Mal essen und haben keinen Alkohol getrunken? Versuchen Sie es einmal, und es ist nicht unwahrscheinlich, dass Sie von ihren Freunden gefragt werden, ob etwas nicht stimmt und Sie vielleicht krank sind. Und nach wie vor trinken viele Menschen ganz für sich allein, häufig in dem Glauben, damit besser mit ihrem Leben zurechtzukommen.

Anders als beim Rauchen, wo jede Zigarette eine zu viel ist und direkte Gesundheitsfolgen drohen, gibt es beim Alkohol eine Menge, die als »wenig risikoreich« definiert wird. Wie hoch diese ist, darüber streiten sich die Experten. Es gibt keinen global geltenden Richtwert. In Deutschland liegt die von den Gesundheitsbehörden gesetzte Obergrenze bei etwa zwei kleinen Gläsern Bier oder Wein für Männer und einem kleinen Glas Bier oder Wein für Frauen pro Tag. Dies entspricht 24 Gramm oder 12 Gramm reinem Alkohol. Innerhalb einer Woche sollten zudem mindestens zwei alkoholfreie Tage eingelegt werden. Denn nicht nur die Menge des Alkohols ist relevant, sondern auch die Regelmäßigkeit, mit der Alkohol konsumiert wird.[7]

Besonders in wohlhabenden Ländern trinken die Menschen zu viel Alkohol. Europa liegt in den Statistiken ganz vorne. Die Folgen sind fatal. Alkohol ist ein Zellgift, welches zu Tumoren in Speiseröhre, Magen und Darm sowie zu kardiovaskulären Krankheiten und Leberzirrhose führen kann. Zudem zeigen Studien, dass sich Alkoholkonsum negativ auf das Gehirn auswirkt und Demenz begünstigt. Hierdurch entstehen Milliarden Kosten für das Gesundheitssystem, dazu immense Schäden mit Blick auf die Arbeitsproduktivität. Und unermesslich ist das Leid von Alkoholkranken und ihren Familien.

Zu wenig Bewegung

Ab und zu ein bisschen spazieren gehen oder ein bisschen Rad fahren, das reicht noch lange nicht. Als Bewegungsmangel wird definiert, wenn sich Erwachsene weniger als 150 Minuten pro Woche mit moderater Intensität oder weniger als 75 Minuten mit hoher Intensität bewegen. Unter moderate Aktivität fällt bereits schnelles Gehen oder Staubsaugen. Joggen, Fußballspielen oder ein Aerobic-Kurs fallen unter hohe Intensität. Fast jeder vierte Mensch bewegt sich zu wenig. Bei Jugendlichen ist die Situation noch eklatanter: Die WHO empfiehlt Kindern und Jugendlichen, täglich 60 Minuten Sport zu treiben. Sport bei Jugendlichen kann zum Beispiel bereits das Herumrennen auf dem Pausenhof oder die Fahrt mit dem Fahrrad zur Schule sein. Nur 20 Prozent aller Kinder und Jugendlichen bewegen sich ausreichend – jeder vierte Jugendliche bewegt sich zu wenig. Die Statistiken sind erschreckend.

Dabei ist Bewegung für unsere Gesundheit so wichtig. Regelmäßiges Sporttreiben reduziert das Risiko, an Herzrhythmusstörungen, Schlaganfällen, Diabetes sowie Brust- und Darmkrebs zu erkranken. Zudem ist Bewegung gut für unsere psychische Gesundheit.[8] Die Statistik sagt: Stubenhockerei kann die Lebenserwartung um vier Jahre senken, also ganz erheblich.

Was den Menschen in den entwickelten Ländern durch den hohen Lebensstandard an Bewegung fehlt, zeigt im Umkehrschluss das Beispiel Ugandas, eines der ärmsten Länder der Welt. 95 Prozent der Menschen in Uganda bewegen sich ausreichend – das ist ein Spitzenwert, der in keinem anderen Land der Welt erreicht wird. Besonders schlecht sieht es in den ölreichen Ländern dieser Welt aus, wo selbst kleinste Strecken mit dem Auto zurückgelegt werden. Spitzenreiter des sitzenden Lebensstils ist Kuweit, wo 67 Prozent der Menschen sich viel zu wenig bewegen.[9]

Gemeinsam mit den Mitgliedstaten der Vereinten Nationen hat die WHO im Jahr 2010 einen umfassenden Bericht über die NCD-Epidemie veröffentlicht.[10] Ziel des Berichtes war es, die aktuelle globale Lage zu dokumentieren sowie einen Ansatz zu entwickeln, Nichtübertragbare Krankheiten einzudämmen. Zwei Jahre später verabschiedeten die Mitgliedsstaaten neun globale NCD-Reduktionsziele sowie eine standardisierte Vorgehensweise, um Fortschritte bei der Bekämpfung dieser Krankheiten zu messen. Dabei richtet sich das Augenmerk sowohl auf die Anzahl der Erkrankungen als auch auf die Verbreitung der Risikofaktoren. Zu den globalen Zielen gehört es, den Tabak- und Salzkonsum um 30 Prozent zu senken, übermäßigen Alkoholkonsum um 10 Prozent zu vermindern und die Anzahl der Menschen, die sich zu wenig bewegen, um 10 Prozent zu reduzieren. Bis 2025 wollte man die Ziele erreichen, doch leider sieht es nicht gut aus. In einem Zwischenbericht aus dem Jahr 2017 mahnt die Weltgesundheitsorganisation an, dass »die bisherigen Verbesserungen viel zu gering ausfallen und zudem sehr ungleich über Länder verteilt sind«[11].

Obwohl es klare Ziele und klare Präventionsschritte gibt (etwa höhere Steuern auf Tabak und Alkohol sowie strenge Lebensmittelrichtlinien), werden diese nicht oder nur zögerlich umgesetzt. Vorsorge oder Vorbeugung haben in unserem heutigen Gesundheitssystem einen viel zu geringen Stellenwert. Es wäre zu kurz gesprungen, würden wir die Verantwortung für die Lösung der NCD-Epidemie jedem Einzelnen überlassen. Auch unser Gesundheitssystem als Ganzes muss neu gedacht, vielleicht sogar ganz neu gestaltet werden. Wir brauchen einen Dialog über die Gesundheitsverantwortung und die Freiheit des Individuums. Zurzeit leben wir in größtmöglicher individueller Freiheit, die Folgekosten aber solidarisieren wir.

Unsere westlichen Gesundheitssysteme sind historisch betrachtet darauf ausgelegt, akute und ansteckende Krankheiten zu bekämpfen. 97 Prozent aller Kosten entfallen auf die Behandlung von Krankheiten, nur 3 Prozent auf die Prävention, also die Vorbeugung. Nach der Weltwirtschaftskrise von 2008 sank der Anteil für Prävention sogar. Das hat fatale Folgen, denn anders als ansteckende Krankheiten, die akut behandelt werden müssen, aber nur kurz andauern, verursachen chronische Krankheiten oft Kosten über Jahrzehnte hinweg.[12]

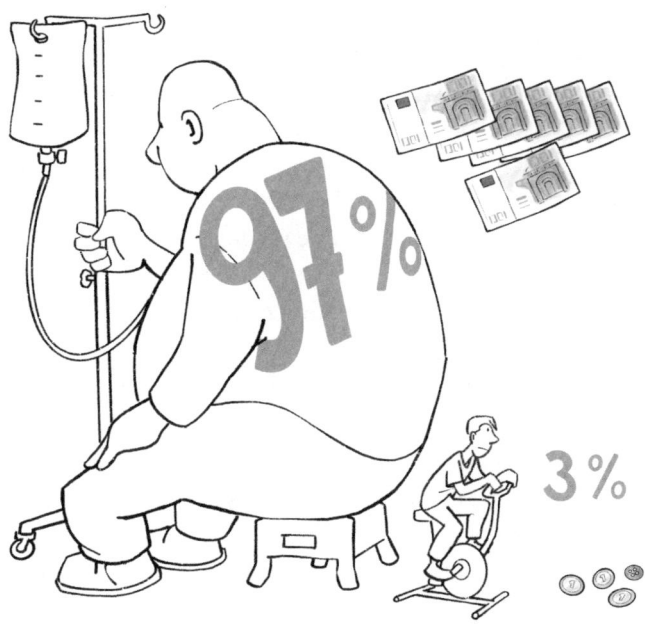

Quelle: Eigene Darstellung

Innerhalb der OECD-Länder gibt es große Unterschiede bei den Ausgaben für die Vorsorge. Kanada und das Vereinigte Königreich geben fast das Doppelte des OECD-Schnitts aus, während zum Beispiel Griechenland nur etwas mehr als 1,3 Prozent der Gesundheitskosten für Prävention aufwendet.[13] Warum fällt es uns so schwer, den Krankheiten vorzubeugen, also auf Prävention zu setzen?

Schaut man in andere Lebensbereiche, sind wirksame Mechanismen zur Prävention gang und gäbe. So gibt es in Deutschland klare Richtlinien, nach wie vielen Kilometern oder Jahren ein Auto zur Wartung muss. Es ist vorgeschrieben, welche Funktionen eines Autos zu welchem Zeitpunkt getestet werden müssen. Selbstverständlich ist Verkehrssicherheit ein hohes Gut, aber sollte das nicht auch für unsere Gesundheit gelten? Eine Studie zeigt, dass nur rund die Hälfte der Deutschen zu Vorsorgeuntersuchungen geht, wobei Frauen sich etwas mehr um ihre Gesundheit kümmern als Männer.[14] Wenn ein Auto alle zwei Jahre zum TÜV muss und andernfalls aus dem Verkehr gezogen wird, warum kontrollieren wir unseren Körper nicht regelmäßig?

Und in vielen Fällen sind zum Zeitpunkt der Diabetes-Diagnose schon irreparable Schäden entstanden. Man denke an Nierenversagen, Amputationen oder Erblindung als Folge von Diabetes. Doch auch wenn nicht sofort der schlimmste Fall eintritt: Wir sollten versuchen, chronische Krankheiten durch Vorbeugung zu verhindern, damit wir weniger dafür aufwenden müssen, sie über Jahrzehnte hinweg zu therapieren. Die Risikofaktoren und wie man sie bekämpfen kann sind bekannt. Jeder Einzelne von uns, aber auch die Politik sind gefragt. Auch Früherkennung kann helfen, Leid und Kosten von Krankheit und Folgeschäden vermeiden.

Nehmen wir Übergewicht als Beispiel: Vor allem junge Menschen sind davon betroffen, trotzdem wird an vielen Schulen kaum Wissen über gesunde Ernährung oder die Bedeutung von Bewegung weitergegeben. Wie kann es sein, dass sich 80 Prozent unserer Kinder zu wenig bewegen? Warum ist es so schwer, eine Stunde Bewegung pro Tag in den Schulalltag zu integrieren, wenn die Evidenz klar zeigt, dass wir hierdurch unsere Kinder fit für die Zukunft machen könnten – fit im direkten und übertragenen Sinne? Immer noch gibt es in vielen Ländern kaum Vorschriften über den Alkohol- und Tabakkonsum, obwohl wir wissen, wie hoch das Gesundheitsrisiko ist. In mancherlei Hinsicht war die Medizin schon deutlich weiter. Es lohnt sich ein Blick auf Mary Shis Vorfahren. Im antiken China galt der Spruch: »Eine Krankheit zu heilen ist wie zu warten, bis man durstig ist, bevor man den Brunnen gräbt.«[15]

Präventives Gesundheitssystem im antiken China – ein historisches Vorbild

Das Gesundheitssystem im antiken China unterschied sich grundsätzlich von unseren heutigen Systemen. Gesundheit wurde immer ganzheitlich betrachtet. Es ging um den Einklang von Körper, Geist und Seele. Wenn wir heute von Gesundheit sprechen, so meinen wir meist die Abwesenheit von Krankheit. Im antiken China wäre dieser Begriff viel zu eng gefasst gewesen. Nicht der symptomfreie Mensch galt als gesund, sondern der, bei dem Körper, Geist und Seele im Einklang waren. Ein taiwanesisches Sprichwort fasst dieses Verständnis gut zusammen: »Ein schlechter Arzt behandelt Symptome, ein durchschnittlicher Arzt behandelt die Krankheit, ein guter Arzt heilt die ganze Person.«[16] Entsprechend war das Anreizsystem für Ärzte grundlegend anders als heute. Unsere Gesundheitssysteme bezahlen Ärzte für die geleisteten Behandlungen. Je mehr kranke Menschen ein Arzt behandelt und je komplizierter die Behandlung ist, desto höher fällt die Vergütung des Arztes aus. Im antiken China wurden Ärzte für die Bewahrung der Gesundheit, nicht für das Heilen von Krankheiten bezahlt. Ein Arzt erhielt eine monatliche Entlohnung, solange seine Patienten gesund blieben. Wurden sie krank, setzte die Bezahlung aus, bis die Menschen wieder gesund waren. Es galt als Schande, Geld von kranken Menschen zu nehmen, die ohnehin litten und ihren Lebensalltag nicht selbstständig bestreiten konnten. Das System war auf Prävention ausgerichtet. Ärzte halfen den Menschen dabei, ein gutes Leben zu führen. Sie gaben Ratschläge für richtige Ernährung, gesundheitsfördernde Bewegung und seelisches Gleichgewicht.[17]

Präventive Zahnmedizin in Schweden – ein aktuelles Vorbild

Ein weiteres gutes Beispiel für den Erfolg von Vorbeugung in der Medizin gibt die zahnmedizinische Versorgung in Schweden. Während selbst in wohlhabenden Ländern wie der Schweiz privat für jeglichen Zahnarztbesuch gezahlt werden muss, wenn keine Zusatzversicherung abgeschlossen wurde, geht Schweden seit 50 Jahren einen anderen Weg.

Der regelmäßige Besuch des Zahnarztes ist in Schweden für Kinder und Jugendliche bis 23 Jahre kostenlos,[18] somit nicht abhängig vom Geldbeutel der Eltern. Der Zahnarztbesuch wurde zur Routine für junge Menschen. Auch für alte oder behinderte Menschen wird die Zahnpflege staatlich subventioniert. Die Zahnärzte klären über die richtige Zahnhygiene auf und weisen zudem auf die Bedeutung einer fluoridhaltigen Zahnpasta hin. Auch in Schulen und Kindertagesstätten wird über Dentalhygiene gesprochen.

Der Erfolg des Präventivsystems schlägt sich in den Gesundheitsstatistiken nieder. So ist heute die Mehrzahl der Kinder komplett kariesfrei und ohne Löcher in den Zähnen. Die Anzahl der kariesfreien Kinder hat sich zwischen 1985 und 2005 verdreifacht. Hatten 1985 vier von fünf Kindern und Jugendlichen im Alter zwischen zwölf und 19 Jahren noch Löcher in den Zähnen, so sind heute nur noch zwei von fünf.[19] Wer einer Krankheit vorbeugt, statt sie zu therapieren, erspart nicht nur dem Einzelnen viele Schmerzen. Er vermeidet auch Kosten. Und darauf kommt es an, um unsere Gesundheitssysteme zu retten.

Health Promotion Board in Singapur

Singapur ist Asiens Aushängeschild in Sachen Gesundheit. Der kleine Stadt- und Inselstaat schreibt Gesundheitsprävention groß. Hierfür wurde von staatlicher Seite bereits vor rund 20 Jahren das »Health Promotion Board« (HPB) gegründet. Das HBP ist eine staatliche Gesellschaft mit dem Ziel, die Menschen in Singapur zu befähigen, die eigene Gesundheit in die Hand zu nehmen.[20]

Warum ist präventive Gesundheit der öffentlichen Hand in Singapur so wichtig? Der Vorsitzende des HBP, Philipp Lee, sagt dazu: »Singapur wird im Jahr 2040 das Land mit der dritthöchsten Lebenserwartung sein. Wir müssen unsere Bevölkerung daher dabei unterstützen, gesund zu leben. Damit sie nicht nur alt, sondern gesund alt werden kann.«[21]

Im internationalen Vergleich gibt Singapur verhältnismäßig wenig für Gesundheit aus. Etwas unter fünf Prozent der Wirtschaftsleistung fließen dort in die Gesundheitsversorgung. Der Fokus auf Prävention könnte helfen, die Kosten trotz der Alterung der Einwohnerschaft niedrig zu halten.

Die Maßnahmen, die das HPB fördert, sind sehr vielfältig: subventionierte Vorsorgeuntersuchungen für Menschen über 40 Jahren, gesundes Essen und Ernährungserziehung in Schulen und Kindergärten, mobile Zahnkliniken an Schulen, nationale Sportprogramme, Aufklärung darüber, wie wichtig ein gesunder Schlaf ist, Trainings zur mentalen Gesundheit für Kinder, Eltern, Manager und Arbeitnehmer. Dies sind nur einige Beispiele.

Im Jahr 2018 wurden an 820 Orten im Inselstaat, zum Beispiel in Einkaufszentren oder Stadtparks, kostenlose Sportprogramme angeboten. Zudem setzt die Regierung auf digitale Unterstützung, um die Bevölkerung zum Sport zu motivieren. Seit fünf Jahren bietet sie die »Healthy 365 App« an, die fast die Hälfte der Bevölkerung heruntergeladen hat. Über die App kann man an der jährlichen »National Steps Challenge« teilnehmen. Teilnehmer erhalten gratis einen Fitnesstracker, mit dem sie Punkte für die tägliche Anzahl an gegangenen Schritten sammeln. Die Punkte können in verschiedenen Geschäften eingelöst werden. Zudem gibt es am Ende der Challenge eine große Verlosung, bei der Flugreisen und andere Preise als Belohnung winken.

Die Programme des HPB kommen gut an, wie diese Aussage einer Schülerin zeigt: »Mein Gewicht und meine Ernährung haben sich geändert, und meine Geschmacksnerven auch! Ich esse weniger salzige Nahrung und bin mir meiner Nahrungswahl sehr bewusst. Ich tanze auch und nehme Schwimmunterricht. Ich fühle mich leichter und viel besser.«[22]

Jedoch ist trotz aller Anstrengungen auch Singapur nicht immun gegen die NCD-Epidemie. Eine Studie zeigt, dass der Anteil der Diabetiker in Singapur bis zum Jahr 2050 auf 15 Prozent steigen wird.[23] Die Gründe, die die Studie für den Anstieg nennt, klingen bekannt: die Alterung der Gesellschaft und die zunehmende Fettleibigkeit.

Gesunde Ernährung und präventive Allgemeinmedizin in Spanien

Auch Spanien scheint in vielerlei Hinsicht ein Vorbild zu sein. Im neuesten Gesundheitsindex von *Bloomberg* hat jedenfalls Spanien das über viele Jahre führende Italien überholt. Dahinter rangieren vier weitere europäische Länder – Island, die Schweiz, Schweden und Norwegen. Japan ist das gesündeste asiatische Land, gefolgt von Singapur; Australien und Israel gehören ebenfalls zu den Top Ten. Der Index bewertet Länder nach verschiedenen Variablen einschließlich der Lebenserwartung und bestraft Risiken wie Tabak- und Alkoholkonsum oder Fettleibigkeit. Berücksichtigt werden auch Umweltfaktoren wie der Zugang zu sauberem Wasser und Hygiene.[24]

Dem Washington Institute for Health Metrics and Evaluation zufolge werden die Menschen in Spanien im Jahr 2040 eine Lebenserwartung von 86 Jahren haben. Als wichtiger Grund für diesen hohen Wert gilt die medizinische Versorgung, insbesondere durch die sehr gut ausgebildeten Hausärzte. Sie wirken auf ihre Patienten ein, Gesundheitsvorsorge zu betreiben, was sich auf Folgeerkrankungen besonders günstig auswirkt. Unter anderem durch diesen Fokus auf die Prävention konnte in der zurückliegenden Dekade die Anzahl der Herz- und Kreislauferkrankungen sowie der Krebsdiagnosen reduziert werden. Eine besondere Rolle spielen die Essgewohnheiten der Menschen in den Mittelmeerländern: Allein der Verzehr von Oliven und Nüssen trägt entscheidend dazu bei, kardiovaskuläre Erkrankungen zu vermeiden.

Die Diskussion um Vorbeugung und chronische Krankheiten zeigt, dass eine bessere Gesundheitsversorgung nicht zwangsläufig mit höheren Kosten verbunden sein muss. Der Schlüssel zu einem besseren Leben steht und fällt mit dem Willen und der Fähigkeit von uns allen, unsere Lebensgewohnheiten zu überdenken und den Stellenwert von Vorsorge in unserem Gesundheitssystem zu stärken. Zudem ist die Politik gefragt, Anreize für einen gesunden Lebensstil zu setzen, ohne die Freiheit des Einzelnen zu sehr einzuschränken. Schlaue Ideen, geschickte Anreize und mutiges Durchgreifen sind gefragt.

Die Digitalisierung ist entscheidend für die Medizin von morgen

Die Digitalisierung, also die Umstellung von analogen Daten auf Papier auf digital gespeicherte Informationen, ist kein neues Phänomen. Der Computer, das Smartphone sind allgegenwärtig. Auch das Internet ist weiß Gott keine neue Erfindung. Wer heute den Film »E-Mail für dich« mit Tom Hanks und Meg Ryan anschaut, dem wird bewusst, dass diese Technologie inzwischen ein paar Jahre auf dem Buckel hat. Vor rund 30 Jahren wurden zum ersten Mal kommerziell E-Mails verschickt.

Längst wachsen heute Generationen heran, die sich nicht an eine Zeit ohne Internet erinnern können. Für die Generation Z – also die Jugendlichen, die nach 1995 geboren sind – gibt es nichts Selbstverständlicheres, als mit dem Smartphone einzukaufen, sich mit Freunden zu vernetzen, zu chatten und sich in Online-Medien zu informieren. Die Generation Z checkt minütlich ihren WhatsApp-Chat und selten ihren Briefkasten.

Die Medizin hingegen kommt nur schleppend ins digitale Zeitalter. Das Faxgerät ist immer noch das wichtigste Kommunikationsmittel von selbstständig niedergelassenen Allgemeinmedizinern.[25] In den meisten Ländern erfolgt die Kommunikation zwischen Ärzten immer noch über Arztbriefe, die oft erst Wochen nach einer Behandlung auf traditionellem Postweg eintreffen. Wechselt ein Patient einen Arzt, so hat der neue Arzt in den meisten Fällen keinen Zugang zur Patientenhistorie und zur Krankenakte. Wenn der Patient selbst die Unterlagen einsehen will, dann kann er, wenn er Glück hat, Papierkopien seiner bisherigen Arzt- und Laborberichte anfordern. Da diese Berichte zumeist aber nicht an den Patienten, sondern nur an die behandelnden Ärzte geschickt werden, ist selbst dies oft ein erfolgloses Unterfangen. In der Konsequenz müssen viele diagnostische Tests wiederholt werden, was unnötiges Geld und vor allem auch wertvolle Zeit kostet.

Doch auch in der Medizin ist die Digitalisierung auf dem Vormarsch: In den USA werden Rezepte standardmäßig digital von Ärzten an Apotheken übermittelt. Estland ist ein Vorreiter in der digitalen Medizinwelt. Dort gibt es bereits seit mehr als zehn Jahren für alle Bürger eine einheitliche elektronische Patientenakte. Telemedizin, elektronisch dokumentierte Einnahmepläne und digitale Rezepte gehören dort zum medizinischen Alltag.[26]

Auch wenn die Digitalisierung der Medizin schleppend vorangeht: Sie ist unausweichlich, sie wird und muss kommen. Grund genug also, genau zu untersuchen, wie sie die Medizin verändern wird. Welche Chancen bringt die digitale Revolution für die Medizin mit sich? Wie kann sie helfen, die Herausforderungen des demografischen Wandels, der NCD-Epidemie und der stetig wachsenden Gesundheitskosten zu meistern? Und wo müssen wir mit der Digitalisierung aufpassen?

Wir sehen fünf Hebel, wie die Digitalisierung ein zentraler Schlüssel für die Gesundheitswelt von morgen sein kann. Jeder einzelne dieser fünf Hebel an sich mag keine Revolution darstellen: Sie unterstützen und beschleunigen vielmehr Veränderungen, die getrieben durch den medizinischen Fortschritt schon lange im Gange sind. Doch zusammengenommen könnte die Gesundheitswelt sich durch diese Hebel der Digitalisierung revolutionär zum Positiven verändern: von der Forschung über die Prävention, die Diagnose und die Therapie bis zur Vergütung und Administration.

Digitalisierung fördert Verhaltensveränderung

Jeder weiß, wie schwierig es ist, gute Neujahrsvorsätze einzuhalten. Allzu oft schon haben wir uns vorgenommen, die lästigen, überflüssigen Kilos im kommenden Jahr zu verlieren. Doch nur selten stellt sich nachhaltiger Erfolg ein. Verhaltensveränderung kostet Kraft!

Digitale Technologien können Menschen dabei unterstützen, gesunde Verhaltensweisen dauerhaft zu verfolgen. Dass der persönliche Lebenswandel einen erheblichen Einfluss auf unsere Gesundheit hat, ist nichts Neues. Digitalisierung kann helfen, dieses Wissen anzuwenden. Beispielhaft für diesen Hebel stehen digitale Fitnesstracker, die digitale Waage oder die Medikamenteneinnahme-App, die Patienten daran erinnert, ihre Pillen in der richtigen Menge und zur richtigen Zeit zu schlucken.

Digitalisierung verbessert die Effizienz

Steigende Gesundheitskosten sind eine große Herausforderung für unsere Gesundheitssysteme. Während manche Kostentreiber, etwa der demografische Wandel, unvermeidbar sind, gibt es andere, die auf Ineffizienzen, das heißt »Verschwendung« im System beruhen. Die Digitalisierung kann entscheidend dazu beitragen, solche Ineffizienzen zu verringern oder zu vermeiden und somit den Kostendruck auf unser Gesundheitssystem zu reduzieren.

Laut einer Studie des New England Healthcare Institutes sind 30 Prozent der Gesundheitskosten in den USA unnötig, das heißt, man könnte sie vermeiden, ohne die Qualität des Gesundheitssystems zu verschlechtern. Hierdurch ließen sich jährlich 700 Milliarden US-Dollar einsparen.[27] Es gibt viele Stellen, an denen ineffizient behandelt wird. Die Notaufnahmen sind solche Orte. Die Statistiken sagen: Wenn Menschen in die Notaufnahmen von Krankenhäusern gelangen, ist das in 71 Prozent der Fälle aus medizinischer Sicht unnötig oder hätte vermieden werden können.[28] Bei 24 Prozent der Besuche war keine Eile geboten, 41 Prozent der Fälle hätten auch von einem niedergelassenen Hausarzt betreut werden können, und 10 Prozent der Patienten hätten durch Prävention den Notfall verhindern können. Unter den zehn häufigsten Gründen für einen Besuch der Notaufnahme sind in den USA Rücken- oder Kopfschmerz sowie Harnwegsinfekte. Im Durchschnitt kostet ein Notaufnahmebesuch 1 233 US-Dollar.[29]

Menschen gehen in Notaufnahmen, weil sie nicht wissen, wohin sie sich sonst wenden können oder weil sie Hilfe außerhalb der gängigen Öffnungszeiten suchen. Dieser Trend ist besonders groß in städtischen Regionen, wo viele keinen Hausarzt mehr haben.[30]

Digitalisierung kann dazu beitragen, dass nur Menschen in Notaufnahmen landen, die wirklich dringend medizinische Hilfe benötigen. Im zweiten Teil des Buchs werden wir von der innovativen Versicherung *Oscar* berichten, deren Chatbot nachweislich dabei hilft, Patienten zur richtigen medizinischen Versorgung zu lotsen. Patienten, die ursprünglich in die Notaufnahme gehen wollten, weil sie an einem Samstagabend – außerhalb der Öffnungszeiten ihres Hausarztes – an einem Harnwegsinfekt leiden, wird vom Oscar-Chatbot vorgeschlagen, mit einem Arzt via Telemedizin zu kommunizieren, der ihnen direkt ein Rezept verschreiben kann. Dies ist nur ein Beispiel, wie Digitalisierung zu effizienteren Lösungen führt.

Digitalisierung demokratisiert die Medizin

Die NCD-Epidemie stellt die Medizin vor neue Herausforderungen. Immer mehr Patienten mit immer längerer Krankheitsdauer lähmen das System. Nicht nur in Entwicklungsländern bilden sich Schlangen vor Praxen. Auch in den USA wird es zunehmend schwierig, einen Termin bei einem Arzt zu ergattern. Laut einer Studie sind die Wartezeiten für einen Arzttermin von 2014 bis 2017 um 30 Prozent gestiegen.[31]

Wer einen Termin ergattern konnte, bekommt meist nur für wenige Minuten die Aufmerksamkeit des Arztes. Forscher verschiedener europäischer Universitäten haben analysiert, wie viel Zeit Allgemeinärzte in 67 Ländern durchschnittlich mit Patienten verbringen.[32] Hierbei haben sie herausgefunden, dass in einem Drittel der Länder Allgemeinärzte weniger als 5 Minuten mit dem Patienten verbringen. In China sind es sogar nur 2 Minuten, in Deutschland, Singapur und Israel unter 10 Minuten. Die USA und die Schweiz schneiden besser ab: Hier haben Ärzte respektive über 20 und über 15 Minuten Zeit. Die Zeitknappheit ist auf einen einfachen Grund zurückzuführen: ein viel zu hoher Verwaltungsaufwand! Die Statistik spricht Bände: Je nach Land verbringen Ärzte bis zu 50 Prozent ihrer Zeit mit administrativen Tätigkeiten.[33]

Andere Gegenden dieser Welt sind so dünn besiedelt, weit von medizinischen Versorgungszentren entfernt oder wirtschaftlich schwach, dass die dort lebenden Menschen kaum medizinische Hilfe finden. Die Digitalisierung kann in solchen Gegenden helfen, den Zugang zur Medizin leichter verfügbar zu machen. Dies ist nicht nur relevant in den Savannen Afrikas, sondern auch im dünn besiedelten Mittleren Westen der USA oder im Osten von Deutschland, wo immer mehr Hausarztpraxen schließen. Patienten in diesen Gegenden könnten über Videokonsultationen medizinischen Rat erhalten, digitale Versandapotheken könnten Medikamente auf der Basis elektronischer Rezepte liefern.

Die Digitalisierung hat schon viele Branchen grundlegend verändert und demokratisiert, also den Zugang zu Dienstleistungen und Produkten vereinfacht und vergünstigt. Ein gutes Beispiel ist die Videoindustrie. Diese hat sich in den vergangenen zehn Jahren komplett neu erfunden. Noch vor Kurzem war es üblich, sich am Wochenende eine DVD in der Videothek auszuleihen, um einen gemütlichen Filmeabend zu verbringen. In dünn besiedelten Gegenden gab es keine Videotheken und somit keinen Zugang zu Videofilmen über das aktuelle Fernsehprogramm hinaus. Heute kann man im Straßenbild lange nach Videotheken suchen und wird kaum mehr eine finden. In den USA hat die größte Videothekenkette »Blockbuster Video« 2010 endgültig geschlossen. Die

Branche hat sich innerhalb kürzester Zeit digitalisiert. Netflix, Hulu, Apple und Amazon Prime sind die Gewinner dieses Wandels, allesamt Akteure, die neu in die Branche eingestiegen sind. Videos werden nicht mehr ausgeliehen, sondern gestreamt, das heißt, über das Internet übertragen. Netflix erreichte damit rund 140 Millionen Abonnenten und machte knapp 15 Milliarden US-Dollar Umsatz im Jahr 2018.[34]

Neben Netflix profitieren aber auch die Kunden. Früher schloss die Videothek um zehn Uhr abends, heute gibt es keine Ladenschlusszeiten mehr. Gegenden mit schlechter Infrastruktur profitieren am meisten, sofern sie einen Internetanschluss haben. Sie waren früher von der Versorgung abgeschnitten. Heute erfreuen sich die Menschen an einem Rundum-die-Uhr-Zugang zu Filmen, der nicht mehr vom Wohnort abhängt. Streaming-Dienste sind jederzeit verfügbar und geben dem Kunden personalisierte Empfehlungen. Die Veränderungen in der Videobranche zeigen, in welcher Weise viele Menschen von der Digitalisierung profitieren konnten. Sie haben ein besseres Angebot, häufig zu günstigeren Preisen. Dieses Konzept ist übertragbar auf die Medizin.

Digitalisierung verbessert die Qualität

Neben dem demografischen Wandel, der Epidemie der chronischen Krankheiten und einem rasanten Anstieg der Kosten kommt eine weitere Welle auf unsere Gesundheitssysteme zu: Auch das medizinische Wissen vermehrt sich exponentiell.

Bis in die 1950er-Jahre hinein galt die Faustregel, dass es immer ein halbes Jahrhundert dauert, bis sich das Medizinwissen verdoppelt. Jetzt schätzen Experten, dass sich im Jahr 2020 dieses Wissen alle 70 Tage verdoppeln dürfte. Dies führt zu einer Komplexität und einer Flut von Neuerungen, die vom Menschen allein nicht mehr zu meistern ist.[35] Selbst mit intensiver kontinuierlicher Weiterbildung können viele Ärzte die schiere Menge des Wissens in Breite und Tiefe – und die Geschwindigkeit, mit der dieses Wissen wächst – nicht mehr bewältigen.

Die Digitalisierung ermöglicht den individualisierten, auf die Situation zugeschnittenen Zugang zum explodierenden Medizinwissen. Moderne Datenbanken mit Suchfunktionen machen es Ärztinnen und Ärzten leichter, relevante Publikationen zu einem medizinischen Phänomen zu finden. Zudem kann Digitalisierung dazu beitragen, bestimmte Qualitätsstandards in der Breite durchzusetzen und diese schrittweise anzuheben. Digitale Entscheidungshilfen können dabei unterstützen, optimale Behandlungsentscheidungen zu treffen auf Grundlage der neuesten verfügbaren medizinischen Erkenntnisse und Richtlinien. Zudem vereinfacht die digitale Kommunikation die Abstimmung zwischen verschiedenen Ärzten. Hiervon werden nicht allein die Spitzenkräfte profitieren, sondern vor allem die Ärzte, die in kleinen Praxen oder Krankenhäusern auf dem Land arbeiten. Seltene Krankheiten sehen diese Ärzte fast nie. Über Telemedizin können sie im Falle einer seltenen Krankheit leichter eine Zweitmeinung einholen. Alternativ kann ein digitaler Assistent über Bilderkennung eine Einschätzung über das Symptom abgeben und dadurch bei der Diagnose- und Therapieentscheidung helfen.

Auch im Bereich Lebensqualitätssteigerung kann die Digitalisierung eine wichtige Rolle spielen. Hier geht es vor allem darum, Autonomie und Würde von Senioren möglichst lange zu erhalten. Beispiele für eine gelungene Unterstützung von Senioren finden sich viele: Neben der einfach gebauten App, über die Senioren Friseur-, Fußpflege- oder Physiotherapietermine buchen können, gibt es Armbänder, die über Sensoren bemerken, wenn eine ältere Person stürzt. In diesen Fällen wird automatisch ein Arzt oder Pflegedienst verständigt.[36] Diese Beispiele zeigen eindrücklich, wie Qualitätssteigerung und Digitalisierung Hand in Hand gehen können.

Digitalisierung beschleunigt die medizinische Forschung

Mit dem medizinischen Fortschritt der vergangenen Jahrzehnte hat auch die Komplexität der medizinischen Forschung exponentiell zugenommen. Besonders ausschlaggebend war und ist die Entschlüsselung des menschlichen Genoms. Sie hat zu enormen Datenmassen geführt, die ohne digitale Rechenkraft kaum zu bewältigen gewesen wären.

Das neue Feld der Gentherapien, sei es in der Onkologie oder bei Erbkrankheiten, hätte ohne die Digitalisierung schlicht nicht entstehen können. Die Digitalisierung agiert somit als Ermöglicher und als Beschleuniger von medizinischem Fortschritt. Das Feld der Personalisierten Medizin, bei dem Therapien an den Bedarf von kleinen Patientengruppen, teilweise an einzelne Patienten, angepasst werden, wäre ohne Digitalisierung undenkbar. Bisher kommt Personalisierte Medizin nur bei einem kleinen Teil aller Behandlungen zum Einsatz, das Potenzial ist jedoch groß.

Ein Ausdruck der explodierenden Komplexität in der Medizin sind die deutlich gestiegenen Kosten in der Entwicklung von Medikamenten. Wurden in den 1970er-Jahren im Durchschnitt 179 Millionen US-Dollar für die Entwicklung eines Medikamentes ausgegeben, so kostete dies in den 1980ern bereits das Doppelte. Aktuell werden durchschnittlich satte 2,5 Milliarden US-Dollar investiert, um ein Medikament von der In-vitro-Evaluierung bis zur Zulassung zu bringen.[37] Der Einsatz neuer digitaler Verfahren in der Forschung – Gesundheitsdatenbanken, Algorithmen und künstliche Intelligenz – könnte künftig dazu beitragen, diese Aufwendungen zu senken.

Schon heute verändert die Digitalisierung unsere Gesundheitswelt gewaltig. Künftig wird sie noch größeren Einfluss nehmen. Sie ist ein wichtiger Schlüssel, um die Herausforderungen im heutigen Gesundheitssystem zu bewältigen. Gleichzeitig wirft die neue digitale Gesundheitswelt auch neue Fragen auf: Wie schützen wir die medizinische Privatsphäre des einzelnen Menschen? Wie schützen wir medizinische Daten vor unberechtigtem Zugriff? Wie erhalten wir trotz gestiegener Transparenz über Patienten in einem kostspieligen Gesundheitssystem eine solidarische Krankenversicherung? Wie erhalten wir die Freiheit des Menschen, medizinische Entscheidungen über seinen eigenen Körper und seine eigene Lebensweise zu treffen, in einer Welt, in der ständig alle möglichen Daten über ihn verfasst, gespeichert und als medizinische Information bereitgestellt werden?

Im zweiten Teil dieses Buchs gehen wir auf diese Fragen ein und stellen die Veränderungen im Gesundheitssystem anhand von 25 Wirkungsmustern vor, die in sechs Kapitel gegliedert sind. Zu jedem Muster präsentieren wir spannende Start-ups und etablierte Unternehmen, die die Wirkungsmuster in ihren Geschäftsmodellen anwenden. Dabei zeigen wir Trends möglichst plastisch am Beispiel bestehender Innovationen und Technologien auf. Nicht alle diese Technologien sind derzeit weltweit uneingeschränkt verfügbar oder zugelassen, und manche werden nicht in der Breite umgesetzt werden. Die hier aufgezeigten Beispiele sind daher auf keinen Fall Empfehlungen oder Werbung, sondern dienen lediglich dazu, Trends plastischer zu machen und zum Nachdenken über die Zukunft der Medizin anzuregen.

Der medizinische Fortschritt und seine Folgen

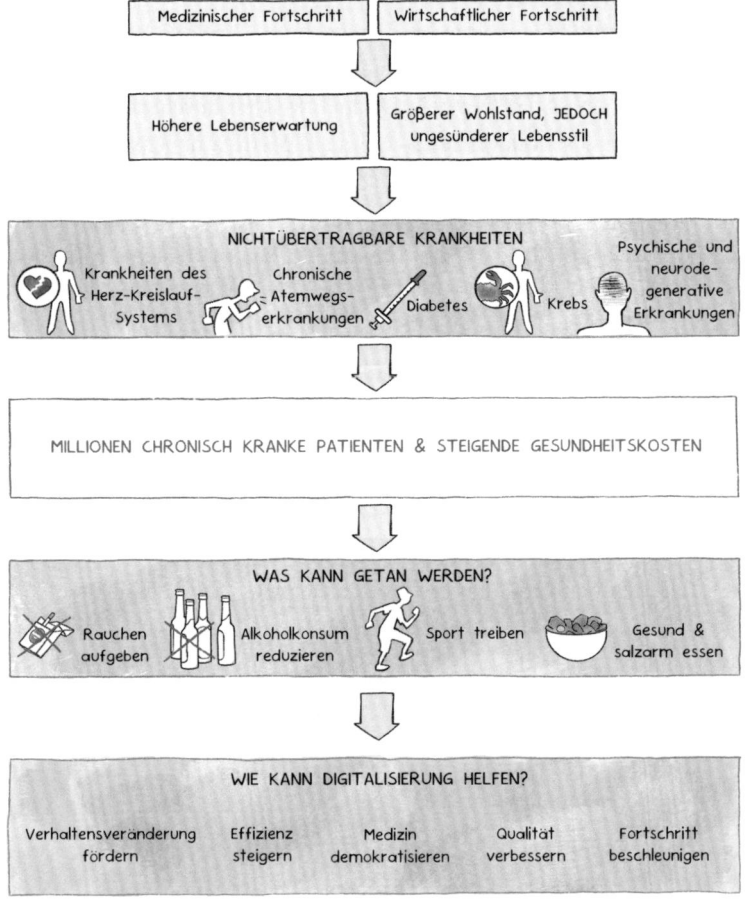

Quelle: Eigene Darstellung

Teil II
Digitale Technologien verändern Patienten und Gesundheitssystem

Einleitung

Im ersten Teil haben wir beschrieben, welche unglaublichen Fortschritte die Medizin in den zurückliegenden 100 Jahren gemacht hat und warum sie im Bereich der chronischen Krankheiten Opfer ihres eigenen Erfolges wurde. Wir haben gezeigt, welche massiven Bürden chronische Krankheiten jeder Familie und jedem Gesundheitssystem auferlegen. Mindestens die Hälfte dieser Bürden ist jedoch nicht gottgegeben. Sie ist das Ergebnis unseres gewählten Lebensstiles, mangelnden Wissens, mangelnder Vorsorge und mangelnder Bereitschaft, unser Verhalten zu ändern.

Die Digitalisierung hat schon viele Branchen umgewälzt und deren Logik auf den Kopf gestellt. Man denke nur an die Werbeindustrie, den Einzelhandel und die Musikindustrie. Besonders das Internet war immer dort besonders erfolgreich, wo längerfristige Beziehungen mit vielen Kontaktpunkten zwischen Kunden und Dienstleistern im Spiel waren, wo der Kunde viele Aufgaben selbst übernehmen wollte oder sollte und nun auch konnte, sowie dort, wo in diesen Interaktionen viele Daten generiert wurden, die zur Verbesserung des Services verwendet werden konnten.

Vor diesem etwas trockenen und analytischen Hintergrund scheint es klar zu sein, dass Internet, Smartphones, allgegenwärtige Sensoren und intelligente Algorithmen die Zutaten zu einem Mittel namens Digitalisierung sein können im Kampf gegen chronische Krankheiten. Sie erstrecken sich über große Zeiträume und erfordern die aktive Teilnahme des Patienten. Die laufenden Interaktionen generieren unendlich viele wertvolle Daten – für den Patienten, den Arzt und das Gesundheitssystem.

Also wollten wir verstehen, *wie* das Internet im Zusammenspiel mit weiteren Informationstechnologien zur Linderung der großen Bürden aus vielen Krankheiten beitragen kann. Wie sind wir dabei vorgegangen? Wir haben uns Hunderte Unternehmen und Organisationen angeschaut, von Patientenvereinigungen über Start-ups bis zu großen Unternehmen, und haben für jedes Fallbeispiel herausgeschält, wie sie auf Basis von IT das Gesundheitswesen verändern. Dabei sind wir auf eine kaum überschaubare Vielfalt gestoßen. Die Fallbeispiele haben uns gezeigt, dass

- es sowohl Organisationen gibt, die sich auf die möglichst perfekte Erfüllung einer einzigen Aufgabe konzentrieren (Beispiel: Digital Coach zur sehr einfachen, kostengünstigen, privaten oder gar anonymen Behandlung von Depression), als auch solche, die ein sehr breites Spektrum anbieten (Beispiel: der allumfassende Ansatz von Krankenversicherern von morgen).
- sich die meisten Unternehmen von Jahr zu Jahr weiterentwickeln, das heißt im Angebot breiter werden oder sich auf neue Kundengruppen fokussieren, oder erfolgreiche Technologiefirmen von anderen Akteuren gekauft werden.
- die klassischen Branchengrenzen zwischen Leistungserbringern, Krankenkassen, Arbeitgebern, Pharmaunternehmen und Technologieunternehmen verschwimmen, dass also Akteure unterschiedlicher Herkunft ein- und dieselben Aufgaben auf Basis digitaler Technologie überdenken und neu anbieten.
- alle Unternehmen unabhängig von ihrem Angebot auf dasselbe breite Set von neuen digitalen Technologien zurückgreifen oder diese weiterentwickeln. Zu diesen zentralen Technologien zählen das Internet der medizinischen Dinge, Genomics als Datenwissenschaft und maschinelles Lernen.

Wir haben schnell gemerkt, dass eine reine Beschreibung von Technologien und Unternehmen kaum ausreicht, um uns selbst und unseren Lesern die aktuellen Veränderungen greifbar und anwendbar darzustellen. Daher haben wir uns entschieden, aus den Fallstudien jene Prozesse, Aufgaben oder anderen relevanten Aspekte eines Geschäftsmodells zu entnehmen, die durch digitale Technologien massiv verändert oder überhaupt erst möglich werden. So entstand über viele Iterationen eine Liste von 25 Wirkungsmustern des digitalen Gesundheitswesens.

Jeder Akteur im künftigen Gesundheitswesen – vom gesunden Bürger bis zum Pharmaunternehmen – verwendet in seiner täglichen Arbeit eines oder mehrere dieser IT-getriebenen Muster. Unternehmen, ob neue oder bestehende, fügen aus diesen Mustern ihre Geschäftsmodelle zusammen. Die Muster sind sozusagen die Legosteine, aus denen das neue Gesundheitswesen entsteht. Die Muster folgen dem Primat der Nützlichkeit. Sie fokussieren auf den Patienten und nicht etwa auf spitalinterne Abläufe. Sie beziehen sich auf unterschiedliche Phänomene, spielen auf unterschiedlichen Detailebenen, sind nicht überschneidungsfrei und erheben vor allem keinen Anspruch auf Vollständigkeit.

Teil zwei dieses Buches fasst die 25 Wirkungsmuster (siehe unten) in sechs Kapiteln zusammen und beschreibt jedes einzelne. Zur leichteren Lesbarkeit beginnt jedes Kapitel mit den Kernaussagen. Die Kapitel müssen nicht zwingend nacheinander gelesen werden.

Kapitel	Die 25 Muster des digitalen Gesundheitswesens
4. Do-it-yourself-Medizin	1. Selbstinformation 2. Selbstberatung und Selbsttriage 3. Austausch zwischen (Experten-)Patienten 4. Kontinuierliche Selbstvermessung 5. Do-it-yourself-Tests 6. Bürgerwissenschaftler
5. Digitale Patienten-Arzt-Beziehung	7. Digitales Finden, Buchen und Bewerten von Ärzten 8. Online-Konsultation 9. Digitaler Arzthelfer 10. Online-Apotheke 11. Digitale One-Stop-Plattform 12. Unbemannte Mini-Klinik
6. Digitale Therapien	13. Der digitale persönliche Coach 14. Digitale Therapie auf Rezept 15. Digitaler Therapietreue-Coach
7. Digitale Gesundheitsdaten & Datensicherheit	16. Gesundheitsdaten als strategisches Gut 17. Daten sammeln, veredeln und auswerten 18. Umgang mit Privatheit, Sicherheit und Ethikfragen
8. Ergebnisorientierte Medizin	19. Datengetriebene Gesundheitsnetzwerke 20. Lifestyle-Reward-Programme 21. Pay for Performance
9. Digitale Medikamentenentwicklung	22. Computergestützte Wirkstoffentwicklung 23. Digitale Patientenrekrutierung für klinische Studien 24. Evidenz aus digitalen Realweltdaten 25. Präzisionsmedizin

Kapitel 4
Do-it-yourself-Medizin

Die Kernthesen in diesem Kapitel:
- Das Internet führt in jeder Branche zu mehr Selbstbedienung, auch im Gesundheitswesen. Patienten wollen selbst tätig werden, wann immer möglich. Das Internet liefert die Werkzeuge dafür.
- Patienten recherchieren vor und nach dem Arztbesuch im Internet. Und sie lassen sich von KI-basierten Chatbots und (Experten-)Patienten beraten. Das Internet ist für viele Patienten der erste Ratgeber und – zumindest in deren Augen – ein ähnlich guter Ratgeber wie ein Arzt.
- Cyberchondrie, eine durch Internetrecherchen verstärkte Hypochondrie, wird damit zu einer eigenen Diagnose.
- Gesundheitskompetenz bedeutet Gesundheit. Sag mir, was du über Gesundheit weißt, und ich sage dir, wie gesund du bist. Gesundheitskompetenz ist für das gute Leben so wichtig wie Lesen und Schreiben.
- Die Untersuchung durch einen exzellenten Arzt wird wohl noch lange das Beste für einen Patienten sein. Die Triage, also eine erste Einschätzung der Dringlichkeit einer Behandlung via Chatbot, ist jedoch für jedermann zugänglich und unterdurchschnittlichen Ärzten qualitativ zunehmend überlegen.
- Die digitale Selbsttriage ist dabei, zum Schlüsselprozess jeder Krankenkasse oder jedes Gesundheitsdienstleisters zu werden. Hier beginnt der gesteuerte Patientenprozess.
- Feingranulare, unbestechliche Daten im Zeitverlauf aus der Selbstvermessung werden Teil von jedem Arztbesuch, jeder Prävention, Diagnose, Therapie und Verhaltensveränderung. Denn was man nicht messen kann, kann man auch nicht steuern und gezielt beeinflussen.
- Der Do-it-yourself-Labortest löst den vom Arzt initiierten Labortest im Laufe der Zeit in Teilen ab oder ergänzt ihn. Er führt zur weiteren logischen Entkopplung von Konsultation, Untersuchung, Generierung von Daten und spezifisch von Laborwerten.

- Patienten und gesunde Bürger sind bereit, ihren Beitrag zu einem verbesserten Gesundheitswesen zu leisten – ob als (Experten-)Patienten in Peer-to-Peer-Netzwerken, als Bürgerwissenschaftler oder als Datensammler.
- Das Internet verändert die Medizin wie der Buchdruck die Kirche. Das Rollenbild des Arztes verändert sich vom Halbgott in Weiß zum geschätzten Partner auf Augenhöhe. Auch der Ingenieur hat Ende des 20. Jahrhunderts seinen Status als Wundermensch verloren – und ist gleichzeitig wichtiger geworden. Das Gleiche folgt nun in der Medizin. Große Teile der Medizin werden für Laien so verständlich wie Autofahren oder das Hochladen von YouTube-Videos.
- Der Begriff »Patient« wird immer falscher. Der Patient von morgen ist meist ein gesunder Bürger, der gesund bleiben will. Die Begriffe Patient, Konsument und Produzent überlappen sich immer stärker. Moderne Bürger produzieren nicht nur selbst Strom, sondern auch Gesundheitsdaten.

Der Reiz des Do-it-yourself (DIY) entfaltet sich bisher vor allem im Fliesen von Badezimmern, im Anlegen von Gartenteichen oder im Reparieren des Fahrrades. Heimwerken ist angesagt, die Slogans von Baumärkten sind zum Kult geworden: »Mach dein Ding! Es gibt immer was zu tun! Respekt, wer es selber macht!« Das Heimwerken gilt als authentisch und wird als gute Möglichkeit betrachtet, Selbstbestimmung zurückzugewinnen in einer digitalisierten, spezialisierten und oft auch entfremdet erlebten Welt.

Was Traditionalisten jedoch gerne übersehen: Auch die Digitalisierung bietet den Menschen die Möglichkeit, Autonomie zurückzugewinnen, wenn sie denn sinnvoll genutzt wird – gerade zur Beantwortung von Fragen rund um Gesundheitsthemen. Viele Menschen haben immer noch Scheu, sich mit der eigenen Gesundheit zu befassen, aus Bequemlichkeit, aus Respekt vor der Allmacht des Arztes oder aus Angst vor unangenehmen Diagnosen. Viele andere wiederum treiben mittlerweile mit ihren per Internet gestellten Selbstdiagnosen, meistens geht es um Krebs, ihre Ärzte und sich selbst in den Wahnsinn. Das Ziel muss, wie so oft, der gesunde Mittelweg sein, ein vertrauensvolles Verhältnis zwischen Arzt und Patient, aber mit Rückgriff auf die vielen Vorzüge, die die moderne Technologie bietet.

Eines scheint klar: Der Patient wird mit Unterstützung aller digitalen Hilfsmittel, je nach Können und Neigung, immer mehr Aufgaben selbst übernehmen bei Vorbeugung, Diagnose, Therapie und Nachsorge. Und er wird auch immer mehr Verantwortung – ja, die Chefrolle – im Gesundheitssystem übernehmen, denn auf lange Sicht kündigt sich eine historische Umwälzung an. Sie ist vermutlich kaum zu verkraften für jene, die immer noch dem klassischen Klischee vom »Halbgott in Weiß« gerecht werden, jedoch segensreich für Ärzte, die sich wirklich für ihre Patienten interessieren und deshalb froh sind, von Routinearbeiten, Informationsbeschaffung und Bürokratie entlastet zu werden.

Selbstinformation

Jeder kennt die Situation: Wenn etwas mit dem Körper nicht mehr zu stimmen scheint, geht der erste Griff heute oft nicht mehr zum Telefon, um einen Termin beim Arzt zu vereinbaren. Der erste Weg führt via Smartphone zu »Dr. Google«. Im Internet findet sich zu jedem Symptom eine passende Krankheit. Die beliebtesten Quellen sind Wikipedia und andere Online-Lexika. Dahinter folgen die Internetseiten der Krankenkassen und die vielen Gesundheitsportale und Websites unabhängiger Patienten- oder Selbsthilfeorganisationen sowie medizinische Online-Beratungen.

Quelle: Eigene Darstellung

Unternehmen wie *WebMD, MedicalNewsToday, Harvard Health Blog, Healthline, Ottonova, Oscar* und *Outcome Health* bieten kuratiertes, das heißt qualitätsgeprüftes, medizinisches Wissen in Text, Bild und Video mit Tipps und Tricks zur Linderung und Prävention in allen Lebenslagen. Die Inhalte entsprechen dem gesicherten medizinischen Erkenntnisstand, sind gut verständlich und unterhaltsam geschrieben sowie attraktiv aufgebaut. Und sie kommen weitgehend ohne Medizinerlatein aus. Dieses medizinische Wissen ist auf die Alltagssituationen der Patienten zugeschnitten.

Je nach Land und Region suchen zwischen 50 und 80 Prozent aller Patienten regelmäßig medizinischen Rat im Internet. Sie interessieren sich nicht nur für Fakten, sondern hoffen auch auf Trost und Austausch mit anderen Patienten, manchmal auch einfach nur Zerstreuung. Hierzu einige Zahlen: Eine Studie der Bertelsmann Stiftung aus Deutschland zeigt, dass sich 58 Prozent der Patienten vor dem Arztbesuch im Internet informieren und 62 Prozent nach der Sprechstunde die Diagnose des Arztes googeln.[1] Sie überprüfen die Aussagen des Arztes, recherchieren zu alternativen Behandlungsmethoden und suchen den Austausch mit anderen Patienten sowie emotionale Unterstützung. Mehr als die Hälfte sind überaus zufrieden mit den Ergebnissen ihrer Suche, weitere 40 Prozent teils-teils. Kein Proband hat in den zweistündigen Tiefeninterviews angegeben, mit den Erkenntnissen seiner eigenen Recherche unzufrieden zu sein.

Das Internet gilt bei Patienten als geschätzter Ratgeber, und dies, obwohl zwei von drei Befragten sagen, es sei kaum möglich, die Informationen einzuschätzen. Zudem konstatiert jeder zweite Befragte, dass ihn die Fülle an Informationen verwirrt. Viele Patienten, so die Studie weiter, vertrauen dem Internet vorschnell. Sie achten nicht darauf, ob eine gefundene Information wissenschaftlich belegt ist, sondern eher darauf, wie oft sie im Netz auftaucht. Die aus der politischen Debatte bekannten Begriffe wie Fake News oder Alternative Facts lassen auch im Gesundheitswesen grüßen. Doch die Online-Symptom-Recherche hat aus Sicht der Nutzer riesige Vorteile, wie eben viele Früchte der digitalen Ökonomie: Das Internet hat unbegrenzt Zeit, bewahrt weitgehend die Anonymität des Patienten, ist immer und überall erreichbar, kostet nichts und lässt einen nie allein. Und das ist nicht immer ein Vorteil.

Die ständige Verfügbarkeit von Dr. Google führt leider auch zu Cyberchondrie, auch Morbus Google genannt, der zwanghaften Sucht nach einer Internetdiagnose. Den Begriff Cyberchondrie hat der amerikanische Psychiater Brian Fallon geprägt.[2] Das Internet ist für Cyberchonder eine Fundgrube für Krankheitsängste. Betroffene surfen stundenlang, ziehen häufig falsche Schlüsse, überdramatisieren ihre Symptome und stellen am Ende meist abenteuerliche Eigendiagnosen, ohne überhaupt zum Arzt gegangen zu sein. Getrieben von ihren hypochondrischen Ängsten prüfen sie ihre oft harmlosen Symptome wie Kopf- oder Bauchschmerzen so lange, bis sie bei Hirntumor und Bauchspeicheldrüsenkrebs landen. Der Grund: Sie folgen dem Bestätigungsmuster, also dem in der menschlichen Psyche angelegten Drang, nur solche Informationen zu suchen und wahrzunehmen, die ihre vorgefasste Meinung bestätigen. Gegenbelege werden systematisch ausgeblendet.

Technisch perfekt genutzt wird das Bestätigungsmuster von solchen Suchalgorithmen, die im Sinne ihrer Schöpfer ökonomische Ziele verfolgen. Beispielsweise führt der Begriff »Brustschmerz« zu ausgesprochen vielen Treffern mit Herzinfarkt, obwohl nur die wenigsten Brustschmerzen Ausdruck eines Herzinfarktes oder anderer sehr gefährlicher Krankheiten sind. Oder wie es Stephan Hofmeister von der Kassenärztlichen Bundesvereinigung in Deutschland ausdrückt: »Am Ende ist es immer Krebs im Internet, das ist ja genau die Tücke. Man kann sich immer hingoogeln, je nachdem, wie hypochondrisch man veranlagt ist und wie leicht und schnell man sich verängstigen lässt.«[3] Cyberchonder machen vier Fünftel der Hypochonder aus. Sie sind detaillierter informiert als die analogen Hypochonder. Sie besuchen ihren Arzt mit ganzen Stößen ausgedruckter Fachartikel und sind kaum zu beruhigen. Sie wechseln einfach den Arzt, sofern dieser nicht auf ihre Selbstdiagnose eingeht. Die Zeit und Energie, die ein Arzt aufbringen muss, um solche Patienten wieder auf den richtigen Pfad zu bringen, ist enorm. So geht Fallon davon aus, dass Cyberchondrie weltweit viele Milliarden unnötiger Behandlungskosten verursacht.

Unabhängig davon, ob Dr. Google in Summe gut oder schlecht ist: Dass sich Patientinnen und Patienten heute intensiv im Netz informieren, ist ein Faktum und fixer Bestandteil in jeder modernen Arzt-Patienten-Beziehung. Daher sind einerseits Ärzte gut beraten, ihren Patienten aktiv qualitätsgesicherte Informationsquellen wie Apps, Krankenkassenseiten oder Gesundheitsportale zu empfehlen. Andererseits sollten Patienten die zuvor gefundenen Informationen auf den Tisch legen. Transparenz und Kommunikation sind der Schlüssel zu einer vertrauensvollen Arzt-Patienten-Beziehung. Doch leider: Aus Angst, einen Arzt zu beleidigen, verschweigt heute laut oben zitierter Studie jeder dritte Patient hin und wieder eine Information, die er im Internet gefunden hat.[4] Dabei sehen es vier von fünf Ärzten positiv, dass sich Patienten in Internet informieren. Denn Gesundheitskompetenz heilt.

Menschen können nur dann gesund sein, wenn sie in der Lage sind, die Kontrolle über die Dinge zu übernehmen, die ihre Gesundheit bestimmen. Und dazu zählt in erster Linie das Wissen über Gesundheit und Krankheit. Gesundheitskompetenz ist die Fähigkeit, Gesundheitsinformationen zu finden, zu verstehen, zu beurteilen und anzuwenden, um im Alltag angemessene Entscheidungen treffen zu können. Wie hoch der Stellenwert dieser Fähigkeit ist, zeigt die Tatsache, dass sie laut Umfragen zur Vorhersage des gesundheitlichen Zustands einer Person besser geeignet ist als deren Einkommen, Beschäftigungsstatus, Ausbildung und ethnische Herkunft.[5]

Gesundheitskompetenz ist ein besonders wichtiger Faktor bei der Prävention Nichtübertragbarer Krankheiten. Krebs, Herzerkrankungen und Diabetes sind mit mehreren veränderbaren Risikofaktoren verbunden, vor allem mit Verhaltensfaktoren: Bewegungsmangel, schlechten Ernährungsgewohnheiten, Rauchen und Alkoholkonsum. Eine Studie in Europa zeigte: Je höher die Gesundheitskompetenz, desto mehr Wert legt die Person auf körperliche Bewegung.[6]

Daher versucht jeder Gesundheits-Coach, der etwas auf sich hält, die Gesundheitskompetenz seines Klienten zu erhöhen. Auch die Weltgesundheitsorganisation WHO empfiehlt den Ausbau von Maßnahmen zur Steigerung der Gesundheitskompetenz mit dem Ziel der groß angelegten Prävention von Volkskrankheiten. In simplen Worten: Die Menschen sollen mehr über ihren Körper wissen und ihn besser pflegen, dann sinkt auch die Wahrscheinlichkeit, dass sie Herzinfarkt, Diabetes, Krebs, Rückenleiden oder psychische Krankheiten bekommen. Das setzt unter anderem voraus, dass den medizinischen Laien selbst komplexe Inhalte einfach und verständlich erklärt werden. Womit wir beim Thema »Plain

Language Initiatives« gelandet sind, also bei Initiativen mit dem Ziel, die medizinische Sprache so unkompliziert wie nur möglich zu halten.

Selbstberatung und Selbstdiagnose

Babylon Health

Es war ein Freitagnachmittag, Mary kam von der Arbeit nach Hause und schaute sofort in den Spiegel. Da war sie noch, diese erbsengroße Hautveränderung am Hals. Kleiner war sie nicht geworden, aber vielleicht größer? Mary begann, sich ernsthaft Sorgen zu machen. Sie zögerte kurz, dann rief sie doch bei einer chirurgischen Ambulanz in London an. Nach einigen Minuten in der Warteschleife meldete sich eine Rezeptionistin und bot ihr den frühestmöglichen Termin an: in drei Wochen!

Quelle: Eigene Darstellung

Drei weitere Wochen im Ungewissen? Es könnte doch Krebs sein! Auf der Suche nach sofortiger Gewissheit landete Mary auf allen möglichen Seiten im Internet. Allerdings schien ihr keine eine Antwort auf ihre Frage nach der Hautveränderung zu liefern. Nach Stunden des Herumstöberns gelangte sie schließlich auf die App von *Babylon Health*. Nach der Beantwortung einiger Standardfragen entschied sich Mary für ein Gespräch mit einem Allgemeinmediziner. Nach 30 Minuten meldete sich ein Arzt bei ihr; sie hatte in der Zwischenzeit herausgefunden, dass er aus Indien kam und in England studiert hatte. Er betrachtete die Bilder, die ihm Mary von ihrer Hautveränderung geschickt hatte, erläuterte sie und gelangte zur Diagnose: eine harmlose Zyste. Mary war erleichtert.

Der Symptom-Checker von Babylon Health, einem Unternehmen aus London mit Niederlassungen von New York über Ruanda bis Malaysia und Singapur, ist ein perfektes Beispiel für ein digitales Triagewerkzeug. Der Begriff »Triage« steht für einen Prozess, der die medizinische Dringlichkeit eines Krankheitssymptoms evaluiert, also bewertet und einstuft. Ist meine Müdigkeit, mein Fieber, meine Appetitlosigkeit, mein Husten einfach ein Ergebnis einer Erkältung oder Zeichen einer Lungenentzündung? Abwarten und Tee trinken oder sofort zum Arzt oder gar in die Notaufnahme gehen?

Es gehe ihm um die Demokratisierung der Gesundheitsversorgung, sagt Ali Parsa, der Babylon Health 2013 gründete. Jeder Mensch solle schnellen, bezahlbaren und zuverlässigen Zugang zum Gesundheitssystem erhalten. Dieser Anspruch mag sich in England noch erfüllen lassen, nicht aber beispielsweise in Ruanda, wo auf zwölf Millionen Einwohner nur wenige Hundert Ärzte kommen.

Ein zugänglicher und erschwinglicher Gesundheitsdienst beginnt mit einem Triagewerkzeug, auf das jeder zu jeder Zeit an jedem Ort und gratis via App oder Internet-Browser zugreifen kann. Wie ein Arzt aus Fleisch und Blut fragt der Chatbot nach Symptomen und bohrt so lange weiter, bis es für das Babylon-System auf der Hand liegt, ob der Patient sich selbst pflegen kann oder sofort einen Arzt aufsuchen sollte.

Als Datenbasis verwendet Babylon einen firmeneigenen Wissens-Pool – nach eigenen Angaben handelt es sich um eine der weltgrößten, strukturierten Wissensbasen in Sachen Medizin. Dieser Pool erfasst das menschliche Wissen über die moderne Medizin so, dass Maschinen mit diesem Wissen arbeiten können. Moderne Verfahren auf Grundlage der künstlichen Intelligenz dienen dazu, Diagnosen auf Basis der Patientengeschichten abzuleiten. Zudem analysieren die Algorithmen die neueste medizinische Literatur und speisen die maschinell gewonnenen Erkenntnisse in den Wissens-Pool ein. Dieser lernt laufend dazu und erreicht im Laufe der Zeit buchstäblich »übermenschliche« Fähigkeiten, zumindest was das Nichtvergessen, die Menge an verarbeiteten Daten und deren Aktualität angeht.

Doch wohin führt das Ganze?

Die digitale Beratung und Triage läuft im Selbstbedienungsmodus. Dies ist für Patientinnen und Patienten sehr bequem und kostengünstig. Mitte 2019, also sechs Jahre nach der Gründung, berichtete Babylon von 4 000 klinischen Konsultationen pro Tag. Datenbasis und Software werden mit jeder Patienteninteraktion ein ganz klein wenig besser. Die Qualität von Diagnose, Triage und Behandlungsempfehlungen steigt laufend. Sie wird im Laufe der Zeit fast unvermeidlich höher werden als die Qualität, die ein durchschnittlicher Arzt bieten kann, zumindest bei einfachen Krankheitsbildern. Die Zukunft der Triage gehört also dem maschinell lernenden Chatbot, der zu jeder Tages- und Nachtzeit Patienten wieder beruhigt ins Bett schickt oder in komplexen Fällen sofort auf Anforderung, neudeutsch »on demand«, mit einem Arzt aus Fleisch und Blut verbindet.

Bei einem Vergleich mit dem menschlichen Triagedienst des nationalen Gesundheitsdienstes von Großbritannien und Nordirland (NHS 111) schnitt der Symptom-Checker von Babylon deutlich besser ab. Er hat etwa gleich viele Patienten richtigerweise der Notfallkategorie zugeschrieben wie NHS 111 (23 versus 21 Prozent), hat jedoch – ebenso richtigerweise – viel mehr Patienten dazu aufgefordert, sich selbst zu pflegen (40 versus 14 Prozent) und viel weniger Patienten zum Hausarzt oder zur Erstversorgung geschickt (29 versus 60 Prozent). Das spart unglaublich viel Sorgen, Arbeit und Geld. Ein ähnliches Ergebnis brachte eine Studie, die die Leistung von Online-Triagen im Umgang mit möglichen Herzinfarktpatienten untersuchte. Auch sie zeigte, dass Online-Triage zu weniger Fehlalarmen führte.[7]

Heißt das nun, dass wir bald keine Ärztinnen und Ärzte mehr brauchen? Keineswegs! Erstens sprechen wir nur über einen kleinen Ausschnitt dessen, was ein Arzt an Tätigkeiten ausübt und an Entscheidungen fällt. Zweites entlasten diese Werkzeuge einen Arzt von automatisierbaren und administrativen Arbeiten und erlauben ihm, sich auf die Patienten zu konzentrieren. Eric Topol, US-Koryphäe in digitaler Medizin, glaubt, dass künstliche Intelligenz wie jene von Babylon die Ärzte von dem Schicksal befreien könnte, »Glorified Data Clerks«,[8] also »verherrlichte Datenverarbeiter« zu sein – und es ihnen ermöglicht, mehr Zeit den Menschen zu widmen, die ihre Hilfe brauchen. Viele Studien, so Topol, würden zeigen, dass eine Behandlung umso erfolgreicher ist, je besser die persönliche Beziehung des Arztes zum Patienten ist. Bleibt noch die Frage: Warum hat sich das leidenschaftliche Team von Wissenschaftlerinnen, Klinikern, Mathematikerinnen und Ingenieuren den Namen »Babylon« gegeben, der auch für sprachliche Verwirrung steht? In der antiken Stadt Babylon, vor fast 2 500 Jahren, versammelten sich Bürger, die ärztlichen Rat brauchten, häufig auf einem öffentlichen Platz, um Erfahrungen mit der Behandlung von Krankheiten auszutauschen. Dies ist eines der ersten Beispiele für die Demokratisierung der Gesundheitsversorgung, und da es die Babylonier waren, die in der Antike die längste Lebenserwartung hatten, ließen sich die Gründer von Babylon Health davon inspirieren.

Immer wieder gibt es öffentlichen Streit darüber, ob das automatisierte System von Babylon Health wirklich zu einer für die Patienten besseren Diagnose und Therapie gelangt als der traditionelle Weg über die persönliche Konsultation eines Arztes. Wie auch immer solche Vergleiche ausgehen, die nicht nur Babylon Health, sondern auch andere Plattformen und Dienste betreffen: Die im Laufe der Zeit stetig wachsende Datenmenge dürfte die Genauigkeit von Diagnose und Therapieempfehlung noch deutlich steigern. Auch der rasante Fortschritt der künstlichen Intelligenz wird die Entwicklung beschleunigen.

Babylon Health ist nur ein Beispiel aus Hunderten von Unternehmen, die auf KI-unterstützte Selbstberatung und Selbsttriage setzen. Unter ihnen sind neue Technologie-Start-ups wie *K Health, Buoy Health, Your.MD* und *Health Tap* genauso wie eine stark steigende Zahl an Versicherungen, Krankenhausketten, etablierten Technologieunternehmen und Gesundheitsorganisationen rund um den Planeten, die ihre Bürger, Kunden und Patienten mit einem kostenlosen Symptom-Checker-Service unterstützen wollen.

Neben den allgemeinen Triagewerkzeugen, die für eine breite Palette an Volkskrankheiten Anwendung finden, sind in den vergangenen Jahren zahllose Werkzeuge entstanden, die sich auf die Triage von spezifischen Symptomen spezialisiert haben. Zum Beispiel im Bereich Dermatologie: Wer einen neuen Leberfleck auf seinem Arm entdeckt, muss sich nicht, wie die oben vorgestellte Mary aus London, an Babylon wenden. Man kann den Leberfleck auch aus der App von *Swiss Online Doctor* fotografieren, eine Symptombeschreibung hinzufügen und erhält innerhalb von 48 Stunden gegen ein kleines Entgelt einen fachärztlichen Rat. Im Laufe der Zeit entsteht so ein extrem wertvoller qualitätsgesicherter Datenschatz aus Millionen von Bildern, Beschreibungen und dazugehörigen ärztlichen Urteilen, von denen Algorithmen die Triageaufgabe lernen können. Wir stehen erst am Anfang dieser Evolution. Sie ist keine Revolution.

Austausch zwischen (Experten-)Patienten

Bei komplexen, langwierigen und seltenen Krankheiten sind die Beratungsautomaten schnell am Ende ihres Lateins. Millionen von Menschen greifen deshalb in solchen Fällen bereits auf das nächste Werkzeug zurück, welches das Internet dem Gesundheitswesen und den mündigen Patientinnen und Patienten beschert hat: den Austausch mit vergleichbaren Personen in Online-Foren.

Quelle: Eigene Darstellung

PatientsLikeMe

Jeff Jarvis, ein amerikanischer Journalist, machte mit seinem Buch *Was würde Google tun?* viele Menschen auf die Plattform *PatientsLikeMe* aufmerksam. Er hatte, so schrieb er in dem Buch, über sein Herzflimmern getwittert und ebenfalls in seinem Blog die Krankheit zum Thema gemacht. Andere Patienten hatten sich daraufhin bei ihm gemeldet und ihn auf die Plattform gelenkt, auf der Patienten ihre Sorgen und Nöte teilen und sich gegenseitig Mut zusprechen. Aber auch über Erlebnisse in Krankenhäusern, mit Ärzten und Medikamenten wird dort diskutiert. Es sei dieser Austausch gewesen, schrieb Jarvis, den er als besonders wertvoll empfand. Er fühlte sich nicht mehr alleine mit seiner Krankheit.

PatientsLikeMe wurde von Jamie und Ben Heywood 1999 gegründet, nachdem bei ihrem Bruder Stephen eine chronisch degenerative Erkrankung des zentralen Nervensystems diagnostiziert worden war. Zwölf Jahre später wurde die Plattform für alle Krankheiten geöffnet. Sie hat mittlerweile mehr als 600 000 Patienten, die sich über mehr als 2 700 Krankheiten und gesundheitliche Beschwerden austauschen. Als besonders wertvoll gelten die über 40 verschiedenen Foren, deren Themen von Diabetes über Schlafstörungen bis hin zu Krebserkrankungen reichen. Hier tauschen sich Patienten aus, beurteilen Therapien, empfehlen Ärzte und Krankenhäuser, berichten über Krankenkassen und muntern sich gegenseitig auf.[9]

Auf der Plattform sind über die verschiedenen Krankheiten viele Millionen Daten, Patienten, Therapien und Medikamente registriert. Diese Informationen können den Nutzern bereitgestellt werden, etwa in dem Sinn: Patienten, die an der Krankheit X leiden, machen in der Regel sehr gute Erfahrungen mit dem Medikament Y.

Doch *PatientsLikeMe* arbeitet auch mit Unternehmen aus der Gesundheits- und Pharmabranche zusammen, um auf Basis der Daten bessere Behandlungsmöglichkeiten zu entwickeln. Ein Beispiel ist die Kooperation mit dem chinesischen Biotech-Unternehmen *iCarbonX*, bei der es um ein besseres Verständnis der Entstehung und des Verlaufs von Krankheiten geht. In Zusammenarbeit mit der US-Apothekenkette Walgreens analysiert *PatientsLikeMe* die Berichte von Patienten über Nebenwirkungen von Medikamenten.

Grundsätzlich hat jeder Nutzer von *PatientsLikeMe* Zugang zu medizinischen Studien und kann sich über die Heilungschancen, Nebenwirkungen, Anwendungsmöglichkeiten von neuen Medikamenten informieren. Auch kann er alle Details zu den in Medikamenten enthaltenen Wirkstoffen erfahren, um die Verträglichkeit einschätzen zu können. Möchte ein Patient bei einer klinischen Studie mitwirken, besteht die Option, sich über eine Eingabemaske zu registrieren.

Es gibt bereits zahlreiche weitere Plattformen dieser Art. Sie heißen *HealthUnlocked*, *Medhelp* oder *Braintalk* und sind Anlaufstelle für Millionen von Patienten mit lebensverändernden Krankheiten. Die Patienten können dort Erfahrungen austauschen, andere Patienten mit ähnlichen demografischen und klinischen Merkmalen finden. Das gemeinsame Ziel dieser Plattformen ist es, Patienten bei der Beantwortung der Frage zu unterstützen: Was ist angesichts meines Gesundheitszustands das Beste, was ich für mich selbst erreichen kann, und wie komme ich dorthin?

Was schätzen Patienten an solchen Plattformen am meisten? Sie lernen ihre Krankheitssymptome zu verstehen. Sie treffen auf Menschen, die ihnen erklären, wie es ist, wenn man eine bestimmte Behandlung beginnt, ein neues Medikament einnimmt, die Dosierung verändert oder ein Medikament absetzt. Das Engagement in einer Online-Community erhöht das Wohlbefinden, die wahrgenommene Kontrolle über die eigene Krankheit, die allgemeine persönliche Befähigung im Umgang mit der Krankheit und das medizinische Wissen.

Je vertrauter Patientinnen und Patienten mit so einer Plattform sind, desto mehr Informationen teilen sie. Je aktiver sie sind, desto mehr profitieren sie. Daher entwickeln sich Patienten-Communitys auch aus Sicht der Unternehmen zu Datengoldgruben. Das erklärt das riesige Interesse von etablierten, großen Akteuren im Gesundheitswesen an den meist jungen und finanziell fragilen digitalen Unternehmen: *PatientsLikeMe* wurde 2019 vom US-Konzern UnitedHealth gekauft und *Medhelp* von StayWell, einem Unternehmen, das dem Pharmagiganten Merck gehört.

Es fing alles ganz harmlos an: Britta war gelegentlich kurzatmig, musste öfters husten und spürte gelegentlich Schmerzen im Brustkorb. Asthma war die Diagnose des Hausarztes, und erst als Atemnot bei körperlicher Belastung hinzukam, suchte Britta einen Spezialisten auf. Nach mehreren Untersuchungen lag die Diagnose vor: Lymphangioleiomyomatose (LAM), eine seltene Lungenerkrankung, die etwa eine von 160 000 Frauen im Alter zwischen 20 und 50 Jahren befällt. Britta war schockiert, die Ärzte wussten auch nicht recht weiter. Eines war jedoch bekannt: Diese Krankheit zerstört das Lungengewebe und könnte einmal eine Lungentransplantation erforderlich machen.

Britta wollte alles über Lymphangioleiomyomatose wissen und verbrachte viele Stunden im Internet, bis sie zufällig auf die Seite von *Health Unlocked* kam. Auf dieser Plattform finden Menschen zusammen, die sich zu bestimmten Krankheiten austauschen, auch zu den besonders seltenen. Britta fand andere Patientinnen, die wie sie an dieser äußerst seltenen Lungenkrankheit litten, die fast ausschließlich Frauen trifft. Sie erzählten von ihrem Alltag, berichteten über Medikamente und Therapien. Was besonders wichtig war: Sie gaben ihr Hoffnung. Britta lernte, dass ihre Krankheit genetisch bedingt war. Bei Patienten mit Lymphangioleiomyomatose sind die Gene TSC1 und TSC2 mutiert und verlieren daher ihre Funktion. Hierdurch kommt es zum unkontrollierten Wachstum von Zysten im Lungengewebe, die dessen Funktion nach und nach einschränken. Zwar gibt es bis heute keine Heilung für Brittas Krankheit, aber zumindest gibt es mehrere Medikamente, die den Gesundheitszustand stabilisieren können. Die Lebenserwartung mit LAM steigt stetig. Brittas schweres Schicksal war etwas leichter geworden, sie fühlte sich mit ihrer Krankheit nicht mehr allein gelassen. Die LAM-Patientinnen waren ihre Experten für die Krankheit, nicht ihr niedergelassener Arzt, der Asthma diagnostiziert hatte.

Die Plattform *Health Unlocked* wurde 2010 von Jorge Armanet und Matt Jameson Evans gegründet, sie bringt Patienten, Krankenkassen, Pharmaunternehmen und Ärzte zusammen. Inzwischen berichten vier Millionen registrierte Nutzer und mehr als 40 Millionen jährliche Besucher in mehr als 700 Foren über ihre gesundheitlichen Nöte und Sorgen mit vielfältigen Krankheiten wie Multipler Sklerose, Ängsten, Depressionen. An vielen dieser Foren beteiligen sich auch Gesundheitsorganisationen.

Auf der Plattform tauschen sich die Patienten über Krankheitsbilder und -verläufe aus und teilen ihre Erfahrungen mit Ärzten, Krankenhäusern, Medikamenten und Therapien. Untersuchungen verdeutlichen, dass viele Menschen allein schon die Kommunikation mit anderen als wertvoll und hilfreich empfinden. Zudem fördert dieser Austausch die Bereitschaft der Nutzerinnen und Nutzer, den Kampf gegen die Krankheit aufzunehmen, Ärzte, Pflegedienste oder Krankenhäuser zu konsultieren. Sie ergeben sich ihrem Schicksal nicht. Außerdem liefert diese Plattform zahlreiche Zahlen, Fakten, Diagramme und Grafiken über neue Medikamente und Therapien und ermöglicht es den Pharmafirmen, Informationen über bestimmte Krankheiten bereitzustellen.

Kontinuierliche Selbstvermessung

AliveCor

An einem Herbstnachmittag gingen Andrea und ihr Vater John wie so oft gemeinsam spazieren. Sie waren noch nicht weit gekommen, da spürte John ein seltsames Gefühl in seiner Brust: Sein Herz schien zu rasen, ihm wurde schwindelig, und er fühlte sich verwirrt. Andrea bekam Angst um ihren Vater. Sie selbst litt seit einiger Zeit an Herzproblemen und trug daher immer ein mobiles Kardia-EKG-Gerät mit sich. Obwohl John sich sträubte, konnte sie ihn überreden, ein EKG mit ihrer *Kardia App* zu machen. 30 Sekunden später hatten die beiden Gewissheit: Die Kardia App zeigte an, dass John wahrscheinlich Vorhofflimmern hatte und schnellstmöglich einen Arzt aufsuchen sollte. Der Kardiologe im Krankenhaus bestätigte wenig später die Diagnose. Er verschrieb John Medikamente, die sein Blut verdünnen und der Bildung von Gerinnseln vorbeugen sollten.

Dies ist nur ein Beispiel, wie die Kardia-App von *AliveCor* Leben retten kann: John profitierte in unserem Fall davon, dass seine Tochter ihren eigenen Herzschlag kontinuierlich vermisst und ihm die entspre-

Quelle: Eigene Darstellung

chende Technologie zur Verfügung stellen konnte. Vorhofflimmern ist sehr gefährlich, da das Blut verklumpen und so Schlaganfälle verursachen kann.

Die Geschichte von *AliveCor* begann 2011, als David Albert, ein erfahrener Arzt und ehemaliger klinischer Leiter der Kardiologiesparte bei General Electric, in einem YouTube-Video eine scheinbar ganz normale Telefonhülle vorstellte, aber die hatte es in sich: Albert hatte mit zwei Kollegen ein Patent für die drahtlose Datenübermittlung von mobilen EKG-Geräten angemeldet; diese Handyhülle zeichnete innerhalb von Sekunden ein EKG auf und übermittelte es zeitgleich in die Cloud und auf den Handybildschirm der Kardia-App. Auf der Consumer Electronics Show in Las Vegas erregte das Gerät großes Aufsehen, wenig später hatte David Albert die ersten drei Millionen US-Dollar Risikokapital dafür eingesammelt. 2012 kam die Kardia-Handyhülle auf den Markt.

Acht Jahre später hat *AliveCor* mehr als 63 Millionen US-Dollar an Risikokapital erhalten und sein Produktportfolio ausgebaut. Die Telefonhülle wurde durch ein nur kreditkartengroßes Pad ersetzt, das auch am Schlüsselanhänger getragen werden kann. Das Pad muss mit den Fingern berührt, danach an Knie oder Fußgelenk angelegt werden. So wird das EKG aufgezeichnet. Seit 2017 gibt es das Kardia-EKG zudem integriert in ein Apple-Watch-Armband. Damit kann die Herzstromkurve permanent überwacht werden. Das Kardia-Band war das erste von den amerikanischen Regulierungsbehörden (FDA) genehmigte Gesundheitsaccessoire. In den USA gibt es sowohl das Pad als auch das Uhrenarmband für 99 US-Dollar zu kaufen, ein erschwinglicher Preis, weshalb schon mehr als 30 Millionen EKGs über Kardia aufgezeichnet wurden. Zusätzlichen Umsatz macht *AliveCor* mit dem Angebot, die persönlichen EKG-Daten über einen Monat hinaus zu speichern, wofür das Start-up zehn US-Dollar pro Monat verlangt. Die AliveCor-Produkte sind derzeit in 14 weiteren Ländern verfügbar, darunter in Deutschland, der Schweiz, Australien, Hong Kong und Kanada.

Das AliveCor-Team hat zudem die Nutzungsmöglichkeiten für Ärzte verbessert. Im System KardiaPro können Ärzte die EKGs ihrer Patienten aufrufen und überprüfen. Zudem können Ärzte in den USA nun ihre Ferndiagnosen über reguläre Krankenkassen abrechnen. »Die Erfindung des mobilen Kardia-EKGs zusammen mit dem Ferndiagnoseportal KardiaPro hat das Management von Patienten mit chronischem Vorhofflimmern dramatisch verbessert. Wenn Patienten nicht Kardia benutzen, tappt man im Vergleich komplett im Dunkeln«, sagt der bekannte amerikanische Kardiologe Anthony Pearson.[10]

Es steht außer Frage, dass *AliveCor* die Welt der Kardiologie verändert hat und weiterhin verändern wird. Diese Leistung wurde vom Technologiemagazin *Fast Company* gewürdigt, das *AliveCor* zum »weltweit innovativsten Unternehmen 2018« im Bereich künstliche Intelligenz kürte. In den amerikanischen Fachkreisen gibt es jedoch auch kritische Stimmen. »Ein immer verfügbares, tragbares EKG ist kein immer verfügbarer, tragbarer Arzt«, warnt Dr. Tarakji, der Kardiologe an der Cleveland Clinic ist. Seiner Meinung nach muss die medizinische Community gut darüber nachdenken, wie und wann diese neuen Technologien eingesetzt werden.[11]

Quantified Self

Der Trend zur digital unterstützten Selbstvermessung begann offiziell 2007, als die *Wired*-Journalisten Gary Wolf und Kevin Kelly aus der Bay Area rund um San Francisco die Quantified-Self-Bewegung ins Leben riefen. Sie wollten mit Gleichgesinnten ihre Erfahrungen zur Selbstvermessung diskutieren. Heute ist die Bewegung global. In 35 Ländern finden regelmäßig Treffen dieser »Life-Logger« statt. Ihr Ziel ist es ganz allgemein, sich selbst besser bezüglich persönlicher, gesundheitlicher, sportlicher und gewohnheitsspezifischer Fragen zu verstehen.

Life-Logger vermessen, je nach Problemstellung, alles, was nur irgendwie messbar ist. Ein Blick auf die Homepage der Bewegung, *quantifiedself.com*, lässt einen staunen. Neben klinischen Messwerten wie Blutdruck, Puls, Gewicht und Blutzuckerspiegel teilen die Mitglieder in Blogs mit, wie, warum und mit welchem Erfolg sie ihre geistigen Fähigkeiten messen, und noch mehr: Sie erfassen auch Umwelt, Essen, Aufenthaltsort, Medienkonsum, Umgang mit Geld, Stimmung und Emotionen, Produktivität, Schlaf, Freunde und Kontakte in sozialen Medien, E-Mails Telefonate, Sport und Stress. Das Credo: Was man nicht messen kann, kann man auch nicht steuern.

Einer der Autoren dieses Buches misst, neben anderen Dingen, seinen beruflichen Zeiteinsatz seit mehr als 15 Jahren – täglich auf die Viertelstunde genau. Er macht das freiwillig und hat es als Experiment gestartet. Die Erkenntnisse aus dem Selbstexperiment, das längst zur täglichen Routine geworden ist, sind erstaunlich und zeigen die Kraft des kontinuierlichen Messens: Wenn richtig gemacht, geben die Aufzeichnungen die Wahrheit wieder. Sie sind unbestechlich. Die Aufzeichnungen müssen laufend, also mehrmals am Tag nachgeführt werden. Wer sich nur am Wochenende hinsetzt und überlegt, was er denn die ganze Woche gemacht hat, wird ein stark verzerrtes Bild zeichnen. Wesentliche Details gehen verloren, der Wunsch übermannt die Wirklichkeit, und man schreibt eher nieder, wie man die Zeit hätte einteilen sollen – und nicht, wohin sie wirklich geflossen ist. Genauso geht es übrigens jedem Patienten, der vom Arzt beim Routinebesuch gefragt wird, wie oft er in den vergangenen vier Wochen Sport getrieben hat, wie hoch sein Blutdruck im Durchschnitt war und ob sein Gewicht stabil ist, ob er die Diät einigermaßen einhält und seine Tabletten zur richtigen Uhrzeit einnimmt.

Schon lange vor der Ära von Smartphone und Internet maßen und dokumentierten insbesondere Sportlerinnen und Sportler sowie chronisch Kranke ihre Vitalwerte und Aktivitäten im Alltag und schufen damit ein handschriftliches Spiegelbild ihrer selbst aus Zetteln und Zahlen. Vernetzte Sensoren in Form von Waagen, Schrittzählern und dergleichen mehr haben dieses Messen automatisiert und damit sehr viel einfacher gemacht. Die Taschencomputer namens Smartphone, die sich anstelle des Schweizer Taschenmessers zum liebsten persönlichen Helfer in allen Lebenslagen entwickelt haben, dokumentieren die Messungen automatisch, werten sie aus und stellen sie für Laien verständlich dar. Die Erfahrung lehrt: Sobald das Nützliche zusätzlich bequem wird, wird es massentauglich. Vor diesem Hintergrund scheint es klar zu sein, dass die selbst gemessenen Vitaldaten in absehbarer Zukunft eine wesentliche Grundlage für jeden Arztbesuch, jede Therapie, jede Diagnose, jede Prävention und jede Verhaltensveränderung werden. Dies erklärt auch, warum sich zahllose junge, alte, kleine und große Unternehmen des digitalen Gesundheitswesens auf dieses Thema stürzen. Apple und Google sind nur die prominentesten Technologieunternehmen, die den Gesundheitsmarkt aus diesem Blickwinkel für sich entdeckt haben. Sie starten dort, wo ihre Fähigkeiten am besten in der Lage sind, die finanziellen Nöte des Gesundheitswesens zu lindern: bei chronischen Krankheiten, allen voran Diabetes. Sie tun es mit der kontinuierlichen, patientenzentrierten Generierung, Sammlung und Verarbeitung von Daten.

Spätestens als die amerikanische Gesundheitsbehörde die EKG-Funktion in der neuen Apple-Watch zertifizierte, ließ Apple die auf den Lifestyle zentrierte Sicht auf den Kunden hinter sich. Mit Health Kit schuf das Unternehmen aus Cupertino einen gesonderten, sicheren Speicherplatz für private Gesundheitsdaten auf jedem iPhone. Hier sammelt es nicht nur die von der eigenen Hardware und Software gewonnenen Daten, sondern bietet auch Platz für Daten aus elektronischen Patientenakten sowie anderen Apps. So ermöglicht Apple seinen Nutzern, alle gesundheitsrelevanten Daten an einem Ort zu speichern und auszuwerten. Mit dem Care-KIT können Gesundheitsdienstleister recht einfach Apps zur Patienteninteraktion bauen, das Research-KIT vereinfacht die Zusammenarbeit in der Forschung – immer vorausgesetzt, die Nutzer haben zugestimmt.

Die Menge an gesundheitsrelevanten Daten, die Menschen nebenbei via Hardware und Software kontinuierlich messen können, ist umwerfend: Schritte, Gewicht, Blutdruck, Herzfrequenz, Pulswellengeschwindigkeit, Körperfett, Muskelmasse, Körperwasser, Knochenmasse, Schlafphasen, Schlafdauer, Schlafqualität, Blutzucker, Elektrokardiogramm (die elektrische Aktivität des Herzens) und vieles mehr. Unternehmen wie *Ava, Azumio, Biovotion, Dexcom, Fitbit, Garmin, Healbe, Huawei, Misfit, Moov, Samsung, Withings* oder *Xiaomi* liefern die notwendige Technologie. Unternehmen wie *mysugr, helloheart, onduo* und *iCarbonX* nutzen sie. Richtig zusammengefügt und interpretiert ermöglichen diese Daten einen viel umfangreicheren und viel besseren Überblick über den Gesundheitszustand eines Patienten, als dies vor der Digitalisierung möglich war. Das hat drei besondere Effekte. Erstens kann die Behandlung besser auf den Patienten abgestimmt werden. Dadurch wird sie effektiver und effizienter, die Qualität der Behandlung steigt, und gleichzeitig können unnötige Kosten vermieden werden. Zweitens helfen die detaillierten und unbestechlichen Daten, wenn richtig dargestellt und eingesetzt, dem Patienten, seinen Lebensstil zu erkennen und zu verändern. Und drittens tragen diese selbst gemessenen Daten, wenn sie vom Patienten für diesen Zweck freigegeben werden, dazu bei, dass die Datengrundlage medizinischer Forschung immer breiter wird.

Do-it-yourself-Tests

Die Diagnostik ist ein oftmals unterschätzter Bereich des Gesundheitswesens. Die richtige Diagnose einer Krankheit anhand von Tests stellt meist die Grundlage für die weitere Behandlung durch den Arzt, identifiziert, ob eine Krankheit oder ein Krankheitsrisiko vorliegt, und entscheidet mittlerweile auch oftmals über den Einsatz von Medikamenten. Bisher wurden viele Tests wie folgt durchgeführt: Ein Patient geht zum Arzt oder ins Krankenhaus, und dort wird eine Probe entnommen – zum Beispiel Gewebe, Blut, Urin, Stuhl oder Speichel. Oft muss die Probe erst in ein Labor gesandt werden, wo sie analysiert wird. Einige Tage oder Wochen später erhält der Patient Bescheid, ob es einen wichtigen Befund gegeben hat.

Die Digitalisierung beschleunigt dabei zwei Trends. Zum einen wird es immer einfacher, bestimmte Tests zu Hause selbst durchzuführen und das Ergebnis sofort zu erhalten – etwa bei Schwangerschaftstests oder der Bestimmung des Blutzuckerspiegels. Zum anderen kann in-

zwischen – wo früher ein Arzt- oder Krankenhausbesuch nötig war, um seine Probe abzugeben – die Probe selbstständig zu Hause entnommen und direkt an einen Anbieter geschickt werden. Die Ergebnisse kommen bequem ohne Umwege per E-Mail.

Gesammelt bezeichnen wir dieses Phänomen als DIY-Test. DIY steht für »Do-it-yourself«. Hybrid ist der Service, weil er wie E-Commerce aus einem digitalen und einem physischen Teil besteht. In der einfachen Variante bestellt der Patient ein Testkit und führt den Test zu Hause vollständig alleine durch. In der zweiten Variante, die komplexere Tests ermöglicht, bestellt der Patient über das Internet einen medizinischen Test, führt ihn zu Hause durch, sendet die Probe ein und erhält Ergebnis und Interpretation via Internet. Mühsame, zeitraubende und kostenintensive Wege zum Arzt oder Labor entfallen, die angebotenen Diagnosen werden kostengünstiger, einfacher zugänglich und so immer mehr zum Teil von Programmen zur Prävention und Früherkennung.

Dabei gilt es zu beachten, dass es ein breites und noch unübersichtliches Feld an Anbietern mit unterschiedlicher medizinischer Qualität gibt. Auf Grundlage dieses Trends sind Unternehmen wie *Viome*, *23andme, Color Genomics, Helix, freenome, onlinedoctor* und *healthy.io* entstanden. Aber auch die großen etablieren Diagnostikunternehmen wie *Siemens, Roche* oder *Quiagen* setzen vermehrt auf digitale Lösungen, die Patienten, Ärzte und Labore vernetzen.

Für einen wirklichen Zusatznutzen ist es nämlich essentiell, dass Selbsttests nicht nur bequemer oder schneller sind, sondern auch gegenüber dem bisherigen Standard einen wirklichen medizinischen Mehrwert bringen. Denn komplexe medizinische Analysen können selbst Expertenpatienten auch morgen nicht ohne Weiteres in ihren eigenen vier Wänden leisten. Die notwendige Laborausstattung, das Know-how für das Verfahren und die Interpretation der Ergebnisse bleiben zentral, wenn es darum geht, medizinisch validierte Ergebnisse zu generieren, die behandlungsrelevant sind.

Der Trend zum DIY-Test lässt sich anhand folgender Beispiele illustrieren:

Urintest von Healthy.io

Nach Angaben der British Kidney Patient Association leidet in Großbritannien jeder achte Mensch an einer chronischen Nierenerkrankung. Um diese Patientinnen und Patienten zu behandeln, müssen Krankenversicherungen jedes Jahr etwa 2 Milliarden Pfund aufbringen. Unerkannte chronische Nierenerkrankungen können zu Nierenversagen führen und Herz-Kreislauf-Erkrankungen hervorrufen. Regelmäßige Urintests zur Beobachtung der Nierenfunktion sind daher sehr sinnvoll, ja unerlässlich; allerdings werden diese üblicherweise in einer Arztpraxis durchgeführt. Für die Patienten sind diese Untersuchungen häufig mühsam und zeitaufwendig, sodass viele von ihnen nur sporadisch erscheinen.

Diese Schwierigkeiten vor Augen, hat das in Tel Aviv angesiedelte Start-up *Healthy.io* einen Urintest entwickelt, den Patienten zu Hause durchführen können. Alles, was es dazu braucht, sind zertifizierte Teststreifen, eine App, eine farbige Folie und jede Menge künstlicher Intelligenz. Die Anwendung ist einfach: Der Patient gibt eine Urinprobe ab, taucht den Teststreifen ein, wartet, bis sich der Streifen verfärbt, und nutzt die App, um den Streifen vor dem Hintergrund der farbigen Folie zu fotografieren. Daraufhin überprüfen Algorithmen das Foto auf Auffälligkeiten und entscheiden über die nächsten Schritte.

Für die Patienten liegt der Nutzen auf der Hand: Einen Schnappschuss von einer Urinprobe zu machen geht schnell und einfach, die Fahrt zum

Krankenhaus oder zur Arztpraxis in den Alltag einzubauen ist dagegen oft mit sehr viel Aufwand verbunden. Daher ist es nicht verwunderlich, dass die Urintests von Healthy.io im Vergleich kontinuierlichere und damit bessere Messdaten über die Patienten liefern. In den USA sind sich Schätzungen zufolge weniger als 10 Prozent der Menschen darüber bewusst, dass sie überhaupt an einer chronischen Nierenerkrankung leiden. Insofern kann ein besserer Zugang zu Urintests dazu führen, Nierenerkrankungen rechtzeitig zu erkennen, um die damit verbundenen Folgeerkrankungen zu vermeiden.

Healthy.io, so der Gründer und CEO Jonathan Adiri, möchte Vorreiter sein bei der Nutzung von computerbasierter Bildverarbeitung und selbst lernenden Maschinen, um Patienten überall und zu jeder Zeit den Zugang zur besten medizinischen Beratung und Versorgung zu ermöglichen. Neben England findet der Urintest vor allem in Israel Beachtung. Bisher dürften rund 250 000 Tests durchgeführt worden sein. Die Zahl der Kunden könnte ab 2021 deutlich ansteigen, da das Start-up den FDA-genehmigten Test dann auch in den USA anbieten wird. Inzwischen können mit dem Urintest von Healthy.io zahlreiche Erkrankungen, Infektionen oder sogar Komplikationen während der Schwangerschaft festgestellt werden; weitere Anwendungen sollen hinzukommen.[12]

Stuhlprobentest von Viome und DayTwo

Während Healthy.io Urinproben analysiert, bieten Unternehmen wie *Viome* oder *DayTwo* die Analyse des Mikrobioms auf Basis einer erbsengroßen Stuhlprobe an. Der Begriff Mikrobiom steht für das riesige, für Menschen unsichtbare Ökosystem aus Bakterien, Viren, Pilzen und Einzellern, die unseren Körper und insbesondere unseren Verdauungstrakt bevölkern. In und auf einem Menschen leben im Durchschnitt je nach Quelle zwischen 40 und 100 Billionen solcher Kleinstlebewesen oder wie im Fall der Viren»dem Leben nahestehende Wesen«, die zusammen etwa die Größe eines Fußballs beanspruchen und zwei Kilogramm des Körpergewichtes ausmachen. Das ist etwas mehr als das durchschnittliche Gehirn. Schon in einem Gramm Stuhl sind mehr Bakterien zu Hause als Menschen auf der Erde. Diese Mikroorganismen bestehen aus dreimal mehr Zellen und 300-mal mehr Genen als der Mensch. Der interessierte Patient erhält also ein Test-Kit, entnimmt die Stuhlprobe, füllt einen Fragebogen aus, sendet die Probe ein und erhält eine Empfehlung via App. Die Erforschung der Zusammenhänge zwischen Mikrobiom und Gesundheit steht erst am Anfang. Daher sind solche Analysen zwar kommerziell und für interessierte Kunden spannend, spielen aber in der medizinischen Praxis bisher keine Rolle und sind auch nicht für die Behandlung von Patienten relevant. Die große Herausforderung besteht darin, Ursache und Wirkung bestimmter Bakterien zu erkennen und die Erkenntnisse in konkrete Behandlungen umzusetzen. Das Mikrobiom des Verdauungstraktes ist potenziell ähnlich komplex und einflussreich auf die Gesundheit wie unsere Gene. Rund um den Globus arbeiten Forscherinnen und Forscher daran, die Geheimnisse des Mikrobioms zu verstehen. Sie sequenzieren die Genome aller Mikroorganismen, ordnen sie in einen Stammbaum ein und beginnen Zusammenhänge zwischen Populationen von Mikroorganismen und gesundheitlichen Zuständen herzustellen. Im Fokus stehen Gewicht, Immunfunktion, Entzündungen, Allergien, Appetit, Verdauung, Arthrose, Multiple Sklerose, Darmkrebs, Brustkrebs, Depression, Angstzustände und weitere kognitive Funktionen.

Viele Unternehmen sind mittlerweile in diesem Bereich tätig. Viome aus Los Alamos in New Mexico, USA, verspricht auf seinem Webauftritt als Ableitung aus der Mikrobiomanalyse eine personalisierte Ernährung, die schädlichen Stoffwechsel verringert und nützlichen Stoffwechsel steigert. Das Ergebnis soll mehr Energie und allgemeines Wohlbefinden sein. DayTwo aus Tel Aviv bietet Ernährungsempfehlungen an, um den Blutzuckerspiegel auszubalancieren, als Vorbeugung gegen Herz-Kreislauf-Erkrankungen und Typ-2-Diabetes. Wenn die Ausgaben für Forschung und das investierte Kapital als Maßstab gelten können, dann haben Firmen im Bereich »Direct to Consumer Microbiome Analyzing« eine große Zukunft vor sich. Bisher jedoch fehlen solide Studien.

Gentest von Color Genomics

Stellen Sie sich vor, Ihre Eltern erkranken beide an Krebs. Ihre Mutter an Brustkrebs, der häufigsten Krebsart für Frauen, Ihr Vater an Darmkrebs, einer der häufigsten Krebsarten bei Männern. Dieses Szenario ist nicht unwahrscheinlich angesichts der hohen Fallzahlen. Verständlicherweise fragen Sie sich, ob Sie nun ein besonders hohes Risiko haben, ebenfalls an Krebs zu erkranken. Ein Gentest könnte wichtige Erkenntnisse liefern, allerdings kostet eine solche Analyse bis zu 5 000 US-Dollar. Da die Krankenkassen in den meisten Ländern diesen Betrag in der Regel nicht übernehmen, können sich viele Menschen einen solchen Test nicht leisten.

In diese Lücke stieß *Color Genomics*. Das Unternehmen bietet seit 2013 Gentests an. Für 249 US-Dollar analysiert es etwa 30 Gene, um das Risiko für eine Krebserkrankung einschätzen zu können. Gentests sollten für alle Menschen möglich werden, findet Othman Laraki, einer der Gründer von Color Genomics. Es geht ihm, wie so vielen anderen Unternehmern im Gesundheitsmarkt, neben dem eigenen Profit auch darum, medizinische Vorsorge und Versorgung zu demokratisieren. Ständig kommen neue Tests und Analysen hinzu. Vor Kurzem wurde ein Test für Brust- und Eierstockkrebs entwickelt, der 19 genetische Marker erfasst. Ein anderer Test bewertet elf genetische Marker, um das Risiko für eine Krebserkrankung an der Haut, am Magen, an der Prostata, an der Gebärmutter und der Bauchspeicheldrüse zu ermitteln.

Das Vorgehen ist einfach: Der Patient kontaktiert zum Beispiel eine Ärztin, die ihn für den Test anmeldet. Daraufhin erhält er ein Reagenzglas, um eine Speichelprobe abzugeben und einzusenden. Und schon kann Color Genomics mit der Auswertung beginnen. Hieraus resultiert eine Prognose über die genetischen Risiken, im Verlauf des Lebens an bestimmten Krebsarten zu erkranken. Ohne Zweifel spielen neben genetischen auch andere Faktoren eine wichtige Rolle, etwa die Bereitschaft, sich zu bewegen, sich gesund zu ernähren oder auf Alkohol und Tabakwaren zu verzichten. Das Unternehmen macht daraus kein Geheimnis. Zu Recht betont Othman Laraki immer wieder, dass der Prävention nicht genug Aufmerksamkeit gewidmet wird.

DIY-Gentests liegen zweifellos im Trend. Viele Menschen glauben, sie könnten damit ihr Schicksal selbst in die Hand nehmen. Manche erhoffen sich Erkenntnisse zu ihrem Stammbaum oder werden von schlichter Neugier angetrieben. Aber die meisten wollen mehr über ihre Gesundheit heute und in Zukunft erfahren und sich entsprechend verhalten. Dabei ist es wichtig, so warnt Robert Green, medizinischer Genetiker am Brigham and Women's Hospital in Boston und Direktor des Forschungsprogramms Genomes2People, dass die Anwender sich bewusst machen: DIY-Gentests sind nicht dasselbe wie der Gentest in einem strengen medizinischen Kontext. Denn oft fehlt bei DIY-Tests die professionelle medizinische Beratung, wie mit den Ergebnissen umgegangen werden soll. Auch ist die Qualität der Testergebnisse nicht gleichmäßig sichergestellt.

Zudem werden DIY-Gentests in einem wirklich professionellen medizinischen Umfeld häufig abgelehnt, da deren Methoden teilweise umstritten sind. Im Jahr 2013 hat die amerikanische Zulassungsbehörde FDA das Unternehmen *23andme*, einen der großen Anbieter von DIY-Tests, abgemahnt, da dieser in der Werbung aufgestellte Behauptungen nicht mit medizinischen Studien belegen konnte.[13] Daher ist Vorsicht bei der Interpretation der Resultate geboten. Menschen, die sich DIY-Gentests unterziehen, tendieren dazu, deren Aussagekraft zu überschätzen und sich negative Ergebnisse übermäßig zu Herzen zu nehmen. Und manchmal findet der Gentest eben auch Ergebnisse, die man im Nachhinein lieber nicht wissen wollte, weil man nichts dagegen unternehmen kann.

Die Grenzen von Do-it-yourself

Das »Direct to Consumer Laboratory Testing«, so schreibt das wissenschaftliche Journal *Annals of Clinical and Laboratory Research* in einer Ausgabe aus dem Jahr 2017, habe das Gesundheitswesen in sehr kurzer Zeit dramatisch verändert.[14] Die Autoren des Artikels kommen jedoch zu dem Schluss, viele Entwicklungen seien eher unerwünscht. Die Patienten beziehungsweise Kundinnen würden direkt mit den Labs zusammenarbeiten, ohne ärztlichen Rat einzuholen. Das steigere zwar die Privatheit, Bequemlichkeit und Geschwindigkeit von Tests und senke deren Kosten, führe aber auch zu unnötigen Ängsten sowie falschen Interpretationen und Diagnosen. Denn das Sicherheitsnetz des interpretierenden Arztes fällt in diesen Fällen weg. Die Autoren fordern höhere Standards bei der Akkreditierung von DIY-Laboratorien. Deren Tests müssten nicht nur qualitativ hochwertig und sicher gemacht werden, sondern auch zuverlässige und verständliche Hilfestellungen zur Erklärung der Resultate liefern, damit Patienten diese unmissverständlich interpretieren können.

Das Geschäft mit den DIY-Tests ist offenbar derart verheißungsvoll, dass ehrgeizige Unternehmerinnen und Unternehmer zu zweifelhaften und möglicherweise kriminellen Mitteln greifen. Das Bluttestunternehmen *Theranos* mit seiner Gründerin Elizabeth Holmes liefert das wohl bekannteste Beispiel dafür: Die junge, blitzgescheite und als charismatisch beschriebene Unternehmerin wurde schon als weiblicher Steve Jobs des Gesundheitswesens gefeiert. Ihr Unternehmen war über 9 Milliarden US-Dollar wert, bevor ein Journalist den mutmaßlichen Betrug aufdeckte. Theranos hat die meisten Bluttests offenbar nicht auf der hauseigenen, angeblich revolutionären Analyseplattform durchgeführt, sondern auf modifizierten Siemens-Geräten. Jahrelang hat die Gründerin mutmaßlich Patienten, Ärzte, Versicherungen und Investoren getäuscht. Nun steht sie wegen Betrugs vor Gericht und kämpft um ihren Ruf.[15]

Auch das Unternehmen *uBiome* hat, wie man nun weiß, auf zweifelhafter wissenschaftlicher Basis seinen Aufstieg begonnen. Es vermarktete seine Analysen von Stuhlproben mit vielen Versprechungen und stellte dubiose Rechnungen an die Versicherungen. So konnte uBiome seinen Marktwert auf 600 Millionen US-Dollar steigern. Das war kurz vor dem Start der strafrechtlichen und zivilrechtlichen Untersuchungen, die das Unternehmen in den Konkurs getrieben haben.

Die Beispiele zeigen, dass medizinische Produkte und Dienstleistungen keine herkömmlichen Konsumgüter sind, auch wenn ihre zunehmende Verbreitung diesen Anschein erweckt. Bei den Anforderungen an die medizinische Qualität darf es keinen Kompromiss geben. Wenn es hingegen machbar wird, die Qualität zu garantieren, dann können solche Leistungen in Verbindung mit anderen Information, zum Beispiel im Rahmen einer laufenden Behandlung und mit anderen Gesundheitsdaten aus dem Alltag von Patienten zusammen, in Zukunft eine wichtige Rolle spielen.

Bürgerwissenschaftler

Ein Ziel der meisten in diesem Buch genannten Unternehmen ist es, die medizinische Daten- und Wissensbasis zu erweitern. Denn mit jeder neuen datenbasierten Aussage steigt unser Wissen über den Menschen und seine Gesundheit.

Quelle: Eigene Darstellung

Ein Beispiel: Wenn ein Patient mit den Eigenschaften A 5 Milligramm von Medikament B einnimmt, verändern sich seine klinischen Werte im Umfang von C. Man stelle sich nun vor, dass jede Medikamenteneinnahme, jede Nahrungsaufnahme, jede Sporteinheit, jede Tätigkeit von jedem Menschen nicht nur vermessen, sondern auch gleich maschinenlesbar in einer einzigen riesigen globalen Datenbank gespeichert würde. Dann könnte jeder Patient von dieser Datenbank lernen, was genau für ihn und seine Gesundheit zum jetzigen Zeitpunkt am besten wirkt. Diese Vision wurde im Bereich Handel in einem winzigen Ausschnitt bereits verwirklicht, als Empfehlungssystem bei Amazon. Damit ist Amazon zum größten und mächtigsten Händler der westlichen Welt aufgestiegen. Amazon ist nicht groß geworden, weil es die besten Produkte anbietet, sondern die besten Kaufempfehlungen.

Die Erweiterung der Wissensbasis ist auch das Ziel der nächsten Entwicklung im digitalen Gesundheitswesen: Der ganz gewöhnliche Bürger wird zum wissenschaftlichen Laienforscher. Als Patient will er nicht nur sich, sondern auch anderen helfen. Die Daten dazu erarbeitet er freiwillig als Sammler und in kleinen Selbstversuchen, die er gemäß Vorgabe dokumentiert und via Internet allen anderen zur Verfügung stellt. So wie er in *Wikipedia* einen Eintrag ergänzt.

In der Astronomie oder Ornithologie sind Laienforscher bereits weit verbreitet und akzeptiert. Im westlichen Gesundheitswesen eher weniger. Der historisch gewachsene Unterschied zwischen professionell Forschenden und nicht professionellen Helferinnen und Helfern ist groß. Deshalb sollte es niemanden verwundern, dass der im Zuge der Digitalisierung immer lauter werdende Ruf nach dem Einbezug von Laien in die Forschung von manchen Kritikern als populistische Rhetorik abgekanzelt wird.

Dabei bezeichnet der Begriff Bürgerwissenschaftler ursprünglich eine Art Partnerschaft zwischen der formalen Medizinwissenschaft und einzelnen Patienten. Online-Plattformen zur Spende von Daten, soziale Medien und Mobiltelefone erweitern diese Möglichkeiten und lassen die Grenzen zwischen professioneller und von Laien getriebener Forschung verschwimmen.[16] Einige Beispiele hierfür: Bei *100forParkinsons* sammeln die Teilnehmer 100 Tage lang mittels einer Smartphone-App Daten, teilen und vergleichen sie. Weitere Beispiele sind die Initiativen *American Gut Project* im Bereich Mikrobiome oder *Kinsey Reporter* im Bereich Sexualverhalten.

Auf den Plattformen *Mark2Cure* und *Cochrane Crowd* kann jeder helfen, nach Schlüsselinformationen in spezifischen Texten zu suchen, um dringend benötigtes Wissen in Tausenden von Fachtexten schneller zu finden. Auf der Plattform *Stall Catchers* untersuchen Tausende Laien Videoclips aus Hirnscans nach Blutgerinnseln.

Laienforscher nehmen meist an beobachtenden Studien teil, das heißt, sie machen Selbstaufzeichnungen, die sie online teilen. Manchmal sind sie auch Teil von sogenannter Interventionsforschung. Dabei führen sie im Selbstversuch Experimente durch und zeichnen die Wirkungen für alle nachvollziehbar auf. Ein Beispiel: Ein Proband hält zwei Wochen lang eine spezielle Diät und misst dabei die Auswirkungen auf die Mikroorganismen im Verdauungstrakt und auf das Wohlbefinden. Zusammenfassend können wir festhalten: Der Laienforscher zeigt in der Praxis viele unterschiedliche Gesichter, und es wird zu Recht kontrovers diskutiert, wie sinnvoll seine Arbeit ist.

Kapitel 5
Digitale Patienten-Arzt-Beziehung

Die Kernthesen in diesem Kapitel:

– Weil sich der Patient immer mehr als Kunde und Partner versteht, gewinnen Patientenerlebnis und Patientenzufriedenheit an Bedeutung.

– Patientenverfasste Ärztebewertungen wachsen exponentiell und bestimmen Patientenentscheidungen immer mehr. Aspekte der Entwicklung bei Uber und Tripadvisor fließen in das Arzt-Patienten-Verhältnis ein, mit allen Vor- und Nachteilen von Vergleichsportalen.

– Das digitale »Word of Mouth«, die Mundpropaganda, wird neben dem tatsächlichen »Word of Mouth« zum wichtigen Entscheidungskriterium. Das Management der digitalen Reputation ist eine neue Aufgabe für Ärzte und andere Gesundheitsdienstleister.

– Gemessen an der Anzahl überholen Online-Konsultationen die physischen Konsultationen bei ärztlichen Routineaufgaben innerhalb kurzer Zeit.

– Digitale Arzthelfer reduzieren Subjektivität und Variabilität in der klinischen Diagnose und der Behandlungsempfehlung. Sie helfen, Fehler zu vermeiden. Sie werden mit dem verfügbaren Weltwissen mit jedem Tag genauer und zum unverzichtbaren Teammitglied bei jedem Arzt.

– Online-Apotheken machen physischen Apotheken zunehmend Konkurrenz mit – nicht immer seriösen – Angeboten für eine reibungslose und für den Patienten bequemen Hauslieferung von Arzneimitteln.

– Künftig wird es Angebote geben, bei denen Patienten all ihre Gesundheitsbedürfnisse in einem Schwung erledigen können. Solche *One Stop Shops* werden zu einem relevanten Dreh- und Angelpunkt des Gesundheitssystems von morgen.

– Unbemannte Mini-Kliniken erhöhen die Zugänglichkeit von Gesundheitsdiensten und reduzieren die Kosten für alle Beteiligten. Sie sind in absehbarer Zeit fixer Bestandteil von jedem guten Einkaufszentrum, von Produktionswerken, Flughäfen, Bahnhöfen, Bürogebäuden, von mancher Autobahnraststätte und jeder Universität.

– Digitalisierung ist der Schlüssel, wenn nicht sogar der einzige Weg, um den 3,4 Milliarden Menschen, die weniger als 5,50 US-Dollar pro Tag verdienen, Zugang zu hochwertiger Gesundheitsversorgung zu verschaffen.

Ärztinnen und Ärzte auf der einen Seite sowie auf der anderen ihre Patientinnen und Patienten sind nicht nur die Hauptakteure im Gesundheitswesen, in ihrer Beziehung liegt auch der Schlüssel zu dessen Erfolg. Traditionell war das Verhältnis von Ärzten zu ihren Patienten von Hierarchie geprägt, man sprach vom paternalistischen Arzt-Patienten-Modell. Das Informations- und Machtgefälle zwischen Ärzten und ihren Patienten war hoch. Patienten mussten sich auf das mit den ihnen geteilte Medizinwissen und die Therapieempfehlungen der Ärzte verlassen. Die Ärzte agierten oftmals als »Götter in Weiß«, den Patienten wurde lange Zeit eine passive Rolle zugeschrieben. Seit circa 30 Jahren ändert sich das Arzt-Patienten-Verhältnis zunehmend. Der Trend geht hin zu einem patientenzentrierten Umgang. Professor Teresa Hellín von der Alcalá-Universität in Madrid beschreibt den idealen Arzt wie folgt: »Um die Patienten zu betreuen, muss ein Arzt nicht nur über die wissenschaftlichen Kenntnisse und technischen Fähigkeiten, sondern auch über die menschliche Natur Bescheid wissen. Der Patient ist nicht nur eine Gruppe von Symptomen, geschädigten Organen und veränderten Emotionen. Der Patient ist ein Mensch, der gleichzeitig besorgt und hoffnungsvoll ist, der nach Linderung, Hilfe und Vertrauen sucht. Die Bedeutung einer intimen Beziehung zwischen Patient und Arzt kann niemals überbewertet werden, da in den meisten Fällen eine genaue Diagnose sowie eine effektive Behandlung direkt von der Qualität dieser Beziehung abhängen.«[1]

Mit der Digitalisierung kommt eine weitere Welle der Veränderung auf das Arzt-Patienten-Verhältnis zu. Wie wirken sich Online-Bewertungsportale auf das Verhältnis aus? Wie interagieren Ärzte und Patienten künftig in einer Welt, in der digitale Kommunikation die persönliche Interaktion zunehmend ergänzt oder gar ersetzt? Wie verändern digitale Hilfsmittel die Beziehung von Ärzten und Patienten? Im Folgenden stellen wir fünf Wirkungsmuster vor.

Digitales Finden, Buchen und Bewerten von Ärzten

Stellen Sie sich vor, Sie ziehen in eine neue Stadt und suchen einen neuen Zahnarzt. Oder Sie leben seit Langem in einer Gemeinde und brauchen das erste Mal den Rat einer Gynäkologin. Die Ärztin ihrer besten Freundinnen nimmt keine neuen Patientinnen mehr auf. Oder Sie leben auf dem Land und suchen dringend einen Lungenspezialisten möglichst in der Nähe. Wie gehen Sie vor? Natürlich fragen Sie zuerst Ihre Bekannten und Ihren Hausarzt, aber auch deren Netzwerk ist begrenzt. So erging es dem chinesischen Unternehmer Wang Hang, als er im Jahr 2006 einen Arzt benötigte. Er stellte fest, dass es nicht so leicht war, den richtigen zu finden. Also gründete er die Plattform *Hao Dai Fu* mit Sitz in Peking, China. Heute zählt *Hao Dai Fu,* was so viel wie »Guter Arzt« bedeutet, zu den größten Gesundheitsplattformen in China.[2]

Quelle: Eigene Darstellung

Do-it-yourself-Patienten sind es gewohnt, die Dinge selbst in die Hand zu nehmen. So auch die Wahl der Geburtshelferin, des Kinderarztes, der Dermatologin, des Physiotherapeuten, der Psychotherapeutin. Dabei verlangen sie nach einem Muster, das sie von Alibaba, Amazon und Konsorten kennen. Sie wollen alle wichtigen Informationen »at their fingertips«, wollen also online einen Überblick über Arztpraxen in ihrer Umgebung bekommen, wollen verstehen, was die einzelnen Ärzte auszeichnet, von der Spezialisierung bis zu den Behandlungskosten. Und sie wollen sehen, wie bisherige Patienten die Behandlung bewertet haben. Haben sie sich dann für einen Arzt entschieden, wollen sie sofort online einen Termin buchen.

Das setzt natürlich voraus, dass hinreichend viele Ärzte und Ärztinnen dies auch wollen und können, dass alle einen Internetauftritt haben, der sie halbwegs vergleichbar macht und Bewertungen zulässt. Und es setzt voraus, dass Praxen ihre Terminplanung digital im Griff haben, denn nur so kann ihre Zeit online gebucht werden.

Unternehmen wie *Practo* in Indien, *DocPlanner* in Polen, *RateMDs* und *Healthgrades* in den USA, *Hao Dai Fu* in China oder *Jameda* in Deutschland haben Plattformen genau zur Lösung dieses Problems aufgebaut. Ihr Ziel ist es, einer möglichst großen Menge an Patienten eine möglichst große Auswahl an Ärzten gegenüberzustellen und die Verknüpfung von Patienten mit ihren Gesundheitsversorgern zu vereinfachen. Sie verwenden dabei ähnliche Muster wie *Yelp* und *Tripadvisor*. Die Zahlen sind bereits heute groß, das Wachstum riesig – gemessen an teilnehmenden Patienten, Ärzten und geposteten Reviews.

Jeden Tag kommende Tausende neue, von Patienten verfasste Online-Bewertungen auf den Plattformen dazu. Sie gewinnen an Einfluss auf die medizinischen Entscheidungen der Patienten.

Practo

Wer in Indien erkrankt und medizinischen Beistand sucht, hat zahlreiche Herausforderungen zu meistern: Zunächst muss man einen geeigneten Arzt finden, was insofern schwierig ist, als es statistisch betrachtet nur 0,7 Ärzte auf 1 000 Einwohner gibt. Auch um die Abgabe und Analyse von Proben oder die Erstellung von Röntgen- oder MRT-Untersuchungen muss sich häufig der Patient selbst kümmern. Liegt eine gravierende Erkrankung vor, ist es alles andere als einfach, eine Einweisung in ein Krankenhaus zu organisieren.

Damit Patienten alle diese Hürden meistern können, haben die Jungunternehmer Shashank ND und Abhinav Lal eine Firma gegründet. *Practo* besteht im Grunde aus einer Plattform, auf der Patienten Konsultationen mit Ärzten vereinbaren und alle Analysen, die zur Diagnose erforderlich sind, veranlassen können. Die Voraussetzungen sind in Indien gut: Immerhin weist dieses Land im weltweiten Vergleich eine sehr hohe Dichte an Mobiltelefonen auf. Das Netzwerk umfasst inzwischen 200 000 Ärzte, 10 000 Krankenhäuser, 4 000 Fitnessstudios und 8 000 Labore, nicht nur in Indien, sondern auch in Brasilien, Indonesien, Singapur und auf den Philippinen. Damit gelingt es Practo, für seine Kunden etwa 45 Millionen Konsultationen und Untersuchungen pro Jahr zu vereinbaren. In einem Forum können die Nutzer ihre Besuche bei Ärzten oder in Krankenhäusern bewerten.[3]

DocPlanner

Auf dieser Plattform ist es Patienten möglich, einen Termin bei einem Arzt in ihrer Nähe zu buchen. Dieser Service wurde 2011 von Mariusz Gralewski in Polen gegründet, kann aber inzwischen in mehr als 20 Ländern genutzt werden. Die beim *DocPlanner* angeschlossenen Ärzte und Ärztinnen legen ihre Terminkalender offen, sodass Patienten sich einbuchen können. Neben der Terminplanung übernimmt der Service auch die Gestaltung der Homepages von Ärzten, gibt Tipps für die Organisation und den Ablauf in den Praxen und hilft beim Aufbau von telemedizinischen Beratungsleistungen.

DocPlanner hat sich zügig verbreitet. Für 30 Millionen registrierte Patienten und 2 Millionen registrierte Ärzte können monatlich rund 3 Millionen Arztbesuche arrangiert werden. 3 Millionen Menschen besuchen jeden Monat die Website. Weitere Dienste sind geplant, etwa die telefonische Beratung von Patienten, die Bereitstellung von Informationen über Ärzte, Krankenhäuser und Krankenkassen sowie der Aufbau von Foren zu bestimmten Krankheiten und Therapien.[4]

Zwei Trends befeuern das Wachstum der von Patienten erstellten Online-Bewertungen. Erstens sind es Konsumenten inzwischen gewohnt, bei Kaufentscheidungen auf Online-Ratings und Online-Kommentare zurückzugreifen und Produkte und Services selbst zu bewerten. So gesehen holt der Gesundheitsbereich nun gegenüber anderen Branchen auf. Der zweite Trend ist die schon im vorigen Kapitel beschriebene Bewegung hin zur Patientenbefähigung und Selbstbestimmung. Sie führt zu neuen Kriterien, wie Patienten die Qualität von Gesundheitsleistungen bewerten; aus Kundenerlebnis und Kundenzufriedenheit wird Patientenerlebnis und -zufriedenheit.

Die Mehrheit der Patienten empfindet diese Ratings und die Möglichkeit der einfachen Terminvereinbarung als sehr hilfreich. Knapp sieben von zehn US-Amerikanern gaben in Umfragen an, dass patientenverfasste Bewertungen wichtig für ihre Arztentscheidung sind, allerdings nicht ganz so wichtig wie Empfehlungen durch Freunde und Familie.[5] Die überwiegende Mehrheit der Ärztinnen und Ärzte sieht das Rating verständlicherweise kritisch. Sie befürchten, dass die meisten negativen Ratings von missgünstigen Patienten veröffentlicht werden, die nicht in der Lage sind, die Qualität ihrer Arbeit zu beurteilen. Außerdem können die betroffenen Ärzte ungerechtfertigte schädliche Postings nicht widerlegen, ohne die Vertraulichkeit zu verletzen. Zudem ist es praktisch unmöglich festzustellen, ob die Kommentare tatsächlich von einem Patienten hinterlassen worden sind.[6]

Tatsächlich gibt es immer wieder rufschädigende Postings, die sehr wohl erfunden und erpresserischer Natur sein können. Unternehmen wie *rateMDs* machen sich das zunutze. Sie verkaufen Ärzten ein Paket, das einen Rating-Manager enthält. Wer zahlt, kann bis zu drei schlechte Ratings entfernen lassen. Wenn die Gebühr nicht mehr entrichtet wird, erscheinen die schlechten Ratings wieder.[7] Dies öffnet einerseits erpresserischem Missbrauch Tür und Tor: Cyberbullying gegenüber Ärzten. Andererseits argumentieren Befürworter der Ratings, dass Patienten genauso wie die Kunden anderer Dienstleistungen das Recht auf freie Meinungsäußerung haben. Es sei eben zeitgemäß, dass sich Kunden äußern und ein Feedback zur Arbeit des Arztes geben.

Kürzlich publizierte das *Journal of Medical Internet Research* eine Studie zu den von Patientinnen und Patienten generierten Online-Reviews. Sie fasst die Ergebnisse von 63 Originalstudien zusammen und kommt zum Schluss, dass die Mehrheit der Bewertungen sehr positiv sind und die Patienten ihre Ärzte wohlwollend beurteilen.[8] Und es wird klar, dass die Online-Bewertungen eine Quelle wertvoller Informationen sind: Was empfinden Patienten als wichtig und qualitativ hochwertig? Wie kann die Beziehung zum Patienten, zur Patientin verbessert werden? Obwohl wir hier erst am Anfang stehen, steht bereits fest, dass die rein medizinische Seite nur ein Teil der Gleichung ist.

Online-Konsultation

Doctor on Demand

Maeghan lebt in Fort Worth, Texas, und arbeitet als Versicherungsagentin in Irving, Texas. »Meine Arbeit ist anspruchsvoll und anstrengend, und ich habe oft Tage, an denen ich zehn bis zwölf Stunden arbeite«, schreibt sie auf der Homepage des Unternehmens *Doctor on Demand*. »Manchmal habe ich nicht einmal die Möglichkeit, eine Mittagspause einzulegen. Daher ist es nur selten möglich, einen Arzttermin zu planen. Mit Doctor On Demand kann ich jedoch in wenigen Minuten Hilfe bekommen.«[9]

Quelle: Eigene Darstellung

Doctor on Demand, ein 2012 gegründetes Unternehmen, betreibt in den USA eine Plattform, auf der Patienten mit Ärztinnen, Psychologen oder Therapeutinnen in Kontakt treten können. Ursprünglich spezialisierte sich Doctor On Demand auf jene 20 Krankheiten, die Menschen veranlassen, eine Notaufnahme im Krankenhaus aufzusuchen. Zumeist sind das keine dramatischen Notfälle, sondern Grippe- und Erkältungssymptome oder Ausschläge. Inzwischen bietet das Unternehmen alle möglichen Beratungsleistungen an, inklusive telemedizinischer Gespräche mit Psychologen oder Psychiaterinnen.

Doctor On Demand hat zudem einen Service für Unternehmen eingerichtet, um deren Kosten für die medizinische Betreuung der Mitarbeitenden zu reduzieren. Wer sich krank fühlt, muss bislang den Arbeitsplatz verlassen und einen Arzt aufsuchen. Mit der Plattform von Doctor On Demand besteht die Möglichkeit, via Smartphone einen Arzt zu konsultieren, gegebenenfalls auch Bilder auszutauschen und zügig einen Rat zu erhalten. Das Unternehmen weist immer wieder darauf hin, dass nur erfahrene Ärztinnen und Ärzte mit entsprechendem Leistungsausweis solche Beratungsgespräche führen dürfen.

Vera ist offenbar überzeugt von der Plattform. Sie hat Doctor On Demand sowohl für sich selbst als auch für ihre Tochter ausprobiert und erzählt begeistert von ihren Erfahrungen in einem Video-Review, den sie auf YouTube geladen hat. Sie selbst nutzte Doctor on Demand, um eine Zweitmeinung zu einem allergischen Ausschlag zu bekommen. Nach nur wenigen Minuten im digitalen Wartezimmer von Doctor on Demand sprach Vera mit einer Ärztin ganz in ihrer Nähe. Die Ärztin nahm sich viel Zeit für Vera und erklärte ihr, dass die häufigsten Gründe für einen solchen Ausschlag Lebensmittelunverträglichkeiten, eine allergische Reaktion auf ein Medikament oder eine Infektion sind. Mit dieser Erklärung nahm die Ärztin Vera die Angst, dass sie an einer Immunkrankheit leidet, da bei einer solchen der Ausschlag nicht bereits nach wenigen Tagen verschwinden, sondern mehrere Wochen anhalten würde. Auch bei der Behandlung ihrer Tochter machte Vera gute Erfahrungen. Diese war erkältet, und der Arzt aus der Videosprechstunde verschrieb ein Medikament, das sich Vera in ihrer lokalen Apotheke abholen konnte. Damit ersparte sie sich, mit ihrer kranken, quengelnden Tochter in eine Praxis gehen zu müssen. Die Vorteile von Doctor on Demand liegen für Vera auf der Hand.[10]

So wie Vera geht es vielen, die einen ausgebuchten Arbeitstag haben oder in Gegenden wohnen, in denen es nicht viele Arztpraxen gibt. Es ist viel bequemer, schneller und auch kostengünstiger, wenn man sich bei kleinen Wehwehchen online bei einem Arzt melden kann. Das haben Unternehmen wie *Chunyu Yisheng, Doctor on Demand, Teladoc, MD Live, KRY, Push Doctor* und viele mehr erkannt und bieten digitale Services an, bei denen Patienten ortsungebunden und nahezu sofort einen Arzt via Chat, Call oder Videocall konsultieren können. Sie müssen nicht wie im Do-it-yourself-Muster mit einem Chatbot vorliebnehmen, sondern können mit einem richtigen Arzt aus Fleisch und Blut sprechen – allerdings über das Internet. Telemedizin ist unterdessen so beliebt, dass sie inzwischen Teil von fast jedem Angebot in der Gesundheitsversorgung ist.

In einer Studie aus dem Jahr 2018 machen die Autoren, alles Ärzte und Forscher aus Indien, fünf Faktoren für das starke Wachstum medizinischer Online-Konsultationen aus: höherer Komfort, Wandel hin zu betreuungsintensiven chronischen Krankheiten, gesteigerte Kosteneffizienz und damit breitere Zugänglichkeit, bessere Wahrung der Privatsphäre und einfache Möglichkeit, eine Zweitmeinung einzuholen.[11]

Chunyu Yisheng

Dieses chinesische Unternehmen bietet seit 2011 eine App an, die Patienten schnell und einfach medizinischen Rat zukommen lässt. Die Anwendung erlaubt es den Nutzern, bei geringfügigen Krankheiten direkt und ohne weitere Vermittlung mit einem Arzt zu sprechen. Inzwischen nutzen etwa 40 Millionen Menschen diesen Zugang zu einem Netzwerk von 40 000 Medizinern. Für die in China häufig überarbeiteten und unterbezahlten Ärztinnen und Ärzte ist diese Beratungsleistung insofern interessant, als sie ein nicht unerhebliches Zusatzeinkommen ermöglicht.[12]

Im Grunde basiert dieser Service auf einem Freemium-Geschäftsmodell, da die App für Patienten und Ärzte kostenlos verfügbar ist. Erst für Zusatzleistungen, etwa besonders ausführliche Konsultationen, die Vereinbarung von Terminen vor Ort oder Gespräche mit Fachärzten muss bezahlt werden. Zudem generiert *Chunyu Yisheng* weitere Umsätze durch Werbung für Krankenkassen, Medikamente und andere medizinische Produkte oder für Privatkrankenhäuser.

Gerade im ländlichen Raum, wo die medizinische Versorgung in China häufig noch unterentwickelt ist, finden Telemedizin und Konsultationen via Telefon zunehmende Beachtung. Insofern erwartet Chunyu Yisheng weiteres Wachstum, zumal die Chinesen offenbar in beachtlicher Zahl bereit sind, finanzielle Reserven für die Inanspruchnahme von medizinischen Leistungen aufzubauen.

Auch immer mehr Ärztinnen und Ärzte finden die Vorteile von Online-Konsultationen überzeugend. So auch Lydia Campbell-Hill, eine

35-jährige Ärztin aus Cornwall, England. Sie sagte im Interview mit der BBC, Online-Konsultationen hätten ihr Leben verändert. »Als Teilzeitärztin, angestellt für drei Tage, habe ich in Wahrheit 39 Stunden oder sogar noch mehr gearbeitet. Ich war alleinerziehende Mutter, zahlte hohe Summen für die Kinderbetreuung und sah mein Kind nicht oft.«[13] Nachdem sie ihren Klinikjob aufgegeben hat und hauptsächlich online von ihrem Wohnzimmer oder ihrer Küche aus arbeitet, sagt sie: »Mein Stressniveau ist gesunken. Ich kann arbeiten, während mein Sohn in der Schule ist, und manchmal sogar am Abend, nachdem er ins Bett gegangen ist.«[14]

Für den Trend zur Online-Konsultation gibt es auch andere handfeste Gründe: Bei vielen Arztbesuchen geht es darum, Laborresultate zu besprechen oder Verschreibungen zu erneuern. Diese können ohne Weiteres via Telekonsultation durchgeführt werden. In Schweden, so Luke Buhl-Nielsen vom Schwedischen Telemedizin Unternehmen *KRY*, können bis zu 45 Prozent aller Besuche in der Hausarztpraxis digital durchgeführt werden. Und dabei sind Konsultationen über das Internet in der Regel deutlich günstiger als persönliche Termine.[15] Während in Indien eine durchschnittliche klassische Konsultation zwischen 1 000 und 1 500 Rupien kostet, beläuft sich eine durchschnittliche virtuelle Konsultation auf eine Summe zwischen 50 und 500 Rupien. Für Patienten entfällt gleichzeitig die Sorge, sich im Wartezimmer der Arztpraxis bei anderen Patienten anzustecken oder die eigene Infektionskrankheit weiterzugeben.

Walmart, der weltweit größte Einzelhändler, bietet seinen Mitarbeitenden Arzttermine für 4 US-Dollar an, aber nur dann, wenn der Termin über das Internet stattfindet. Ein 15-minütiger Termin über Skype in einem stillen Raum beim Arbeitsplatz ist wesentlich kostengünstiger als ein halber Tag, der typischerweise für einen Arztbesuch freigenommen werden muss.[16]

Dazu kommt das globale Problem der Ärzteknappheit. Allein in den USA sollen im Jahr 2030 laut Schätzungen bis zu 50 000 Ärzte weniger praktizieren, als notwendig wären. Das erklärt auch das gewaltige Wachstum von Telekonsultationen in Ländern mit einer geringen Ärztedichte und einer ungleichen Verteilung von Ärzten über das Land. Sogar in den USA verwenden schon heute zwei von fünf Patienten der Generation Y, der ersten Generation von Digital Natives, den digitalen

Kanal zum Arzt für Konsultationen. Während 2017 dieser Kanal erst 23 Millionen Mal genutzt wurde, sollen 2022 schon 105 Millionen digitale Besprechungen stattfinden, und das allein in den USA.[17]

Digitaler Arzthelfer

David Talby, der Technische Direktor (CTO) von Pacific AI, erzählte im Jahr 2019 der Zeitschrift *Forbes* eine wunderbare Geschichte. Er beschrieb, wie er als Kind von seinem Vater zu Besuchen bei seinem Bankberater mitgenommen wurde. Sein Vater führte ein Geschäft, benötigte immer wieder Kredite und pflegte die Beziehung zur Bank. Jeder Banker kannte den Vater und dessen Business nach all den Jahren der Zusammenarbeit. Vor diesem Hintergrund entschied der Banker, wie viel Kredit der Vater zu welchen Konditionen erhielt.[18]

Heute führt David selbst ein Unternehmen und fährt selbst zur Bank. Gebäude, Büro, Anzug, die Hilfsbereitschaft und der Titel auf der Visitenkarte des Bankers, alles sieht sehr ähnlich aus wie früher. Nur einen großen Unterschied gibt es: Der Banker von David fällt keine der ei-

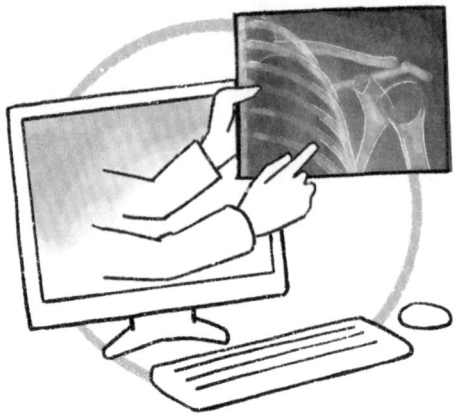

gentlichen Bankentscheidungen mehr. Nicht er entscheidet, ob David einen Kredit bekommt und zu welchen Konditionen. Auch nicht, welche Produkte er David anbietet. Das macht der Computer. Der Banker von David ist im Grunde genommen eine freundliche und vertraute Schnittstelle zu einem automatischen System.

Das Gesundheitswesen ist natürlich etwas anderes als das Bankgeschäft. Allerdings können viele Ärzte nicht mehr mit der rasanten Entwicklung im Gesundheitswesen Schritt halten. Sie sind ungewollt eingezwängt in einen straffen Terminplan, in dem administrative Arbeit viel zu viel Platz einnimmt. Es fehlt teilweise die Zeit, um eingelaufene Pfade zu hinterfragen und Neues zu probieren. Parallel dazu steigen der Anspruch und das Wissen der Patienten, die sich zumindest in Routinesituationen manchmal mehr als Kunden denn als Patienten fühlen. So ist es kaum verwunderlich, dass sich digitale Muster herausbilden, die vor allem den Arzt und andere Gesundheitsversorger in ihrer herausfordernden Arbeit unterstützen. Unternehmen wie *Wlycloud, Enlitic, Arterys, RADLogics, WeDoctor, Ping an Good Doctor, Merantix Healthcare* und *MedScape* bieten digitale Dienste an, die den Arzt und die Ärztin bei der Diagnose und Behandlung beraten und ihm helfen, schnellere und bessere Entscheidungen zu treffen. Das Spektrum reicht von der Interpretation der Röntgenbilder bis hin zur Zweitmeinung zu einem Befund oder einer Therapie.

Die künstliche Intelligenz verändert einige medizinische Gebiete, insbesondere die Radiologie. Während manche Radiologen um ihre Tätigkeit bangen, sehen andere in dieser neuen Technologie eine Chance, Diagnosen schneller und präziser zu erstellen. Zudem entdecken die Algorithmen selbst sehr kleine Gewebeveränderungen, die vom menschlichen Auge gar nicht mehr erfasst werden können. Die gravierendste Veränderung dürfte jedoch darin liegen, dass die auf maschinellem Lernen basierende Software die Erfahrungen und das Wissen einer Vielzahl von Radiologen erlernen kann. Damit werden künftig zum Beispiel Ultraschall- oder Röntgenbilder nicht mehr nur von einem oder wenigen Fachärzten betrachtet, sondern stets aus der Perspektive des Weltwissens zum entsprechenden Krankheitsbild.

Enlitic

Enlitic wurde 2014 in San Francisco mit der Idee gegründet, künstliche Intelligenz für die Auswertung von medizinischen Daten einzusetzen. Mit deren Hilfe sollen beispielsweise Radiologen befähigt werden, Diagnosen schneller und genauer zu stellen. Zudem erhofft man sich, dass Krankheiten zum Beispiel auf den Röntgenbildern bereits viel früher als heute üblich entdeckt werden können. Hierzu benötigt Enlitic eine Vielzahl von radiologischen Bildern und die dazugehörigen Auswertungen, damit die Algorithmen aus diesen Lerndaten bestimmte Muster erkennen können.

Im Jahr 2017 dürften etwa 1 Milliarde Ultraschall-, Röntgen-, CT- oder MRT-Bilder erstellt worden sein. Untersuchung zeigen, dass ungefähr in jedem fünften Fall falsch diagnostiziert wird oder Krankheiten nicht erkannt werden – mit Konsequenzen für den Patienten, aber auch mit Folgekosten für das Gesundheitswesen.[19] Genau hier liegt die Chance für künstliche Intelligenz: Neben der Präzision und Geschwindigkeit kann ein auf maschinellem Lernen basierendes System aus allen zuvor erstellten Diagnosen Schlussfolgerungen ziehen. Idealerweise existiert eine Datenbank, die möglichst viele Fälle mit allen Informationen zum Patienten und zu den gestellten Diagnosen umfasst.

Beispielsweise konnte gezeigt werden, dass die Software für maschinelles Lernen bestimmte Knoten in der Lunge deutlich besser erkennen kann als eine Gruppe von erfahrenen Radiologinnen und Radiologen. Ähnliche Resultate ergaben sich bei der Identifikation von kleinsten und feinsten Haarrissen in Knochen; auch hier schlug die Software alle Spezialisten. Eine besondere Herausforderung bildet die Erkennung von sehr seltenen Gewebeveränderungen, zum Beispiel in der Lunge. Hier sind die Experten auf Bilder in Lehrbüchern angewiesen, um Tumore zu identifizieren. Die künstliche Intelligenz kann dabei beachtliche Hilfestellung leisten, da sie für den Abgleich auf eine Vielzahl von solchen Bildern zurückgreifen kann.

Kevin Lyman, der Chef von Enlitic, erwartet, dass die künstliche Intelligenz ein völlig neues Ökosystem im Gesundheitswesen schafft. Daten aus allen möglichen Quellen lassen sich kombinieren, um ein umfassendes Bild über den Gesundheitszustand eines Patienten zu erstellen. Selbst Patienten in entlegenen Orten in Afrika, die ohne professionelle medizinische Versorgung sind, könnten vom Fortschritt bei den bildgebenden Verfahren profitieren. Alles, was es bräuchte, wären beispielsweise Ultraschallaufnahmen, die dann in den USA, Europa oder China mit entsprechenden Algorithmen analysiert werden. In wenigen Sekunden hätte der Arzt vor Ort eine Diagnose, die letztlich auf den Erfahrungen mit Millionen von Patienten beruhen.

Arterys

Auch *Arterys* wurde in San Francisco mit einer klaren und eindeutigen Mission gegründet: Das Unternehmen, das sich anfangs auf Herz-Kreislauf-Erkrankungen bei Neugeborenen und Kindern konzentriert hat, will die Subjektivität und Fehlerhaftigkeit in der klinischen Diagnose mithilfe KI-basierter Bildverarbeitung reduzieren. Arterys bietet zu diesem Zweck ein breites Set an softwarebasierten Services an, die Ärzte bei der Diagnose unterstützen und die inzwischen auch von der amerikanischen Gesundheitsbehörde FDA genehmigt sind. Insbesondere kardiologische Untersuchungen liefern enorme Datenmengen, die zumeist vor Ort gar nicht ausgewertet werden können. Da die Software von Arterys auf Cloud-Technologie basiert, lassen sich die rechenintensiven Arbeitsschritte quasi auslagern. Schon jetzt ist abzusehen, dass mit den Daten jedes weiteren Patienten die Schnelligkeit und die Präzision der Diagnosen verbessert werden können. Zudem ist bei der Auswahl von Therapien nicht jeder Arzt auf sich allein gestellt, sondern kann auf die in der KI enthaltenen kumulierten Erfahrungen vieler anderer Mediziner und Behandlungsrichtlinien ärztlicher Fachgesellschaften zurückgreifen.

RADLogics

RADLogics hat eine Software entwickelt, die dem Radiologen, noch bevor er die Bilder betrachtet hat, eine vorläufige Einschätzung des Krankheitsbildes vermittelt. Im Kern handelt es sich um einen Vorab-Bericht, den der Radiologe zusammen mit dem Bildmaterial erhält. Man will den Facharzt nicht ersetzen, sondern ihm lediglich die oft mühevollen und langwierigen Arbeitsschritte abnehmen, wie etwa das Abzählen von Pixeln. Bei der Gestaltung der Software beobachteten die Programmierer von RADLogics zahlreiche Radiologen in Arztpraxen und Krankenhäusern. Dabei fiel auf, dass etwa 80 Prozent der Zeit für die gesamten Vorarbeiten (»Pixel Hunting«) benötigt wurden. Damit war klar: Der Radiologe muss viel Zeit für die Erstellung der Diagnose verwenden, um die Gefahr von Fehleinschätzungen zu reduzieren. Folglich braucht es eine Software, die die Radiologen von allen diesen Vorarbeiten entlastet. Darüber hinaus sollte die elektronische Krankenakte des Patienten bei der Analyse der Bilddaten verfügbar sein. Nur so ist es möglich, ein umfassendes Bild über den Gesundheitszustand der Person zu entwerfen.

Wlycloud

Parallel dazu hat sich das in Peking angesiedelte Start-up *Wanliyun, auch Wlycloud* genannt, entwickelt. China steht vor gewaltigen Herausforderungen. Seit 2010 sind Krebserkrankungen die häufigste Todesursache im Reich der Mitte, und trotz der rasanten Entwicklungen des Landes in den vergangenen Jahren hinkt die Regierung bei der Krebsprävention hinterher. Immer noch ist jeder zweite Chinese Raucher. So verwundert es nicht, dass Lungenkrebs die häufigste Krebsdiagnose ist.

Mit weitreichenden Lungenscan-Vorsorgeprogrammen versucht die chinesische Regierung seit einigen Jahren, der Lage Herr zu werden. Jedoch steht sie vor einem massiven Problem: Es fehlt an Radiologen und Onkologen, besonders in ländlichen Gegenden.

Wlycloud hat sich dieses Problems angenommen: Das 2009 gegründete Unternehmen betreibt Radiologiezentren in ländlichen Gebieten, kommt jedoch ganz ohne Radiologen vor Ort aus. Denn die Bilder werden digital auf die Cloud-Server des Unternehmens geladen und zentral mithilfe von künstlicher Intelligenz diagnostiziert. Und auch hier gilt: Je mehr Bilder in die Wlycloud gefüttert werden, desto besser werden die Deep-Learning-Algorithmen im Analysieren der Bilder. Wlycloud arbeitet zudem mit mehr als 1 600 Kliniken zusammen, die auch von den kostengünstigen Ferndiagnoseservices des Start-ups profitieren möchten.

Längst ist Wlycloud kein unbekannter Name mehr in der digitalen Gesundheitswelt. Im Jahr 2016 hat *Ali Health*, der Gesundheitsarm des Internetriesen Alibaba, 25 Prozent an Wlycloud für 35 Millionen US-Dollar erworben. Die Pläne von Wlycloud sind groß: Das Unternehmen möchte über China hinaus wachsen und ein regionales Expansionszentrum in Singapur gründen, um von dort aus in weitere südostasiatische Länder expandieren zu können.[20]

Viele der großen Gesundheitsplattformen, allen voran jene aus China, setzen massiv und in aller Breite auf digitale Arzthelfer auf Basis künstlicher Intelligenz. Nur mit ihnen können jene 3,4 Milliarden Menschen, die weniger als 5,50 US-Dollar pro Tag verdienen, einen Zugang zu hochwertiger Gesundheitsversorgung erhalten.[21]

MedScape

Eine ebenso effektive, obgleich etwas weniger automatisierte Unterstützung von Ärzten sind virtuelle Peer-to-Peer-Netzwerke mit dem Ziel, Zweitmeinungen einzuholen. Das größte von ihnen ist *MedScape* aus New York. 2015 nahm es seinen Betrieb auf, und zwei Jahre später hatten bereits mehr als 310 000 Ärzte auf die Plattform zugegriffen, mehr als 10 Prozent davon als aktive Nutzer. Sie haben in Summe mehr als 110 000 Nachrichten darauf hinterlassen, waren im Durchschnitt 56 Jahre alt und stammten aus 171 Länder auf allen Kontinenten. Mehr als 90 Prozent der Anfragen erhielten innerhalb von 90 Minuten eine erste Antwort.[22]

Im Zentrum dieses digitalen Musters steht die Verhinderung von Fehldiagnosen. Das Problem der Fehldiagnose ist kein geringes: Die Fehlerrate der ambulanten Diagnose wurde wie berichtet auf 3 bis 5 Prozent geschätzt.[23] Sie betrifft mehr als 12 Millionen Menschen. Die stationäre Fehlerrate liegt zwischen 6 und 7 Prozent.

Online-Apotheken

Wer hätte vor wenigen Jahren noch gedacht, einmal Medikamente über eine Internetseite zu bestellen? Online-Apotheken schießen rund um den Globus wie Pilze aus dem Boden, das Wachstum ist seit Jahren enorm. Während Patienten 2018 weltweit etwa Medikamente im Wert von 42 Milliarden US-Dollar über das Internet gekauft haben, werden es 2025 bereits deutlich mehr als 100 Milliarden sein.[24]

Quelle: Eigene Darstellung

Online-Apotheken sind allerdings auch umstritten. Die Schweizer Gesundheitsbehörde Swissmedic etwa warnt vor unseriösen Webseiten, die Medikamente versenden, die gefälscht sind oder nicht die richtige

Wirkstoffmenge enthalten und rät davon ab, online Medikamente zu bestellen.[25] Die amerikanische Gesundheitsbehörde FDA führt eine ständig wachsende Liste mit entdeckten unseriösen Anbietern.[26] Der Handel mit gefälschten Medikamenten blüht im Internet richtig auf. Manche Quellen behaupten, dass jedes fünfte im Internet verkaufte Medikament gefälscht sei. Die gesundheitlichen Konsequenzen von Fälschungen, von nicht wirkenden Placebos bis hin zu lebensgefährlichen Panschereien können dramatisch sein.

Und dennoch wachsen die Internetapotheken – vor allem deshalb, weil sie die Medikamentenbeschaffung einfacher oder gar bequem machen. Seriöse und zugelassene E-Apotheken, Internetapotheken oder Versandapotheken stehen für den gleichen Service: Patienten können von zu Hause aus über das Internet Medikamente bestellen, die per Paketdienst an die Türschwelle geliefert werden. Dies gilt nicht nur für Generika oder »Over-the-Counter«-Medikamente, sondern auch für verschreibungspflichtige Medikamente, für die jedoch ein Rezept vorliegen muss.

Insbesondere Menschen mit chronischen Erkrankungen und damit regelmäßigem Medikamentenbedarf sind froh, wenn sie sich den wiederkehrenden Weg zur Apotheke und das Anstehen in der Schlange sparen können. Zudem können Online-Apotheken im Vergleich zu klassischen Apotheken attraktive Preise und ein viel breiteres Produktespektrum anbieten. Sie müssen keine teuren Verkaufsläden betreiben und können von ihren Lagern aus, die in kostengünstigeren Industriegebieten stehen, eine riesige Region bedienen.

Außerdem wächst die Menge an technologieaffinen Menschen, die es gewohnt sind, über das Internet einzukaufen und zwischen sicheren und unsicheren Anbietern unterscheiden können. Genau diese Menschen werden zunehmend älter. Während in den USA chronisch kranke Patienten, die zwischen 35 und 39 Jahre alt sind, elf unterschiedliche rezeptpflichtige Medikamente pro Jahr erhalten, benötigen Patienten, die 65 und älter sind, bereits 21. Zu guter Letzt spricht für die Online-Apotheke, dass sich das gesamte Ökosystem im Gesundheitswesen in diese Richtung weiterentwickelt: Digitale Rezepte, das notwendige rechtliche Umfeld und die Medikamentenauslieferung am Tag der Bestellung werden schrittweise zum Standard.

Noch werden im internationalen Vergleich die meisten Medikamente in den USA online gekauft: bereits mehr als 25 Prozent. Im Ranking folgt Europa mit Deutschland, Frankreich und England. China dominiert den asiatischen Markt, und Indien forciert das Thema massiv. Brasilien führt in Lateinamerika. Im Mittleren Osten und in Afrika wachsen Internetapotheken dagegen noch langsam.

Wissenschaftlich wird auch diskutiert, ob Online-Apotheken in manchen Fällen, wie bei der Insulinversorgung für Diabetiker oder bei der Einnahme von Cholesterinsenkern, dabei helfen können, die Therapietreue zu erhöhen. Das *Journal of Medical Economics* publizierte schon 2011 eine Studie aus den USA, die mögliche Wirkungen von Online-Apotheken auf Patienten zum Thema hatte.[27] Dort wurden mehr als 22 000 Personen untersucht, die ein Medikament gegen Diabetes oral einnehmen sollten. Gemessen wurde dabei die Therapietreue, also der Anteil jener Tage, an denen die Personen die Medizin auch tatsächlich eingenommen hatten. Dabei fiel auf, dass die durchschnittliche Therapietreue von Patienten, die ihre Medikation online erhielten, höher war als die der derjenigen, die immer wieder zur Apotheke gehen mussten.

Eine andere Studie verglich knapp 15 000 Diabetes-Kranke, wiederum in den USA, die von einer traditionellen Apotheke auf eine Online-Apotheke umgestiegen waren. Die durchschnittliche Therapietreue stieg deutlich. Gleichzeitig sanken die Kosten pro Person und Monat um etwa 80 US-Dollar. Eine weitere Untersuchung mit Menschen, die einen zu hohen Cholesterinspiegel haben, zeigte: 85 Prozent der Personen, die die Versandapotheke benutzten, erreichten eine Senkung des LDL-Spiegels, also des »bösen« Cholesterins. Dies im Vergleich zu 74,2 Prozent der Personen, die ihr Medikament von einer Apotheke um die Ecke besorgt hatten.[28]

Der harte wissenschaftliche Beweis für die medizinische Wirksamkeit von Online-Apotheken ist allerdings bis heute nicht gegeben.[29] Zudem ist nicht jede chronische Krankheit mit online verfügbaren Mitteln behandelbar. Komplexe Medikamentenkombinationen, die zum Teil per Infusion verabreicht werden oder genau dosiert werden müssen, spielen in vielen chronischen Krankheiten ebenfalls eine Rolle und können nicht ohne Weiteres sicher und effektiv online vertrieben werden.

Digitale One-Stop-Plattform

Warum sind Einkaufszentren so beliebt? Weil sie alles, was der Mensch braucht, wohl sortiert an einem Ort bündeln und zudem alles dafür tun, um ein gutes Einkaufserlebnis zu bieten. Angebote und Öffnungszeiten sind aufeinander abgestimmt. Man muss also nur an einen Ort fahren, nur einmal Parkplatz suchen und sich um nichts weiter kümmern. Natürlich sind Einkaufzentren nicht selbstlos. Mit ihrer maximalen Kundenorientierung wollen sie die zunehmend verwöhnten Kunden an sich binden und dafür sorgen, dass diese möglichst alles innerhalb dieser vier Wände kaufen.

Quelle: Eigene Darstellung

Die medizinische Erstversorgung funktioniert vielerorts noch anders. Sie ist fragmentiert und unkoordiniert. Die vielen Akteure arbeiten kaum systematisch zusammen. In manchen Regionen könnte man fast sagen, dass sie systematisch nicht zusammenarbeiten. Die Informationen, die bei der Zusammenarbeit von Arzt beziehungsweise Ärztin und Patient entstehen, verschwinden in der Karteikarte oder im Computer in der Arztpraxis. Messresultate, Röntgenbilder, Diagnosen, Therapien, Medikation und Therapieerfolg bleiben ein Geheimnis zwischen Ärztin und Patient. Sucht sich der Patient einen anderen Arzt, beginnt die neue Zusammenarbeit beim Informationsstand null. Das ist nicht nur für den Patienten unbequem, es ist eine der größten Quellen für Ineffizienzen und Qualitätsverluste im gesamten Gesundheitssystem.

Die WHO hat dies erkannt und propagiert deshalb die Schaffung von integrierten Gesundheitssystemen, die sie wie folgt definiert: »Integrierte Gesundheitssysteme sind die Organisation und das Management von Gesundheitsdiensten, damit die Menschen die benötigte Pflege erhalten, wann immer sie sie brauchen, und zwar in einer Weise, die benutzerfreundlich ist, die gewünschten Ergebnisse erzielt und ein gutes Preis-Leistungs-Verhältnis bietet.«[30] Im Mittelpunkt integrierter Gesundheitssysteme steht die nahtlose bzw. koordinierte Versorgung von Patienten und ihren Familien. Die Theorie ist, dass es zu einer höheren Qualität der Versorgung sowie zu besseren Gesundheitsergebnissen für die Patienten führen wird, wenn sichergestellt ist, dass sich ein Patient angemessen durch das Gesundheitssystem bewegen kann.

Die Praxis widerspricht der Theorie insbesondere im Zusammenhang mit chronischen Krankheiten nicht, zumindest wenn man den unterschiedlichen wissenschaftlichen Metastudien zu diesem Thema Glauben schenkt. Integrierte Gesundheitssysteme haben eine positive Wirkung auf die Qualität der Patientenversorgung, sie führen zu einer höheren Patientenzufriedenheit und verbessern den Zugang zur Versorgung.

Genau hier setzen Unternehmen wie *Oscar Health, Ottonova, Ping An* und *Collective Health* an. Sie alle bieten einen kundenzentrierten Zugang zu einem wohlorchestrierten Ökosystem von Gesundheitsdienstleistern an. Man kann sich diese Anbieter von integrierten Gesundheitssystemen vorstellen wie ein allumfassendes Gesundheits(einkaufs)zentrum, das seinen Kunden rund um die Uhr via App zur Verfügung steht, wie ein qualitätsgesicherter One-Stop-Service mit Concierge-Unterstützung für Gesunde wie Kranke. Sie entwickeln sich zu digitalen Plattformunternehmen, die Kunden mit Dienstleistern aus dem Gesundheitswesen verbinden. Sie nehmen beiden Seiten mühsame administrative Tätigkeiten ab und übernehmen damit langsam, aber sicher die Dirigentenrolle im Konzert des Gesundheitsorchesters. Je mehr Kunden sie an sich binden, desto lukrativer werden sie für Dienstleister. Je mehr Dienstleister Teil ihres Ökosystems werden, desto besser für die Kunden. Am Werk sind damit die Kräfte von Netzwerkeffekten. Und diese bringen neben dem dringend notwendigen Effizienzschub auch eine Bewegung in Richtung Oligopol im Gesundheitswesen, die durchaus kritisch betrachtet werden muss.

Im Kern dieser Unternehmen steht der digitale Patientenpfad. Er speichert alle gesundheitsrelevanten Daten eines Kunden entlang der Zeitachse. Dieser Patientenpfad ist Ausgangspunkt und informationstechnisches Rückgrat der Interaktionen zwischen Kunde, Plattformbetreiber und Gesundheitsdienstleistern. Zu den häufigsten Interaktionen auf diesen Plattformen zählen: Arzt finden und Termin buchen, Laborbefunde und Verschreibungen einsehen, Selbstdiagnose durchführen, Unterstützung vom Concierge holen, Teletermin mit der Ärztin initiieren, Abrechnungen abwickeln und Rechnungen verfolgen, qualifiziertes Wissen über die eigene Krankheit und Tipps für Präventionen einholen, Vorsorgechecks organisieren und Gesundheitsdaten sowie Bewegungsdaten im Überblick behalten.

Zusammengefasst bündeln Plattformunternehmen zahlreiche Muster des digitalen Gesundheitswesens aus Patientensicht und stellen sie einer breiten Masse von Menschen einfach zugänglich zur Verfügung. Versicherungsunternehmen und große Gesundheitsanbieter haben die besten Voraussetzungen, dieses Muster für sich zu beanspruchen. Dabei müssen Staat, Gesellschaft und Bürger die definierende und schützende Rolle behalten!

Unbemannte Mini-Klinik

Frau Liu aus Wuzhen, einer chinesischen Stadt in der Nähe von Shanghai, berichtet:»Letztens hatten wir kaltes Wetter, und mein Kind bekam eine Erkältung. Da habe ich die One-Minute-Klinik ausprobiert. Die Online-Ärzte waren sehr gründlich, ich habe mir sehr viel Registrierungs- und Wartezeit eingespart. Außerdem hat die One-Minute-Klinik 24 Stunden am Tag offen, und das ist sehr unkompliziert, um Medikamente in der Nacht zu kaufen. Wenn sich solche Services ausbreiten, wird das Leben angenehmer.«[31]

Wenn Frau Liu von der One-Minute-Klinik spricht, meint sie eine der jüngsten und radikalsten Entwicklungen des chinesischen Versicherungskonzerns *Ping An Insurance* beziehungsweise dessen Tochter namens *Ping An Good Doctor*, gegründet im Jahr 2015. Im Kern besteht das

Quelle: Eigene Darstellung

Unternehmen aus einer App, die es Nutzern ermöglicht, einen Termin mit einem Arzt zu vereinbaren. Bei geringfügigen Erkrankungen ist eine Video- oder Telefonkonsultation möglich. Ping An Good Doctor übernimmt nicht nur die Arzthonorare, sondern auch Medikamenten- und Therapiekosten. Die Abonnenten haben zudem die Möglichkeit, sich in Foren mit anderen Patienten auszutauschen. Ein besonders interessanter Markt für Ping An Good Doctor sind jene Chinesen, die medizinische Behandlung im Ausland suchen. Das Unternehmen stellt Kontakte zu ausländischen Ärzten her und organisiert die Reise.

Nun ist Ping An Good Doctor dabei, im ganzen Land zahlreiche Kliniken aufzubauen, in denen künstliche Intelligenz die Diagnosen formuliert und Medikamente und Therapie empfiehlt: die One-Minute-Kliniken. Sie sehen von außen aus wie ein freundlicher, wohlgestalteter Transportcontainer oder eine Kombination aus Foto- und Verkaufsautomat. In Wirklichkeit handelt es sich um kleine, unbemannte Gesundheitszentren, die alle möglichen Gesundheitsdienste aus dem Ping-An-Konzern sehr einfach zugänglich machen.

One-Minute Kliniken sind nach dem ACG-Stil – ACG steht für Animation, Comic and Game – konzipiert. Nachdem der Patient die etwa drei Quadratmeter große Klinik betreten hat, chattet er mit einem digitalen Arzthelfer über seine Symptome. Zudem besteht die Möglichkeit, Blut-, Urin- und andere Proben abzugeben oder auch Aufnahmen zu machen. Der KI-Arzt sammelt die medizinische Geschichte und erstellt eine erste Diagnose. Dann reicht er sie an einen der 1 000 internen Spezialisten zur Videokonsultation weiter, die sofort startet und den Arzt mit dem Patienten verbindet. So kann der Spezialist aus Fleisch und Blut die Qualität der Diagnose und der vorgeschlagenen Behandlung sicherstellen. Damit der Patient nach der Diagnose sofort seine Medikamente erhalten kann, beherbergt die Mini-Klinik zudem einen für Pharmaprodukte geeigneten Verkaufsautomaten mit den 100 wichtigsten Medikamenten. Die Minikliniken bieten aktuelle Online-Konsultationen für mehr als 2 000 gängige Krankheiten an und können zehntausende medizinische Fragen sofort beantworten.

Erste Versuche in der Nähe von Shanghai zeigten, dass diese Behandlung mit künstlicher Intelligenz auf beachtliches Interesse stößt. Mehr als tausend dieser unbemannten Mini-Zentren werden im ersten Jahr nach dem Testbetrieb in acht Provinzen ausgerollt und sollen überall dort stehen, wo sich Menschen ansammeln: an Schulen, Universitäten, Apotheken, Einkaufszentren, Flughäfen, Bahnhöfen, Autobahnstationen, Produktionswerken. In kürzester Zeit stellen sie für mehr als drei Millionen Patienten einfach zugängliche Gesundheitsservices bereit. Es bestehen bereits Kooperationen mit über 3 000 Krankenhäusern und 60 000 Gesundheitszentren. Daher kann in kritischen Fällen ein Arzt intervenieren und sofort die Einweisung in das nächstgelegene Krankenhaus veranlassen.

Mit immer mehr Daten, aus denen die Algorithmen lernen können, lassen sich weitere Erkrankungen erfassen und die Diagnosen präzisieren. Zudem können auch die Behandlungsempfehlungen im Verlauf der Zeit verfeinert werden – es hängt alles an der Datenmenge. Über 200 Experten für künstliche Intelligenz haben in den vergangenen Jahren die technologische Basis für Ping An Good Doctor entwickelt. Dabei wurden etwa 300 Millionen Datensätze über die Diagnosen und Therapieempfehlungen von Ärzten erfasst. All dieses Wissen, all diese Erfahrungen stehen den Algorithmen bereit, um die Beschwerden der Patienten beurteilen und geeignete Medikamente verschreiben zu können. Die durchschnittliche Aufenthaltsdauer eines Patienten in einer »One-Minute-Klinik« liegt unter fünf Minuten, und die Zufriedenheit hat einen Wert von 98 Prozent erreicht.

Am Hauptsitz von BiliBili in Shanghai, einem Unternehmen für Video-Sharing-Websites, steht eine solche Klinik. Sie hat bereits tausende medizinische und gesundheitliche Dienstleistungen für Mitarbeiter erbracht. Das spart nicht nur Zeit, sondern auch das traditionelle Krankenzimmer und das medizinische Personal in der Firmenzentrale. Das sind immerhin zwei Ärzte und zwei Krankenschwestern. Besonders in einem Land wie China, in dem es zu wenig medizinisches Personal gibt, können die unbemannten Kliniken helfen, den Ärztemangel zu lindern. Zudem reduzieren sie so die medizinischen Kosten und Arbeitsfehlzeiten Jahr für Jahr.

Warum gehen diese Innovationen gerade in China so schnell voran? Laut Weltgesundheitsorganisation hat China nur 1,8 Ärzte pro 1 000 Einwohner, ein eklatanter Mangel. Im Vergleich dazu: 2,5 Ärzte pro 1 000 Einwohner sind es in den USA, 3,4 in Australien. Daten des Forschungsinstitutes Frost & Sullivan zeigen, dass im Jahr 2016, einschließlich Pendel- und Wartezeiten, Patienten in China etwa drei Stunden aufwenden müssen, wenn sie einen Arzt aufsuchen. Die Zeit, die ein Patient tatsächlich mit dem Arzt verbringt, beträgt allerdings nur acht Minuten, was in etwa 4,4 Prozent der gesamten Zeit entspricht.

Hinzu kommt, dass die Chinesen kaum Vertrauen in lokale und regionale Krankenhäuser und Gesundheitszentren haben. Auch daher hat die chinesische Regierung 2016 das Programm »Healthy China 2030« ausgerufen, den ersten strategischen Gesundheitsplan seit 1949. Dieses Mandat macht Gesundheitspolitik zu einer Priorität. In vielen Bereichen wendet man sich der digitalen Gesundheit und der künstlichen Intelligenz zu, um die Versorgungslücke zu schließen, ohne jahrelang zusätzliche Ärzte ausbilden zu müssen. Daher gibt es inzwischen zahlreiche Initiativen und Unternehmen, die darauf abzielen, zumeist über Apps den Patienten Zugang zu einer guten medizinischen Versorgung zu ermöglichen.

Die chinesische Variante der unbemannten Mini-Klinik ist aus westlicher Sicht sicherlich ein Extrembeispiel. Es ist jedoch ohne Weiteres vorstellbar, dass auch in Europa oder den USA in absehbarer Zeit erste solche Kliniken getestet werden – anfangs auf dem Gelände und in Lobbys von Krankenhäusern, die als Sicherheitsnetz dienen, später in den Werkshallen produzierender Unternehmen und schließlich in öffentlichen Räumen.

Kapitel 6
Digitale Therapien

Die Kernthesen in diesem Kapitel:

- Digitale oder digital unterstützte Therapien steuern das Zusammenspiel von Patient, Arzt, medizinischen Geräten, Medikamenten und Interventionen. Sie sind maximal patientenorientiert und werden bei chronischen Erkrankungen zum wichtigsten Instrument der Patientenbeteiligung und Arztbeteiligung.
- Digitale Therapien setzen sich in der hybriden Form – einer Mischform aus Arzt und Computer – durch. Sie ersetzen Ärzte nicht, sie vergrößern deren Wirkungsraum.
- Digitale Therapien können überall und jederzeit die bestmögliche Behandlung bieten, den sogenannten Goldstandard. Sie erhöhen somit kontinuierlich die Qualität von Behandlung und Selbstbehandlung und reduzieren das Risiko von Behandlungen, die nicht dem Stand des Wissens entsprechen.
- Digitale Therapien sind eine neue, andere Art der Krankheitsbegleitung. Sie verbessern die Therapiequalität insbesondere außerhalb des Krankenhauses deutlich. Sie ermöglichen eine kontinuierliche Betreuung, eine hochfrequente Rückkopplung von kritischen Messwerten sowie das aktive Rufen eines Arztes.
- Digitale Therapien sind deutlich günstiger als traditionelle Therapien. Sie helfen, den Zugang zu Spitzenmedizin global zu demokratisieren.
- Die Anzahl der verschreibbaren digitalen Therapien wächst in den kommenden Jahrzehnten exponentiell. Digitale Therapien werden in Zukunft mit der gleichen Selbstverständlichkeit verschrieben werden wie Medikamente.
- Medikamente ohne dazugehörige digitale Therapie entfalten oft nicht ihre optimale Wirkung. Ein Gesundheitsdienstleister, der keine digitale Begleitung anbietet, wird ein zweitklassiger Gesundheitsdienstleister.
- Patienten kommunizieren in digitalen Settings zu 99,5 Prozent mit dem Chatbot und nur zu 0,5 Prozent mit dem Arzt.

- Virtual und Augmented Reality entwickeln sich zu wichtigen Basistechnologien für Interventionen bei mentalen Krankheiten und Krankheiten des Bewegungsapparats.
- Behörden schaffen Wege zur Qualitätsprüfung und zur kontinuierlichen Zulassung von »digitaler Medizin«, die sich mit jedem Update verbessert.
- Digitale Coaches werden uns irgendwann so selbstverständlich durch ein gesundes Leben leiten wie ein Navigationssystem durch eine fremde Stadt.

Ein digitaler Freund als Familienersatz für chronisch kranke Kinder? Es klingt absurd, aber ganz so verrückt ist es dann doch nicht. Das war unsere Erfahrung, als wir am Center für digitale Gesundheitsinterventionen der Universitäten Zürich und St. Gallen an einer klinischen Studie mit fettleibigen Kindern arbeiteten. Gemeinsam mit Ärzten des Kinderspitals und den jungen Patienten entwickelten wir die digitalen Begleiter Anna und Lukas. Die beiden begrüßten die Kinder jeden Tag mit einem »Guten Morgen!«. Nach ein paar Tagen haben wir den Morgengruß wie geplant abgeschaltet. Wir dachten ohnehin, er nütze sich ab. Einige Kinder reagierten sofort. Sie haben uns, also den realen Coaches aus Fleisch und Blut, eine Nachricht gesendet: »Warum grüßt mich mein Coach Lukas nicht mehr? Ich vermisse das, mich grüßt sonst schon niemand in der Früh.«

Das mag zunächst etwas befremdlich klingen, aber nicht alle Kinder wachsen in perfekten Familien auf. Für diejenigen, die dieses Glück nicht haben, kann der digitale Begleiter zumindest teilweise in die Rolle eines für jedermann erschwinglichen Coachs hineinwachsen.

Der alltägliche Umgang des chronisch kranken Patienten mit dem Arzt sieht doch meist so aus: Der Patient muss mühselig nach einem Behandlungstermin suchen, eventuell in Kauf nehmen, dass der Termin in die Arbeits- oder Schulzeit fällt, sitzt mitunter längere Zeit im Wartezimmer, bekommt dann im Schnitt sieben Minuten lang den Arzt zu sehen, verlässt ihn wieder mit einem hilfreichen Rat und einem Rezept und wird dann wieder in die Wildnis seiner Krankheit entlassen, in der er sich ganz allein zurechtfinden muss. Und die guten Vorsätze, mit denen der Patient die Arztpraxis verlassen hat? Sie nutzen sich innerhalb weniger Tage ab. Um den Lebensstil nachhaltig zu ändern, was bei chronischen Krankheiten dringend nötig ist, braucht es einen persönlichen Coach. Schon im Sport können sich den nur die Schönen und Reichen leisten. In Fragen der Medizin erst recht.

Die schöne neue Welt der digitalen Medizin sieht nun so aus: Der Patient erhält beim ersten Besuch vom Arzt oder von der Ärztin neben einem Rezept für ein klassisches Medikament den Zugang zu einer digitalen Therapie in Form eines digitalen Personal Coach verschrieben, der den Patienten rund um die Uhr, sieben Tage die Woche, begleitet, über Wochen und Monate hinweg. Der ideale digitale Personal Coach ist ein sensibler, humorvoller, unaufdringlicher Begleiter, der spürt, wann er eingreifen muss und wann er lieber still sein sollte. Er ist nicht irgendeine weitere stupide blinkende App auf dem Smartphone, sondern eine digitale Hilfe, die sich individuell auf den Patienten einlässt, mit ihm lernt, sich an ihn anpasst.

Künstliche Intelligenz kann – so befremdlich das zunächst klingen mag – tatsächlich helfen, die Medizin wieder »menschlicher« zu machen. Sie trägt so dem »Sich-Kümmern« wieder Rechnung. Diese Aussage stammt von Eric Topol, einem der führenden Vordenker der digitalen Medizin. Digitale Therapien setzen klassische verhaltensverändernde Therapien mithilfe von elektronischen Medien um. Sie verwenden bekannte, seit Langem etablierte und qualitätsgesicherte medizinische Interventionen und übersetzen diese in eine elektronische Form – als webbasierte Trainings, Smartphone-Apps und Augmented-Reality-Anwendungen.

Um die Unterschiede zu verstehen, zunächst zur einfachsten Form der digitalen Therapie: zum webbasierten Training. Der Patient setzt sich vor seinen Laptop oder PC, ruft eine entsprechende Webseite auf, loggt sich ein und absolviert seine tägliche Einheit. Die ersten einfachen webbasierten Trainings haben die klassischen Behandlungsmethoden mehr oder weniger eins zu eins abgebildet. Sie nutzten die neuen Möglichkeiten der digitalen Endgeräte kaum.

Wer die Möglichkeiten digitaler Therapien verstehen will, sollte sich mit der Entwicklung von digitaler Werbung vertraut machen. Vor Google, Facebook und Amazon gab es Werbung nur in Print-Medien, auf Plakaten, im Radio oder Fernsehen. Trotz Google und Co. gibt es diese Werbeformen immer noch, doch die digitalen Varianten sind mit zweistelligen Wachstumsraten auf dem Vormarsch. Im Jahr 2019 floss mehr als die Hälfte aller Werbebudgets in den USA in digitale Kanäle – und zwei

Drittel davon in die mobile Welt. In China zeigt sich ein noch eindeutigeres Bild. Dort wurden 2019 mehr als 2 von 3 Renminbi Werbebudget in die digitale Welt investiert, meist via *Baidu, Alibaba* und *Tencent*.[1]

Die Verlagerung von analoger Werbung ins Digitale hat handfeste Ursachen: Erstens lässt sich digitale Werbung viel besser personalisieren, das heißt, gezielter auf eine potenzielle Kundengruppe ausrichten. Es ist eben leichter zu ermitteln, wer eine App verwendet, als wer welches Plakat bemerkt. Zweitens ist die Wirkung der Werbung viel besser messbar. Die entscheidende Frage – bei welchem Kunden welche Werbung zum Kauf geführt hat – lässt sich auf digitalen Wegen ziemlich genau beantworten. Und drittens erfolgt die Bezahlung zunehmend auf Basis der nun messbaren Ergebnisse der Werbung, was heißt: Der Werbekunde zahlt nur noch im Erfolgsfall – also für jeden potenziellen Kunden, der aufgrund der Werbung zu ihm gekommen ist.

Ähnliches gilt immer mehr für die digitale Therapie. Sie ist auf den konkreten Patienten zugeschnitten und passt sich ihm mit der Zeit immer besser an. Sie lernt beispielsweise, welche Entspannungsübung zu welchem Zeitpunkt, an welchem Ort (zu Hause oder im Büro) und in welcher Situation (zum Beispiel am Computer, wenn die Müdigkeit einsetzt) besonders effektiv sind. Dieses Wissen teilt sie in anonymisierter Form über die Cloud mit allen anderen Therapieinstanzen. So verbessert sich das gesamte System selbstständig. Es ist bis zu einem gewissen Grad selbstlernend. Dazu überprüft es laufend den aktuellen Gesundheitszustand des Patienten, etwa durch kurze Fragen des digitalen persönlichen Coachs oder das Sammeln und Interpretieren von Vitalwerten.

Digitale Therapien bestehen aus drei Bausteinen, die sich aus dem Kontrollansatz, dem Talk-&-Tools-Paradigma und dem gesundheitspsychologischen Konzept der »Just-in-Time«-Interventionen ableiten lassen und die wir im Folgenden erklären wollen.

Der erste Baustein, abgeleitet aus dem Kontrollansatz, kümmert sich um die laufende Vermessung und Abschätzung des Gesundheitszustandes, des Verhaltens und des Lebensstils. Weicht das Messergebnis beziehungsweise die Schätzung vom Sollzustand ab, ist der sogenannte »Status der Verwundbarkeit« erreicht, eine Intervention ist notwendig.

Zum zweiten Baustein: Unter Talk & Tools verstehen wir eine via Chat vereinbarte Intervention. Die Kommunikation soll möglichst natürlich-sprachlich ablaufen, wie in einer Sprechstunde mit einem Arzt. Der Patient hat keine App mit Menüs vor sich, sondern einen digitalen Coach oder Assistenten, mit dem er sprechen kann (Talk). Tools sind dann die konkreten Maßnahmen, die vom digitalen Coach oder Assistenten vorgeschlagen werden, zum Beispiel eine smartphone-basierte Atemübung oder eine Wanderung mit der Familie. In diesem Baustein der Therapie wird überprüft, ob der Patient die notwendige Intervention annehmen und baldmöglichst umsetzen kann oder ob er beispielsweise gerade in einem Meeting sitzt oder sein Auto steuert.

Wenn der Zeitpunkt ungeeignet erscheint, errechnet die sogenannte »Just-in-Time«-Intervention ein geeignetes Zeitfenster. Dies ist wichtig, weil aktuell etwa 60 Prozent aller Smartphone-Benachrichtigungen zum »falschen« Zeitpunkt versendet werden und dadurch potenziell nicht gelesen, geschweige denn befolgt werden. Die Bestimmung des richtigen Zeitfensters ist nutzerindividuell und hängt unter anderem vom Zeitpunkt der Messung, vom Ort, vom Batterieladestand, von der Umgebung und der Tätigkeit ab. Nach diesem Konzept werden Gesundheitsinterventionen also nur dann gestartet, wenn sie medizinisch notwendig sind und der Patient sie auch aufnehmen kann. Das klingt einfach, ist jedoch in der Umsetzung sehr komplex und bedarf vieler Daten und maschinellen Lernens.

Der dritte Baustein schließlich betrifft die Intervention an sich, insbesondere die Art und Weise, wie Gesundheitsinterventionen kommuniziert werden.

Während traditionelle Medikamente biochemische Reaktionen und damit eine Beeinflussung des menschlichen Körpers auslösen, unterstützen digitale Therapien die Therapiesteuerung und Verhaltensänderungen. Physische Pillen und digitale Therapien ergänzen sich gegenseitig zum Wohl aller Beteiligten. Unser Center für digitale Gesundheitsinterventionen an der ETH Zürich und der Universität St. Gallen beschreibt die Eigenschaften von digitalen Therapien wie folgt: Digitale Therapien

– verbessern das Selbstmanagement im Umgang mit chronischen Krankheiten, zum Beispiel durch aktive Just-in-Time-Steuerung der klassischen Medizin oder durch Steigerung der Gesundheitskompetenz mit möglichst einfacher Sprache.

- beziehen Angehörige und Freunde der Betroffenen in ein gemeinsames Gesundheitsmanagement ein, zum Beispiel dadurch, dass bestimmte Änderungen im Gesundheitsverhalten und Lebensstil in der Familie unterstützt werden.
- informieren Betroffene, aber auch Leistungserbringer und Angehörige über kritische Gesundheitszustände, um entsprechende Notfallprozesse zu unterstützen. So kann beispielsweise ein automatisierter Notruf abgesetzt werden.
- erkennen, ob und wann die Einlieferung ins Krankenhaus erforderlich ist, durch die Vorhersage kritischer Gesundheitszustände, zum Beispiel Exazerbationen (deutliche Verschlechterung des Krankheitsbildes) bei Lungenpatienten oder gesundheitskritischer Hypoglykämien (Unterzuckerung) bei Diabetespatienten.
- unterstützen Ärzte mit Daten aus dem Alltag der Patienten, damit diese die Therapie effizient anpassen können, zum Beispiel durch eine Übersicht, ob und zu welcher Zeit und in welcher Qualität ein Asthmapatient atemwegserweiternde Medikamente genommen hat.
- gestalten Sprechstundenzeiten effizienter, denn dank der digitalen Unterstützung haben Ärzte mehr Zeit für Personen, die mit ihrer Krankheit im Alltag alleine nicht zurechtkommen, beispielsweise bei stark schwankenden Blutzuckerwerten oder schlechter Asthmakontrolle.
- unterstützen schließlich die Forschung an neuen digitalen Gesundheitsinterventionen mithilfe der im Alltag erhobenen Daten.

Machen digitale Therapien den Arzt und die Ärztin überflüssig? Nein, das tun sie nicht. In der Praxis ist bisher keine Ablösung von physischen durch digitale Therapeuten zu beobachten. Wie so oft, ist auch dieser Wandel keine Frage des Entweder-oder. Vielmehr geht es auch hier um die Zusammenarbeit zwischen digitaler und physischer Welt – um die Kombination aus Arzt, medizinischen Geräten, digitalen Therapeuten und Pharmazeutika. Medizin wird immer auch physisch bleiben.

Unter dem Begriff der digitalen Therapien fassen wir drei digitale Muster zusammen, sie stehen für verschiedene Ausbaustufen: der digitale persönliche Coach, die digitale Therapie auf Rezept und der digitale Coach, der die Einhaltung der Therapie überwacht. Diese drei Muster wollen wir nun im Detail erklären.

Der digitale persönliche Coach

Wer sich mit einem wohlgeformten und gesund ernährten Körper schmücken will und unter einem Mangel an Zeit, Wissen und Überwindungskraft leidet, jedoch über genügend Kleingeld verfügt, heuert einen Personal Coach an. Jemanden, der zwei- bis dreimal pro Woche nur für den Kunden da ist, zu 100 Prozent auf diesen eingeht, ein auf ihn zugeschnittenes Übungsprogramm zusammenstellt, die Übungen vormacht, korrigiert, anfeuert und vorwärts treibt, ihm neue, noch höhere Ziele abverlangt. Ein Personal Coach kann alles aus seinem Klienten herausholen. Er hat allerdings einen Nachteil: Er ist sehr, sehr teuer. Kaum jemand kann sich so einen Coach leisten.

Quelle: Eigene Darstellung

Der digitale Personal Coach ist hingegen der Personal Coach für alle. Allerdings haben digitale Coaches offensichtliche Nachteile. Sie sind keine vertrauenerweckenden Menschen aus Fleisch und Blut, können keine empathischen Blicke und Gesten erwidern, können mich weder berühren noch umarmen. Sie erkennen (noch) nicht sofort an Gang, Blick, Körperhaltung, wie es einem geht und was einem fehlen könnte. Sie tragen keine weißen Kittel und flößen weder Respekt noch Ehrfurcht oder Angst ein. Sie werden nie so wie menschliche Coaches oder Ärzte sein. Und sie sollen es auch gar nicht versuchen. Denn den Nachteilen stehen auch Vorteile gegenüber.

Erstens, ein digitaler Coach ist immer da – zu jeder Zeit und an jedem Ort. Es gibt kein Betreuungsloch mehr. Zweitens, er kostet fast nichts, jeder kann sich so einen Coach leisten; digitale persönliche Coaches führen zu einer weiteren Demokratisierung der Medizin. Drittens, digitale Coaches wirken in bestimmten Bereichen mindestens so gut wie das vor allem aus Betreuungslücken bestehende Coaching durch Ärzte oder Therapeutinnen. Viertens sind idealtypische digitale Therapien keinen Qualitätsschwankungen unterworfen. Sie orientieren sich immer am aktuellen Wissen der Medizin, das sie unabhängig von Ort, Zeit, Patientengruppe und deren Zahlungsbereitschaft liefern. Die besten menschlichen Therapeuten werden immer besser sein als digitale Therapeuten. Jedoch können digitale Therapeuten durchaus besser sein als der Durchschnitt der menschlichen Therapeuten. Fünftens generieren digitale Therapien unendlich viele und wertvolle, von Maschinen verarbeitbare Daten, die zur laufenden Verbesserung und Verfeinerung der Therapie selbst verwendet werden können. Sie sind Teil eines selbst lernenden Systems.

Aus all diesen Gründen befinden sich digitale persönliche Coaches global auf dem Siegeszug. Sie unterstützen heute schon Millionen von Menschen, die mit einer chronischen Krankheit leben, und helfen mindestens so vielen, eine chronische Krankheit zu verhindern. Dies gilt für alle Volkskrankheiten.

Unternehmen wie *mySugr, Omada Health, Virta Health, Livongo* oder *Lark* helfen Diabetes-Erkrankten beim Führen eines Diabetes-Tagebuches, ermuntern mit frechen Sprüchen, sammeln und synchronisieren die Daten aus Blutzuckermessgeräten, erinnern an Messungen, geben Hilfestellung zur Ernährung, liefern wichtige Daten für das nächste Gespräch mit dem richtigen Arzt.

mySugr

Die Idee für das österreichische Start-up *mySugr* entstand im Jahr 2010 bei einem Stopp an einer rumänischen Tankstelle. Frank Westermann, damals Unternehmensberater, war wieder einmal auf dem Weg von Bukarest zu einem Kunden. Als Diabetiker musste er regelmäßig seine Blutzuckerwerte in ein Papiertagebuch eintragen – so auch an diesem

Tag. Geht so etwas nicht auch digital? Obgleich zu dieser Zeit immer mehr Apps aufkamen, konnte Frank Westermann keine finden, die ihm die lästige Buchführung nach seinen Vorstellungen abnahm. Im Grunde besteht der Therapiealltag von Menschen mit Diabetes zu einem Großteil aus Dokumentation und dem damit einhergehenden Datenmanagement: Kohlenhydrate bestimmen, Blutzuckerwerte messen oder Insulinmengen berechnen – jeden Tag aufs Neue.

Nach seiner Rückkehr aus Rumänien beschloss er: Eine App muss her. Co-Founder suchen, Investoren gewinnen – der Prozess zur Unternehmensgründung nahm seinen Lauf. Er musste Rückschläge aushalten, Widrigkeiten überwinden, doch stets überwog der Wunsch nach einer besseren digitalen Unterstützung und Vernetzung. Zwei der fünf damaligen Gründer, ausgerechnet die beiden Entwickler, verließen schon nach einem Monat das Unternehmen, glaubten nicht mehr an die Idee. Da jedoch die Investoren die Treue hielten, konnte die Entwicklung der App fortgesetzt werden.

Einmal auf dem Markt, herrschte vor allem bei vielen Ärzten Verblüffung – was soll man mit dieser App? Es dauerte für die Gründer eine gefühlte Ewigkeit, bis eine Zusammenarbeit mit der Industrie möglich wurde. Auch die Krankenkassen verstanden die Technologie am Anfang nicht, sie passte in keine Schublade. Aber die Hartnäckigkeit zahlte sich schließlich aus. Aus der App ist inzwischen eine etablierte Plattform geworden, die verschiedene Funktionen bietet, um Diabetes besser zu managen. Patienten, Ärzte oder Diabetes-Berater haben dank der Dokumentation relevanter Daten Einblick in den Alltag, wodurch gezielte Therapieentscheidungen getroffen werden können

Es dauerte einige Jahre, bis die ersten finanziellen Hürden nach der Gründung überwunden wurden. Alle Gründer haben immer wieder privates Geld und viel Zeit investiert, in manchen Fällen sogar den Wohnort gewechselt. Die entscheidende Wende folgte im Jahr 2017, als mySugr vom Schweizer Pharma- und Diagnostikunternehmen *Roche* übernommen wurde. Mittlerweile ist mySugr in der Digital-Health-Branche fest etabliert und gehört mit mehr als zwei Millionen registrierten Nutzern zu einer der beliebtesten Diabetes-Management-Apps

Heute (März 2020) ist die mySugr-App kostenfrei in 79 Ländern und 14 Sprachen verfügbar. Beim Verbinden eines kompatiblen Geräts können Nutzer auch die Pro-Version der App gratis verwenden, die zusätzliche Funktionen bietet wie beispielsweise die einfache und für Diabetiker enorm wichtige Dokumentation von Mahlzeiten durch Fotografien.

Außerdem haben Patienten in Deutschland und den USA die Möglichkeit, das mySugr-Paket mit Zugang zu ausgebildeten Diabetes-Beratern durch die App, verbrauchsorientierter Teststreifenlieferung frei Haus und weiteren Vorteilen zu nutzen.

mySugr ist *von* Diabetikern *für* Diabetiker entwickelt worden, denn von den über 160 Mitarbeitern leben mehr als 20 selbst mit der Krankheit. Damit versteht das Unternehmen die Sorgen und Nöte der Patienten besonders gut.

Meru Health

Dem Kampf gegen Depressionen und Angst hat sich *Meru Health* verschrieben, ein Unternehmen, das in Palo Alto, Kalifornien, und in Helsinki angesiedelt ist. Im Zentrum steht ein digitaler Chatbot, also ein digitaler Kommunikator, der bekannte therapeutische Bausteine aus Achtsamkeitsübungen und Verhaltenstherapien zu einem neuen Ganzen zusammenführt.

Der digitale Coach, der jeden Tag neue Aufgaben stellt, Übungen und Einsichten vermittelt, wird von einem menschlichen Coach unterstützt, der sich per Telefon beim Patienten meldet. Zudem kann sich der Patient anonym mit Leidensgenossen austauschen. Dass die Therapie nützlich ist, legen die Daten nahe, die Meru Health laufend erhebt: 75 Prozent aller Patienten, die das Programm absolvieren, reduzieren ihren PHQ-9-Wert nach zwölf Wochen um mindestens 20 Prozent. Der PHQ-9-Wert ist der Industriestandard zur Messung von Depression. Eine noch deutlichere Sprache sprechen die Patientengeschichten.

Mary ist eine dieser Patientinnen. Mary hatte zu viel Stress in der Arbeit, am Ende stand der Burn-out Zuerst war sie skeptisch, ob ihr eine App helfen könnte. Nachdem sie Meru Health jedoch ausprobiert hatte, empfiehlt sie die App heute weiter:»Ich zweifelte erst, ob ein mobiles Behandlungsprogramm etwas gegen meinen Burn-out, gegen die Angst und die Depression, die ich in den vergangenen zehn Jahren erlebt hatte, ausrichten könnte. Da ich bereits seit zehn Jahren immer wieder meditiert hatte, dachte ich, ich hätte nichts Neues zu lernen. Das war ein Irrtum. Die Mischung aus Achtsamkeits- und Verhaltenstherapie war eine Offenbarung, und der Online-Zugang zu einem persönlichen Therapeuten war ein wesentlicher Teil meines Erfolgs mit dem Behandlungsprogramm. Mithilfe der App lernte ich, meine extremen Arbeitszeiten zu verkürzen und Selbstachtung und Positivität zu üben, wenn ich von Angst gepackt werde. Mehr Ruhe zu bekommen und die Angst zu minimieren, das war der Schlüssel zu einer deutlichen Verringerung der Depression.«[2]

Ähnliche Ansätze verfolgen zahlreiche zum Teil stark wachsende Unternehmen wie *Ginger.io, Happify, Lyra Health, Pathmate Technologies* und *2Morrow*, die allesamt Ängste, Depressionen, Übergewicht, Rauchen, Stress oder chronische Schmerzen bekämpfen möchten. Sie alle übertragen das Wissen über Ansätze zu Verhaltensveränderungen in kostengünstige, skalierbare, digitale Gesundheitsangebote, die für jedermann erreichbar und bezahlbar sind.

Im Kampf gegen psychische Erkrankungen ist es besonders wichtig, dass Therapien leicht zugänglich sind. Die Symptome schleichen sich ein, der Patient kann sie lange und erfolgreich ausblenden und macht das in der Regel auch, weil Krankheiten wie Depressionen immer noch nicht gesellschaftlich akzeptiert sind. Dies gilt für junge Mütter in Singapur mit Anzeichen von postnataler Depression genauso wie für Aktienhändler in London, die mit Burn-out-Symptomen kämpfen. Ihre Erwartungshaltung an sich selbst, die oft genug die Wünsche und Vorstellungen der Gesellschaft reflektieren, lässt es anfangs nicht zu, sich nach einem guten Therapeuten zu erkundigen und sich die Zeit für Erst- und Folgebesuche zu nehmen. Sie müssten mit ihrer Familie oder ihren Vorgesetzten reden und damit ihre als Schwäche empfundene Krankheit offenlegen. So leben sie lieber mit ihren Beschwerden. Bis sie zusammenbrechen.

In der Welt der digitalen Coaches könnte sich das ändern. Die Eintrittshürden vor einer Therapie sind sehr niedrig. Die Kranken müssen ihren Namen nicht preisgeben, sie erhalten Rat, ohne an Ort oder Zeit gebunden zu sein. Die Therapiekosten sind wesentlich geringer als bei einer klassischen Behandlung, die Gesamtkosten ohnehin.

Propeller Health

Asthma und andere chronische Lungenerkrankungen sind das Thema des Unternehmens *Propeller Health*. Es hilft Patienten, ihre Krankheit besser zu verstehen und besser damit umzugehen. Die Patienten erhalten per Post einen Sensor, den sie auf ihr Inhaliergerät stecken und mit der Propeller-App verbinden. Propeller vermisst nun alle Inhalationen, fragt regelmäßig den Gesundheitszustand ab, lernt das individuelle Krankheitsbild zu verstehen und versorgt den Patienten mit Erinnerungen, Informationen zu Luftqualität und Ähnlichem mehr.

Wenn gewünscht, erhalten Eltern von Betroffenen eine SMS, sobald ihr Kind inhaliert hat, und werden so in die Therapie einbezogen. Im Asthma-Coach werden Eltern sogar gebeten, ihr Kind beim Inhalieren zu filmen und diesen Film mit dem digitalen Coach zu teilen. Mit Wissen von Kind und Eltern überprüft der zuständige Arzt nach einem vordefinierten Kriterienkatalog, ob die Inhalation richtig durchgeführt wurde. Entdeckt der Arzt einen Fehler, meldet er sich via Chat-Funktion und gibt Tipps. Wie alle anderen Apps in dem Bereich setzt auch diese auf die Fähigkeit des Patienten, seine Krankheit zu verstehen und mit ihr umzugehen. Das ist besonders bei Kindern sehr wichtig. Der digitale Coach erklärt ihnen in kleinen, leicht verdaulichen und kindergerecht aufbereiteten Schritten über viele Tage hinweg die Grundlagen von Asthma.

Auch wer unter Herz-Kreislauf-Beschwerden leidet, findet mittlerweile digitale Coaches, wie etwa *Hello Heart* oder die *Sanitas Coach App*. Die Sanitas Coach App, angeboten von der Schweizer Krankenversicherung Sanitas, empfiehlt sich als tägliche Begleiterin von Patienten. Tim oder Anna heißen die Bots in dieser App. Sie ermuntern Nutzer im interaktiven Chat, regelmäßig Blutdruck und Puls zu messen, die Werte festzuhalten und im Laufe des Coaching zu verbessern – durch mehr Bewegung, bessere Ernährung oder mehr Entspannung. Mittels Push-Mitteilung werden die Patienten ermuntert, ihre Medikamente regelmäßig einzunehmen.

Kaia Health

Dem klassischen persönlichen Trainer kommt das Start-up *Kaia Health*, angesiedelt in München und New York, besonders nahe. Kaia baut einen digitalen Physiotherapeuten, der auf der aktuell wirksamsten Rückenschmerztherapie aufbaut und nationalen Versorgungsleitlinien folgt. Zudem arbeitet Kaia multimodal: Die App unterstützt Patienten nicht nur mit Rückenübungen, sondern auch mit Aufklärung über den Ursprung der Schmerzen. Und sie hilft ihm, basierend auf den neuesten Erkenntnissen aus der Achtsamkeits- und Schmerzforschung, auf sanfte Art und Weise mit chronischen Schmerzen umzugehen. Wie auch andere digitale Coaches stellt der Kaia-Coach bei Bedarf einen raschen Kontakt zu menschlichen Coaches her. Die können dann komplizierte Fragen schnell beantworten und die Patienten zusätzlich motivieren.

Der Kaia Motion-Coach geht sogar noch einen Schritt weiter. Er führt nicht nur wie Hunderte andere Fitness-Apps vor, welche Übungen durchzuführen sind, sondern zählt mit und korrigiert. Dazu muss das Smartphone so positioniert werden, dass es den Patienten bei den Übungen filmen kann. Die Software interpretiert die Übertragung in Echtzeit, vermisst die Übungen und gibt Feedback. Das ist technisch anspruchsvoll, denn das Smartphone muss erkennen können, welche Übung der Patient ausgewählt hat und wie er sie ausführt.

Diese Apps haben den Vorteil, dass sie auf Dutzende Smartphone-Sensoren zugreifen können, vom Bewegungssensor über die Ortungsfunktion bis hin zur Kamera, und dass sie kostengünstige Chatfunktionen ermöglichen. Eine reife Applikation erkennt man daran, dass die Kommunikation im Mittelpunkt steht. Daher verwundert es nicht, dass digitale Coaches immer mehr die Form einer Chatapp annehmen und inzwischen aus Spielelementen sowie Techniken der künstlichen Realität bestehen.

Magic Leap

Ein Beispiel hierzu liefert *Magic Leap*. Man sitzt in einem Raum, setzt sich die Magic-Leap-Brille auf und wundert sich nach ein paar Minuten schon gar nicht mehr, dass Dutzende rosa Quallen in Schwärmen quer durch den Raum schwimmen, an den Wänden umdrehen, hinter Sesseln verschwinden und wiederauftauchen. Man beobachtet kleine Spielzeugritter, die sich am Boden streiten, und bewundert das Gras, das unter dem Spiel der Bienen langsam vor sich hinwächst. Berührt man eine der virtuellen Pflanzen, die einem gar nicht mehr als virtuell erscheinen, so kann es passieren, dass eine Blüte sich öffnet und zu leuchten beginnt. Und weil das menschliche Gehirn Leuchten mit Wärme verbindet, empfindet man Wärme in der Hand – ausgelöst durch eine virtuelle Blume, die nur im eigenen Kopf existiert. Tritt einem Mann eine sympathische virtuelle Frau entgegen, wird die Szene so real, dass er völlig selbstverständlich ihr Lächeln, ihre Gesten erwidert, gerade so, als würden alle Spiegelneuronen gleichzeitig feuern.

Spätestens in diesem Moment wird klar, welche Kraft gute Anwendungen künstlicher Realität besitzen. Und es ist nicht verwunderlich, wenn Magic Leap und andere Unternehmen aus der Szene sich den Gesundheitsmarkt genau ansehen und erste digitale Therapeuten testen.

Akili Interactive Labs

Wenden wir uns aber zunächst dem Spielen als Mittel der digitalen Therapie zu. *Akili Interactive Labs* baut eine Plattform, auf der digitale Therapien in Form von kreativen Action-Video-Spielen entwickelt werden. Die Spiele sind so gestaltet, dass sie Spaß machen, zum weiteren Spielen verführen und gleichzeitig einen harten medizinischen Zweck erfüllen: Akilis spektakulärstes Projekt heißt AKL-T01 und dient der Behandlung von Aufmerksamkeitsstörung und Hyperaktivität. Die Kinder und Jugendlichen mit der Störung bewegen sich in dem Spiel durch eine Winterwunderlandschaft oder auf einem Lava-Fluss, müssen Aufgaben erfüllen und werden dafür belohnt.

AKL-T01 könnte bald zu einer verschreibbaren digitalen Therapie werden, alle notwendigen klinischen Tests sind bereits durchgeführt. Nun befindet sich die digitale Therapie im Zertifikationsprozess bei der amerikanischen Gesundheitsbehörde FDA. Bestätigt die Behörde den Antrag, wird AKL-T01 als gleichwertig mit anderen bereits akzeptierten Therapien anerkannt, und jeder Arzt könnte sie verschreiben wie ein Medikament. Darüber hinaus hat Akili noch weitere Eisen im Feuer: digitale Therapien zur Behandlung von Autismus, Depression und Multipler Sklerose.

Gesicherte Erkenntnisse über die Wirkung von Virtual Reality als Therapiemittel gibt es noch nicht viele. Breit angelegte Studien aus dem Jahr 2017 zur Wirkung von künstlicher Realität in den Anwendungsbereichen Schmerztherapie, Essstörungen, Angststörungen und bei anderen psychischen Störungen kommen immerhin zum Schluss: Bei den Patienten ist die Akzeptanz von solchen Interventionen sehr hoch, und die Mehrheit der Studien lässt auf klinische Wirksamkeit schließen. Die Untersuchungen zeigen jedoch auch, dass der Umfang und die Qualität der einzelnen Studien sehr heterogen sind und dass weitere, groß angelegte klinische Untersuchungen notwendig sind.[3]

Brennan Spiegel, Direktor des Health Services Research Institut Cedars am Sinai Health Center, und sein Team setzen verschiedene Anwendungen ein, um Patienten aus ihrer »biopsychosozialen Gefängniszelle« zu befreien. Sie meinen damit das Patientenzimmer. Sie zeigen den Menschen virtuelle Flüge über Island, spielende Delfine aus Unterwasserperspektive, den Cirque du Soleil vom Logenplatz aus. So erzielen sie belastbare Ergebnisse insbesondere in der Schmerztherapie mit kurzfristigen Schmerzreduktionen von bis zu 50 Prozent, längerfristig bis zu 25 Prozent. Sie helfen zum Beispiel auch Mitgliedern von ethnischen Gemeinschaften und Glaubensgemeinschaften, deren Mitglieder wegen ihrer spezifischen Ernährung zu viel Salz zu sich nehmen, weshalb viele an Bluthochdruck leiden: Durch künstliche Realität wird ihnen erklärt, in welchem Essen sich wie viel Salz befindet und, bei einem virtuellen Flug durch den menschlichen Körper, was dieses Salz mit ihnen anstellt. Folgende Prognose sei gewagt: Die Anwendungen dieser verhaltensverändernden Technologie sind noch lange nicht ausgeschöpft.[4]

Mindmaze

Das Lausanner Start-Up *Mindmaze* nutzt künstliche Realität, um Menschen nach einem Schlaganfall schneller zu helfen, als dies mit herkömmlichen Methoden möglich wäre. Sie hat dazu die virtuelle dreidimensionale Umgebung Mindmotion geschaffen. Damit ergänzt Mindmaze die Reha-Maßnahmen um Übungen mit einem Avatar, also einem digitalen Alter Ego des Patienten. Nach Schlaganfällen sind manche Lähmungen nicht mehr zu beheben, andere schon, doch der Aufwand dafür ist enorm. Die Patienten sind, wenn sie mit den Reha-Maßnahmen anfangen, oft schnell frustriert. Sie haben das Gefühl: Es geht nicht voran! Das Kamerasystem jedoch erkennt kleinste Fortschritte und macht sie mittels des Avatars sofort sichtbar. Das hellt die Stimmung der Patienten auf, motiviert sie, nicht aufzugeben und Tag für Tag mit harter Arbeit die Kontrolle über den Körper zurückzugewinnen.

Der Avatar aus Lausanne ist auch beim virtuellen Spiegeltrick am Werk. Der funktioniert so: Ein Patient, dessen linker Arm gelähmt ist, muss seinen rechten Arm bewegen, auf dem Bildschirm sieht er jedoch seinen Avatar bei der gleichen Bewegung mit dem linken Arm. Der Patient bekommt den Eindruck: Mein kranker Arm bewegt sich wieder! Das spricht genau die Hirnareale an, die es zu aktivieren und zu trainieren gilt, um eine Heilung zu ermöglichen. Der wesentliche Wert des digitalen Coaches liegt somit in seiner Motivationskraft. Auch die sofortige Verfügbarkeit und die verhältnismäßig geringen Kosten sprechen für diese Therapie. Es kann sein, dass sich zumindest in diesem Feld auf künstlicher Realität basierende digitale Coaches zum neuen Standard entwickeln. Digitale Coaches können, wie oben beschrieben, viele Formen annehmen. Ihre Entwicklung steht erst am Anfang. Bemerkenswert sind die verhaltensverändernde Kraft und die Chance, jedermann zu geringen Kosten helfen zu können.

Die meisten Anbieter von digitalen Coaches starten mit einem One Trick Pony, das heißt, sie schaffen einen Coach für ein konkretes Krankheitsbild, etwa Typ-2-Diabetes. Doch weil diese Form von Diabetes oft einhergeht mit Bluthochdruck, Adipositas und Depression, erweitern viele Firmen ihr Angebot zu einer patientenzentrierten Plattform, die die häufigsten damit verbundenen Krankheiten einschließt. So weisen irgendwann viele digitale Coaches dieselben inhaltlichen Bausteine auf: verhaltensverändernde Interventionen zu den Themen Essen, Bewegung, Gesundheitskenntnis und Achtsamkeit.

Digitale Therapie auf Rezept

Digitale Therapien sehen schön und gut aus, aber wirken sie auch? Nur weil viele Menschen und Organisationen daran glauben, heißt das ja noch lange nicht, dass tatsächlich eine Wirkung erzielt wird – insbesondere in die erwünschte Richtung. Handelt es sich bei den Tausenden medizinisch angehauchter Apps in den Stores von Apple und Google nicht doch nur um digitales Schlangenöl oder um eine moderne Variante des Schröpfens? Kann es ein digitaler Chatbot oder Avatar wirklich, also basierend auf statistischer Evidenz, mit einem Coach aus Fleisch und Blut aufnehmen und nachweislich zumindest vergleichbare Wirkungen erzielen?

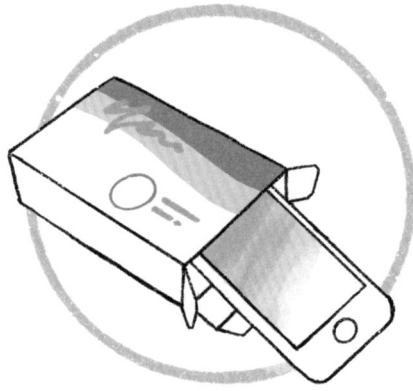

Quelle: Eigene Darstellung

Diese Frage bewegt nicht nur die Verfechter einer angeblich stets überlegenen menschlichen Behandlung, sie bewegt nicht nur die ewigen Kritiker des Neuen, sondern auch Ärzte und Spitäler, die ihre Erkenntnisse und Leistungen skalieren, vervielfachen und jedermann zugänglich machen möchten. Und sie bewegt insbesondere Krankenkassen und Regulatoren, deren Geschäftsmodell dem steigenden Druck aus den chronischen Krankheiten nicht mehr lange gewachsen zu sein scheint. Können also digitale Therapien Gleiches oder mehr zu wesentlich niedrigeren Kosten nachhaltig leisten? Sind sie ein tauglicher Baustein in der Demokratisierung des Gesundheitswesens?

Das Thema ist noch jung, es gibt deshalb erst wenige solide wissenschaftliche Untersuchungen. Einen guten Überblick liefern Metastudien, die jeweils mehrere Originalstudien zusammenfassen und nach übergreifenden Erkenntnissen suchen. Allerdings liegen solche bislang noch nicht vor. Nur ein Ergebnis scheint konstant zu sein: Digitale Interventionen zeigen zumindest keinen negativen medizinischen Effekt, und sie können im Ergebnis mit den physischen Interventionen mithalten. Und jede Studie, die Adhärenz als Endpunkt bemisst, also die Konsequenz des Patienten beim Einhalten der verabredeten Therapie, kommt zu einem klar positiven Ergebnis.[5]

Wenn das wirtschaftliche Potenzial einer neuen Technologie als hoch erkannt wird, dann wird die Wissenschaft in Sachen Innovationskraft und Innovationstempo von der Praxis meist schnell überholt. So ist das auch im Bereich der digitalen Therapie. Die digitale Therapie auf Rezept: Die Zukunft hat bereits begonnen. Die Firma *Pear Therapeutics* mit Sitz in Boston ist ein überzeugendes Beispiel dafür.

Pear Therapeutics

Gemeinsam mit Forschern des Dartmouth College in Hanover, New Hampshire, hat *Pear Therapeutics* eine 90-tätige digitale Therapie mit dem Namen reSET entwickelt. Das Ziel: den Missbrauch von Alkohol, Marihuana, Kokain und Stimulanzien bekämpfen. Der Süchtige durchläuft dabei, geleitet von seinem Smartphone, Programme einer Verhaltenstherapie. Die App soll einerseits helfen, den Alkohol- und Drogenmissbrauch in den Griff zu bekommen, andererseits eine begonnene Therapie außerhalb des stationären Bereichs fortzusetzen.

Pear unterscheidet sich maßgeblich von den anderen Technologiefirmen im Gesundheitsbereich, die jeden Tag mehr als 200 neue Gesundheits-Apps auf den Markt bringen: Im September 2018 hat die amerikanische Gesundheitsbehörde FDA reSET zertifiziert, das heißt: als wirksame Therapie in aller Form staatlich anerkannt. Damit wurde nicht nur Pear Therapeutics, sondern dem gesamten Markt für digitale Therapien der Ritterschlag erteilt. Solche zertifizierten digitalen Therapien müssen den gleichen Standards genügen wie klassische physische

Medikamente. Pears Software wurde in mehr als 20 klinischen Tests mit über 3 000 Patienten getestet. Nun ist reSET verschreib- und verrechenbar. Von wegen Schlangenöl!

Pear hat im Dezember 2018 bereits eine zweite Therapie, diesmal zur Behandlung der in den USA grassierenden Opioid-Sucht – man zählt im Schnitt 118 Tote pro Tag –, zertifiziert bekommen. Sie wird wie reSET mit dem kommerziellen Partner Sandoz, einer Tochter des Pharmaunternehmens Novartis, vertrieben. Weitere Therapien für Schlafstörung, Depression, Schizophrenie, Epilepsie, Schmerzen oder Migräne befinden sich in Vorbereitung.[6]

Zahlreiche Anbieter springen auf den Zug auf. Sie entwickeln ebenfalls evidenzbasierte digitale Therapien und wollen diese nun mit der amerikanischen FDA zu verschreibbaren Therapien veredeln. Dazu zählen, wie wir oben gesehen haben, Akili mit seinem therapeutischen Videospiel zur Behandlung von Aufmerksamkeitsstörung und Hyperaktivität. *Proteus Digital Health* hat ein zugelassenes Produkt, um Therapietreue zu verfolgen, *Voluntis* eine Zulassung für ein Diabetes-Produkt.

Die amerikanische Gesundheitsbehörde FDA hat die Weichen für die Zukunft gestellt. Sie hat erkannt, dass die traditionelle Logik für die Regulierung von Hardware nicht mehr mit den Anforderungen an die Software übereinstimmt. Software muss laufend erneuert werden, um auf dem neuesten Stand der Technik und der Kundenerwartungen zu bleiben – langatmige und aufwendige Zertifizierungsprozesse für jedes Update sind ein Innovationskiller und mit der heutigen Softwarewelt schlicht nicht kompatibel. Daher hat die amerikanische Gesundheitsbehörde FDA im Rahmen ihres Digital Health Innovation Action Plan ein Programm namens Pre-Cert zur Qualitätssicherung gegründet. Hier können sich Unternehmen vorzertifizieren lassen. Ist das geschehen, durchlaufen die Softwareprodukte dieser Unternehmen im Sinne einer kontinuierlichen Zulassung einen unbürokratischen Genehmigungsprozess.[7]

Europa hinkt den USA in Sachen Digital-Health-Regulierung bisher hinterher. Es fehlt an einer einheitlichen Regelung, Start-ups beklagen, wie fragmentiert der europäische Markt sei. Wollen sie von einem europäischen Markt in einen anderen expandieren, müssen sie sich nicht nur mit einer neuen Sprache, sondern auch mit einem neuen Regelwerk sowie einer komplett anderen Struktur des Gesundheitsmarktes auseinandersetzen. Lediglich ein europäischer Code of Conduct wurde bisher von der Europäischen Kommission gemeinsam mit führenden Digitalunternehmen und Verbänden auf den Weg gebracht, der Datenschutzgrundsätze für Medizin-Apps definiert. Der Code wurde jedoch bisher noch nicht verabschiedet.[8] Zur Zulassung von Medizin-Apps greift für digitale Therapien in Europa bisher die Regulierung für Medizingeräte, welche einen recht langwierigen Zulassungsprozess vorsieht.[9] Deutschland ist in Sachen Digital Health mit dem 2019 verabschiedeten Digitale-Versorgung-Gesetz (DVG) einer europäischen Lösung zuvorgekommen. Das Gesetz vereinfacht die Zulassung von Medizin-Apps. Zukünftig können diese sogar von den staatlichen Krankenkassen vergütet werden, bevor deren Wirksamkeit nachgewiesen wurde. Die Hersteller der Apps haben jeweils ein Jahr Zeit, den Wirksamkeitsnachweis zu erbringen. Die deutsche Regelung beschleunigt und fördert somit digitale Gesundheitsinnovationen. Es ist nicht verwunderlich, dass die Start-up Szene applaudiert.

Evidation Health

In den vergangenen zehn Jahren ist weltweit eine nicht mehr überschaubare Anzahl von Unternehmen mit digitalen Services im Gesundheitswesen entstanden. Man schätzt, dass in diesem Bereich inzwischen mehr als 100 000 Apps existieren. Für viele der Firmen besteht die Herausforderung darin, die Wirksamkeit ihrer digitalen Produkte nachzuweisen. Viele dieser Unternehmer kommen aus der Konsumgüterindustrie, sodass ihnen die Bedeutung des Wirkungsnachweises, wie im Gesundheitswesen üblich, nicht von vornherein bewusst ist. Zudem verhalten sich die Akteure im Gesundheitswesen vorsichtig und konservativ, weshalb man beachtliche empirische Nachweise vorlegen muss, damit ein neues Produkt angenommen wird.

Es besteht ein großer Bedarf an Hilfe, wenn es darum geht, die Wirksamkeit digitaler Apps zu überprüfen. Hier kommt *Evidation Health* ins Spiel, eine Firma, die Unternehmen aus der Gesundheitsbranche bei der Erstellung und Durchführung der mitunter sehr aufwendigen Tests unterstützt. Die Studien reichen von 72-Stunden-Interventionen mit wenigen Patienten bis zu Analysen, die auf ein Jahr angelegt sind, um beispielsweise die Effekte einer neuen App mit der klassischen Einnahme von Medikamenten zu vergleichen. Es sei nicht zwingend so, dass die Leistungsversprechen nicht gehalten würden, sagt CEO Deborah Kilpatrick, allerdings müssten die meisten Unternehmen erst lernen, dass der Nachweis überhaupt erforderlich ist. Häufig sind die Unternehmer überrascht, wenn sie von den Kosten und der Dauer der Tests erfahren.

So erging es auch dem kalifornischen Gesundheits-Start-up *Omada Health*, das Firmen ein 16-wöchiges Programm anbietet, um das Ess- und Ernährungsverhalten von Mitarbeitenden mit chronischen Krankheiten wie Diabetes oder Bluthochdruck zu verändern. Ursprünglich wollte Omada Health nach Fertigstellung der App sofort auf den Markt, erfuhr dann jedoch, dass es eine über ein Jahr reichende Datenreihe brauchte, um die Leistungsfähigkeit des digitalen Produkts nachzuweisen. Diese Testreihen können rasch Millionen von US-Dollar verschlingen, sind aber unerlässlich, geht es letztlich doch um die Gesundheit der Menschen.

Digitaler Therapietreue-Coach

Die Therapietreue von chronisch Erkrankten ist der Schlüssel zum Erfolg einer Behandlung. Leider lassen viele, bewusst oder unbewusst, die Dinge schleifen. Sie nehmen Medikamente nicht ein und lassen Übungen ausfallen. So ist eine chronische Krankheit nicht in den Griff zu bekommen.

Zuerst einmal zu den Grundlagen, zum Begriff der Adhärenz: Er beschreibt den Grad der Mitwirkung der Patienten bei der Behandlung seiner Erkrankung. Die Adhärenz misst den Unterschied zwischen einem von Arzt oder Therapeutin vorgegebenen Sollzustand und dem tatsächlich gelebten Istzustand. Sie zeigt also an, ob sich der Patient so verhält, wie es zwischen ihm und dem Arzt vereinbart ist. Akzeptiert der Patient die Therapie, wendet er sie überhaupt an? Nimmt er seine Medikamente regelmäßig zur richtigen Zeit und in der richtigen Menge ein? Wendet er medizinische Geräte wie Inhalatoren richtig an? Hält er

Quelle: Eigene Darstellung

sich an seine Diät? Verfolgt er die verabredete Änderung seines Lebensstils konsequent?

Eine gute Adhärenz entspricht dem konsequenten Befolgen des mit dem Therapeuten vereinbarten Behandlungsplanes. Nach Auskunft der Weltgesundheitsorganisation (WHO) erreichen im Durchschnitt nur 50 Prozent der Erkrankten eine gute Adhärenz. Auf vielen Therapiegebieten mit chronischen Erkrankungen ist nach einem Jahr nur noch etwa die Hälfte der Patienten auf dem verabredeten Weg. Mehr als 50 Prozent der verschriebenen Medikamente werden nicht so eingenommen, wie sie verschrieben wurden.[10] Oder sie werden gar nicht eingenommen. Die Folge von mangelnder Therapietreue sind, neben unkontrollierten Gesundheitszuständen und den daraus resultierenden Leiden, die Kosten nicht eingenommener Medikamente, die dann entsorgt werden müssen, ferner unnötige Spitalaufenthalte, Notaufnahmen und Arztbesuche.

Die Gründe für mangelnde Adhärenz sind vielfältiger Natur. Hier eine unsortierte, sehr lange Liste von Gründen, angelehnt an Angaben der WHO, die zeigt, wie komplex das Thema ist: Analphabetismus, niedriges Bildungsniveau, Arbeitslosigkeit, Mangel an unterstützenden sozialen Netzwerken, instabile Lebensbedingungen, große Entfernung zu medizinischen Versorgungseinrichtungen, hohe Reisekosten, hohe Medikamentenkosten, kulturelle Vorstellung bezüglich einer Krankheit und ihrer Behandlung, hohes Alter, Beziehung zwischen Patient und betreuender Person, schlechte Medikamentenverteilung und -zugänglichkeit, fehlendes Wissen und Erfahrung der Betreuer im Umgang mit chronischen Krankheiten, überarbeitete Betreuer, kurze Sprechzeiten, Unfähigkeit in der Förderung von Selbsthilfegruppen und Selbstmanagement, Schwere der Symptome, Umfang der Behinderung (physisch, psychisch, sozial und beruflich), Art und Schwere des Krankheitsverlaufes sowie der Verfügbarkeit einer effektiven Therapie, komplexes Medikamentenregime, Dauer der Behandlung, kein schneller Behandlungserfolg, Nebenwirkungen, bereits erlebte erfolglose Therapien, Ressourcen, Wissen, Attitüde, Glauben, Vorstellung und Erwartung der Patienten, Vergesslichkeit, psychosozialer Stress, Angst vor Nebenwirkungen, geringe Motivation, schlechtes Wissen sowie Fähigkeiten im Umgang mit Nebenwirkungen, Pessimismus gegenüber der Therapie, fehlende Akzeptanz der Krankheit, Angst vor Abhängigkeit, nicht verstandene Therapieanweisungen, schlechte Erfahrungen mit Personen aus dem Gesundheitssystem, das Gefühl einer Stigmatisierung durch die Krankheit.[11]

Das ist eine wirklich sehr lange Liste, und sie zeigt: Mangelnde Adhärenz liegt nicht nur an Faulheit oder bösem Willen der Patienten. Erkrankungen wie Depressionen, Alzheimer oder die Abhängigkeit von Rauschmitteln haben einen zusätzlichen negativen Einfluss auf die Adhärenz. Daher ist es nicht erstaunlich, dass die gesamte Gesundheitsindustrie händeringend nach kostengünstigen und skalierbaren Hilfsmitteln sucht, um die Adhärenzproblematik in den Griff zu bekommen, zum einen während der Behandlung chronisch Erkrankter, zum anderen in klinischen Versuchen.

Ein digitaler Coach kann helfen, dieses Problem zu lösen. Den wohl spektakulärsten Weg geht das Unternehmen *Proteus Digital Health* aus Redwood City in Kalifornien: Die digitale Pille wird vom Patienten im Wortsinn eingenommen.

David, 58 Jahre alt, ist ein Patient aus dieser Proteus-Welt. Er leidet seit mehr als zehn Jahren an Typ-2-Diabetes. Da er gerne isst und sich nicht so gerne bewegt, wiegt er 20 Kilo zu viel und weist deutlich zu hohe Cholesterinwerte auf. Weil auch noch ein erhöhter Blutdruck hinzukommt, muss er mehrmals am Tag eine Reihe von Medikamenten einnehmen. Deshalb kam es häufig vor, dass er den Überblick verlor und nicht mehr genau wusste, was er wann eingenommen hatte.

Das ist eine gravierende Herausforderung für die Medizin: Eine Studie, die durch das amerikanische National Institute of Health finanziert wurde, zeigt, wie groß die finanziellen Folgen von Nicht-Adhärenz sind. Allein in den USA fallen etwa 500 Milliarden US-Dollar pro Jahr an Folgekosten an, weil Patienten wie David ihre Medikamente überhaupt nicht, in der falschen Menge oder zum falschen Zeitpunkt einnehmen.[12] Der Anspruch von Andrew Thompson, einem der Gründer von Proteus, ist es, das Gesundheitssystem zu entlasten.

Proteus Digital Health

Mit der von *Proteus Digital Health* seit 2001 entwickelten Pille lässt sich exakt rekonstruieren, ob David die vom Arzt verschriebenen Medikamente in der erforderlichen Dosis und Regelmäßigkeit eingenommen hat. Wie funktioniert so etwas? Proteus hat einen einnehmbaren, bereits zertifizierten Sensor in der Größe eines Sandkorns entwickelt. Der Sensor ist ein Microchip aus Silizium, der mit Mineralien aus der menschlichen Ernährung überzogen ist. Er wird in die Tablette, das eigentliche Medikament, eingefügt. Einmal im Magen angekommen, sendet er ein Signal, das von einem speziellen Pflaster am Oberkörper Davids empfangen wird, und von dort weiter an das Smartphone des Patienten, zugleich auch in die Cloud von Proteus. Arzt und Pflegeteam haben Zugriff. Das Pflaster misst nicht nur alle eingenommenen Medikamente, die den Sensor enthalten, sondern auch Patientenaktivitäten und Ruhephasen. Proteus hat damit die radikalste Form einer digitalen Pille entwickelt. Jede einzelne Tablette ist ein Hybrid aus physischer und digitaler Welt.

Anwendungen gibt es bereits seit 2016, wobei vor allem die Kontrolle der Einnahme von Medikamenten durch chronisch Kranke im Mittelpunkt steht; hierzu gehören insbesondere Patienten wie David, die an Diabetes und Bluthochdruck leiden. Sofern ein Patient keine Veränderungen bemerkt und daher seine Arzneimittel nicht mehr nimmt, obwohl der Arzt davon ausgeht, kann dies zu Folgebehandlungen verbunden mit enormen Folgekosten führen, so die Argumentation von Clint Purvance, Geschäftsführer von Barton Health, dem Krankenhaus, das die Sensor-Pille zum ersten Mal einsetzte.

Die Sensor-Pille bietet sich insbesondere für die Behandlung von Risikopatienten an, also von Menschen, die etwa drogenabhängig oder mental eingeschränkt sind. Darüber hinaus lässt sich damit die Zuverlässigkeit der Wirkungsanalysen von Medikamenten deutlich verbessern. In vielen Studien ließ sich letztlich nicht überprüfen, ob und inwieweit die Patienten die verabreichten Medikamente tatsächlich eingenommen hatten. Die hybriden Tabletten helfen Patienten, ihre Medizin nicht zu vergessen und zum richtigen Zeitpunkt einzunehmen. Weil sie die tatsächliche Einnahme messbar machen, liefern sie wesentlich glaubwürdigere Daten als einfache Erinnerungs-Apps, die es zuhauf gibt. Das schlägt sich in der Adhärenz nieder. Die Einnahmequote steigt von unter 60 auf über 90 Prozent.[13] Der im Zeitverlauf entstehende Datensatz, bestehend aus Patientendaten, verabreichten Medikamenten und tatsächlicher Einnahme, vermittelt ein immer besseres Verständnis über die Wirkungsweise von Medikamenten.

Zudem unterstützen die gewonnenen Daten, die mit Einverständnis des Patienten über die Cloud geteilt werden können, die Betreuungsarbeit des Arztes. Sie helfen, den Erfolg von Behandlungen nachzuweisen – eine wichtige Voraussetzung für die Vergütung von Ärzten und für nutzenbasierte Verträge von Pharmaproduzenten mit Versicherungen. Es ist nur zu verständlich, dass immer mehr Pharmaunternehmen mit Proteus zusammenarbeiten und den Sensor in ihre Tabletten und Kapseln zur Behandlung von psychischen, kardiovaskulären, metabolischen, onkologischen und ansteckenden Krankheiten einbauen.

David hat die digital angereicherte Pille von Proteus geholfen, eine einigermaßen sichere Routine im Umgang mit seinen Medikamenten zu entwickeln. Andrew Thompson, der Gründer von Proteus, weist darauf hin, dass sein Wundersensor nicht unbedingt dauerhaft eingesetzt werden muss. Meist nehmen Patienten über drei oder vier Monate eine Proteus-Therapie in Anspruch. Später versuchen sie, ohne die Hilfe von Proteus klarzukommen.[14]

Die nachhaltige Steigerung der Adhärenz in der digitalen Welt beschränkt sich nicht auf hybride Tabletten. Sie ist Teil aller guten digitalen Therapien und wendet eine Vielfalt an Methoden an. Zum einen durch Benachrichtigungen via SMS, In-App-Nachrichten und Anrufe. Hier bestehen in der Optimierung und Personalisierung von Frequenz, Timing und Kommunikationsstil noch große Potenziale. Viele Fragen sind noch ungeklärt. Wie soll der Chatbot mit dem Patienten reden? Soll er Witze machen wie ein Kumpel oder eher wie eine Autorität sprechen? Wie oft am Tag soll er mit dem Patienten kommunizieren? Einmal, achtmal? Oder überhaupt nur, wenn etwas Wichtiges zu klären ist? Und soll der Chatbot sich auf den Patienten einstellen, dessen Vorlieben kennen, auf ihn zugeschnitten sein?

Gute digitale Coaches fordern ihre Kunden regelmäßig auf, den Therapieplan einzuhalten und dies zu dokumentieren, indem sie zum Beispiel Fotos vom täglichen Spaziergang oder vom Mittagessen machen, das dem Diätplan entspricht. Oder indem sie Videos drehen, wenn ihr an Asthma erkranktes Kind inhaliert. Die Patienten werden aufgefordert, Übungen zu absolvieren, etwa die geführte Atemübung mit Smartphone. Oder Vitalwerte wie den Blutdruck zu messen. Oder Medikamente einzunehmen, jeden Abend bitte die Pillen aus Slot 3 vom roten Tablettenspender. Oder Fragen zu beantworten wie diese: Wie stark sind Ihre Schmerzen heute Morgen auf einer Skala von 1 bis 10?

All diese Daten stehen den Patienten später auf einer Zeitachse zur Verfügung. Aber nicht nur dem Patienten, sondern, wenn der Patient einwilligt, auch dem menschlichen Therapeuten, der sich die Daten in regelmäßigen Abständen ansehen und auf deren Basis eingreifen kann. Der Therapeut wird ebenfalls benachrichtigt, wenn das Engagement eines Patienten sinkt – nicht erst, wenn Vitalwerte aus dem Ruder laufen. So kann er frühzeitig auf den Patienten zugehen. Bedingung für ein funktionierendes Zusammenspiel zwischen Patienten, digitalem Coach und menschlichem Therapeuten ist allerdings die reibungslose Vernetzung dieser Akteure. Die menschlichen Therapeuten können die zunehmende Datenflut nur nutzen, wenn die medizinischen relevanten Fakten einfach anwendbar dargestellt sind und mit ihrem eigenen Computersystem kompatibel sind. Interventionen, die dieses Zusammenspiel zwischen Mensch und Technologie nutzen, haben sich als besonders wirkungsvoll erwiesen.

Kapitel 7
Digitale Gesundheitsdaten und Datensicherheit

Die Kernthesen in diesem Kapitel:

- Digitale Daten aus der klinischen Praxis, sogenannte Realweltdaten, ergänzen Daten aus klinischen Studien. Zusätzlich gewinnen Lebensstildaten und Daten aus Alltagsbeobachtungen an Bedeutung. Gemeinsam sind sie die Lebensader des medizinischen Fortschritts.
- Möglichst umfangreiche, qualitätsgesicherte und maschinenlesbare Gesundheitsdaten bedeuten mehr Gesundheit für alle und ein besseres Gesundheitssystem. Gemeinsam mit einer funktionierenden digitalen Infrastruktur werden sie immer mehr zum Standortvorteil für Unternehmen aus dem Gesundheitswesen.
- Der Umgang mit Gesundheitsdaten beeinflusst die Qualität und Kosten des Gesundheitssystems.
- Die Nutzung von Gesundheitsdaten in der Forschung, die immer strengeren Regeln folgen muss, wird zum Treibstoff des Innovationsmotors. KI-gestützte Werkzeuge werden zum Stethoskop des 21. Jahrhunderts.
- Digital Literacy (digitale Kompetenz) wird immer mehr zur Voraussetzung von Health Literacy (Gesundheitskompetenz).
- Der Gesunde hat ebenso wie der Patient großes Interesse an qualitativ sauberen und umfassenden Gesundheitsdaten. Er hat keine Probleme, seine Daten zu sammeln und zu teilen, wenn die Privatheit gewahrt bleibt.
- Datenspenden ist das neue Blutspenden.
- Patienten und Gesunde kaufen nur mehr von Firmen, die sich aktiv um den Schutz ihrer Privatsphäre kümmern. Patienten arbeiten nur mit vertrauensvollen Marken zusammen.
- Alle Daten zu verschlüsseln wird der neue Standard und die Voraussetzung zum Teilen.

Alle in diesem Buch beschriebenen Organisationen und Institutionen haben eines gemeinsam: Sie sammeln und analysieren gesundheitsrelevante Daten. Wer die Daten hat, kann medizinisches Wissen und Wissen über das Gesundheitssystem generieren. Bislang gelten randomisierte, also nach dem Zufallsprinzip mit Versuchspersonen bestückte Doppelblindstudien als Goldstandard für die Ableitung von medizinischem Wissen und die Zulassung von Medikamenten und Therapien. Auch wenn diese klinischen Studien den bisherigen medizinischen Fortschritt weit gebracht haben und es keine Alternativen dazu gibt, ist ihre Durchführung aufwendig: Ihre Studienzeiten sind oft kurz – dadurch sind langfristige Effekte und Nebenwirkungen oft schwer zu verfolgen. Die Studienteilnehmer sind nicht selten hochgradig vorselektiert und entsprechen nicht dem Durchschnittspatienten in der späteren klinischen Praxis. Klinische Tests sind bei seltenen Krankheiten unpraktisch, da es schwierig ist, genügend Patienten mit dieser Krankheit zu finden, und hinderlich beim Erkennen von Effekten, die erst nach dem Ende der Studie auftauchen. Sie benötigen sehr viel Zeit in der Vorbereitung und Durchführung und sind zumeist extrem teuer.[1] Klinische Studien können nicht immer mit der schnellen Entwicklung von Wirkstoffen und Infektionskrankheiten sowie der Wissensexplosion in der Wissenschaft mithalten. Und sie stellen einen oft vor ein ethisches Dilemma, da sie Kontrollarme erfordern, bei denen Patienten eine womöglich schlechtere Behandlung erhalten – oder gar ein nicht wirkendes Placebo.

Dem gegenüber stehen die Beobachtungsdaten, die, wie der Name schon sagt, rein auf der Beobachtung der klinischen Praxis beruhen. Sie fallen permanent an, werden aber nicht immer systematisch erfasst. Sie haben beispielsweise in den späten 1980er-Jahren in Neuseeland geholfen, das Risiko des plötzlichen Kindstodes zu reduzieren, wo es bereits aus ethischen Gründen keine Möglichkeit gibt, eine kontrollierte Vergleichsstudie durchzuführen. Ärzte verlassen sich oft auf vergangene Praxis und Überlieferungen. Somit werden in der Praxis klinische Entscheidungen immer wieder auf Basis von unvollständigen und fehlerbehafteten»Datensätzen« getroffen. Auf bessere Daten zu warten ist für viele Patienten keine Option – es würde schlicht bedeuten, nicht zu handeln. Das Ziel müssen deshalb handhabbare Realweltdaten sein, also solche, die gut genug sind, um Interventionen rechtfertigen zu können.[2] Daher ist es sinnvoll, neben den auch künftig benötigten Daten aus den klinischen Studien die im Gesundheitswesen laufend generierten Realweltdaten systematisch digital so gut zu erfassen, dass man diese nach bestem wissenschaftlichen Standard in nur kurzer Zeit analysieren kann – in hoher Anzahl und objektiv.

Gesundheitsdaten als strategisches Gut

Gesundheitsdaten entstehen an viele Orten: beim Arztbesuch und Krankenhausaufenthalt, bei der Interaktion mit der Versicherung und in der Apotheke, bei der kontinuierlichen Selbstvermessung via Apps, wenn Labore das Blut untersuchen oder das Genom und Mikrobiom sequenzieren, wenn Patienten an klinischen Versuchen teilnehmen oder sich im smarten Haus oder Alterswohnheim bewegen. Die Datenquellen sind so vielfältig wie die Datenverwendung und die Akteure im Gesundheitswesen. Im folgenden Abschnitt wird die historische Entwicklung der Erfassung und Analyse von Gesundheitsdaten beschrieben.

Quelle: Eigene Darstellung

Eine kurze Geschichte der Gesundheitsdaten

Die Geschichte des medizinischen Fortschritts und die der Entwicklung der Patientenakte verlaufen parallel, da Informationen über Patienten schon immer genauso wichtig wie Medikamente und Therapien waren. Die frühesten Formen der Patientenakten lassen sich bis ins Alte Ägypten zurückverfolgen. Medizinische Informationen wurden damals auf Papyrusrollen festgehalten und sind bis heute Zeugnis für die vielfältigen medizinischen Praktiken, die vor knapp 4 000 Jahren Standard waren – von der Chirurgie bis hin zur Zahnmedizin, immer auch mit Bezug zu Magie, Astrologie und Astronomie.[3]

Krankenakten waren stets eine wertvolle Quelle des medizinischen Fortschritts. Wie seine Vorfahren, so eignete sich auch Hippokrates, der »Vater der Medizin«, geboren etwa im Jahr 460 v. Chr., sein rudimentäres Wissen auf Basis von Aufzeichnungen an, die er wahrscheinlich in einem Asklepieion, einem antiken griechischen Heiligtum des Asklepios mit angeschlossenem Sanatorium, auf der griechischen Insel Kos studiert hat. Die Aufzeichnungen waren einfach in der Form, dienten aber den gleichen Zwecken wie heute zur besseren Behandlung der Patienten, zur Weiterentwicklung der Medizin, um das Gelernte weiterzugeben und für spätere Generationen festzuhalten, und zum Verwalten der Abrechnungen.[4]

Bis Patientendaten standardisiert und damit wirklich austauschbar erfasst wurden, vergingen jedoch noch viele Jahrhunderte. In der westlichen Welt war wohl die um das Jahr 1900 lebende Grace Whiting Myers am Massachusetts General Hospital die erste offizielle »Medical Records Librarian«. Weil sie gebeten wurde, einige medizinische und chirurgische Statistiken zu erstellen, begann Myers, die zahlreichen administrativen und medizinischen Aufzeichnungen, die sich überall verstreut im Krankenhaus in Schränken, Dachböden und Tresorräumen befanden, an einem zentralen Ort zusammenzutragen – und zwar alle Aufzeichnungen seit der Eröffnung des Spitals im Jahr 1821. Sie hatte sich intensiv mit der lateinischen und griechischen Sprache befasst, um den Inhalt der Karten entziffern und verstehen zu lernen und später gemeinsam mit ihren Kollegen aus benachbarten Krankenhäusern kategorisieren zu können. Die »American Association of Medical Record Librarians«

war geboren. Mit ihr begann das datenbasierte Gesundheitswesen, das damals noch ausschließlich papierbasiert war.[5]

Erst um 1960 kamen die ersten digitalen Informationssysteme im Gesundheitswesen zum Einsatz. Computer waren damals noch groß und teuer, die Systeme hatten sehr beschränkte Anwendungsbereiche. Sie wurden primär zur Buchhaltung und Rechnungsstellung eingesetzt. In den 1970ern wurden die Computer kleiner und günstiger. Es entstanden erste Informationssysteme rund um die spitalinternen Apotheken und Labore sowie zur Patientenadministration. Das Ergebnis waren immer größere Datensilos. Ein Austausch über Abteilungsgrenzen hinweg war nicht vorgesehen.[6]

Weil die Krankenversicherungen auf eine diagnosespezifische Rückerstattung drängten, kam es in den 1980ern zu einer selektiven Vernetzung der Systeme über einige Abteilungen hinweg. Die Silos blieben jedoch weiterhin bestehen. In den 1990er-Jahren nahm die hausinterne Vernetzung von Computern Fahrt auf. Parallel dazu wurden erste klinikweite Patientenlisten geführt, die sogenannten Master Patient Indices. Nun konnten die abteilungsspezifischen Systeme zu umfassenderen Systemen verbunden werden, die zumindest alle Bereiche in einem Krankenhaus abdeckten und sich somit auch zur durchgängigen Versorgung des Patienten innerhalb der Organisation eigneten.[7]

Mit dem Aufkommen des Internets war die technische Möglichkeit gegeben, auch Parteien außerhalb eines Krankenhauses in den Austausch von Informationen aufzunehmen. Seit der vorigen Jahrtausendwende ist in der entwickelten und zunehmend auch in der sich entwickelnden Welt nicht nur jeder Arzt, jede Apothekerin, jedes Labor, jeder Heilpraktiker, jede Psychologin und jeder Physiotherapeut mit dem Internet verbunden, sondern auch die große Mehrzahl der Patienten. Neue cloud-basierte Informationssysteme können das ganze Ökosystem rund um den Patienten zusammenschalten und so die Daten und Erkenntnisse zum Wohl der Erkrankten und der ganzen Gesellschaft teilen. So zumindest die Idee.

Die Geschichte zeigt – und daher haben wir sie hier aufgeführt –, dass der große Treiber zur Digitalisierung der Patientendaten bisher Administration, Abrechnung und Kostenrückerstattung waren. Klinisch relevante Daten waren dazu zwar notwendig, aber eben nur ein Nebenprodukt. Dies schlägt sich leider auch in der Qualität der heute verfügbaren

Patientendaten nieder. Obwohl das Internet alle Möglichkeiten zur Vernetzung bietet und obgleich in den vergangenen Jahrzehnten immer mehr medizinische Messverfahren digitalisiert wurden, allen voran die bildgebenden Verfahren rund um Ultraschall, Röntgen und MRT, gilt: In vielen Ländern dieser Welt vegetieren die meisten medizinisch relevanten Daten heute wie vor fast hundert Jahren in isolierten Datenspeichern vor sich hin. Es mangelt an durchgängiger Qualität, Kompatibilität und maschineller Lesbarkeit. Das gilt auch für viele der modernen Datenquellen, für die Millionen an Messwerten, die Patienten heute selbst generieren oder von den Omics-Laboren bestellen. Der Begriff Omics, auf den wir später noch zurückkommen werden, bezeichnet Arbeitsgebiete der Biologie, wie etwa Genomics, Epigenomics, Microbiomics, Proteomics und Transcriptomics.

Einzelne Länder und Unternehmen haben die hohe Bedeutung von Gesundheitsdaten bereits vor Jahren erkannt und begonnen, diese Daten zu strukturieren, zu standardisieren und zu sammeln. Die Milliarden von Datenpunkten, die pro Patient anfallen, lassen sich grob in drei Kategorien einteilen: in die Daten der klassischen Patientenakte, in die Omics-Daten und in die Daten aus Selbstvermessung.

Häufig wird für die Gesamtheit der Daten das Bild einer Zwiebel verwendet: Sie besteht aus einem Kern und zahlreichen Schalen, die unterschiedliche Typen an Gesundheitsdaten darstellen. Wir wollen diesem Bild anhand drei solcher »Zwiebelschalen« folgen.

Digitale Patientenakte als Kern der Gesundheitsdaten

Die Daten der klassischen Patientenakte bilden den Kern der Datenzwiebel. Hierzu zählen alle Informationen, die den Kontakt zwischen Patienten und Gesundheitsversorgern wie Ärztinnen, Krankenhäusern, Apothekern und Versicherungen beschreiben. Das Datenreservoir beginnt bei der Patienten- und Arztidentifikation, mit Informationen wie Alter, Geschlecht, Sprachen, Beruf und Wohnort. Es beinhaltet zudem Risikofaktoren wie Allergien, Informationen zur gesundheitsrelevanten Lebensmustern wie Rauchen oder Alkoholkonsum und umfasst die Inhalte der Arzt- oder Krankenhausbesuche, sortiert nach Zeit und gesundheitlicher Episode. Dazu gehören auch Besuchsnachweise, Begegnungsnotizen, Messwerte aus Blut-, Urin- und Stuhltests, Gewebeuntersuchungen, Bilder (beispielsweise Röntgenaufnahmen), Untersuchungsbefunde, Diagnosen, Impfdaten, Behandlungspläne, chirurgische Eingriffe, ärztliche Empfehlungen, verschriebene Medikamente. Es endet mit den erzielten medizinischen Wirkungen, den Kosten und weiteren abrechnungsrelevanten Daten. Auch Patientenverfügungen und Einverständnisinformationen etwa zu Organspenden finden sich in diesem Daten-Pool.

Diese Aufzählung zeigt, welche Herausforderungen schon mit der Digitalisierung der klassischen Patientenakte verbunden sind. Es handelt sich um unglaublich viele und sehr unterschiedliche Daten. Viele davon sind nur auf Papier vorhanden oder in isolierten technischen Systemen versteckt. Sie werden von unterschiedlichen Parteien erstellt, und die meisten von ihnen haben kaum ein Interesse daran, die Daten zu teilen – zumal in einem Format, das von Maschinen gelesen und verstanden werden kann.

Practice Fusion

Ein bislang ungelöstes Problem in der medizinischen Versorgung besteht darin, dass fast nirgendwo auf der Welt ein einfach handhabbares und rundum kompatibles elektronisches Patientendossier existiert. Dies führt dazu, dass einem Arzt nie alle Informationen über einen Patienten vorliegen. Zumeist kennt er nur jene Krankheiten, die er selbst diagnostiziert hat. Alan Wong, Matthew Douglass und Ryan Howard wollen mit dem Unternehmen *Practice Fusion*, das seit 2005 besteht, genau dieses Informationsdefizit beheben. Hierzu stellen sie Ärzten eine Software bereit, mit der alle medizinisch relevanten Daten über einen Patienten erfasst und gepflegt werden können. Die Software erlaubt alle möglichen Auswertungen der Daten sowie grafische Aufbereitungen der daraus resultierenden Ergebnisse.

Die erhobenen Daten dienen einerseits der Erforschung neuer Medikamente und innovativer Therapien, andererseits vereinfachen und beschleunigen sie den Behandlungsprozess. Muss ein Patient beispielsweise mehrere Untersuchungen in einem Krankenhaus absolvieren, können die Ärzte zu jeder Zeit und an jedem Ort in der Klinik auf die Daten zurückgreifen. Keine Informationen fehlen, und niemand muss Krankenakten von einer Untersuchungsstation zur anderen tragen. Der Patient hat ebenfalls Zugang zu seinem elektronischen Patientendossier und vermag seinen Weg durch Arztpraxen und Krankenhäuser zu überblicken.

Apple

Im Jahr 2017 verstärkte *Apple* sein Team mit Sumbul Desai, einer renommierten Medizinprofessorin und Digital-Health-Expertin der Universität Stanford, die seitdem das Gesundheitsgeschäft leitet. Die neueste Gesundheitsinnovation aus dem Hause Apple ist *Health Records*: eine umfassende elektronische Patientenakte, die Apple im Jahr 2018 in den USA gemeinsam mit mehr als 120 Krankenhäusern auf den Markt gebracht hat. In der App werden umfassende Daten wie Impfungen, Röntgenbilder, Bluttests oder Operationsberichte direkt von den Kliniken hinterlegt. Der Patient erhält Transparenz, und der Zugang zu seinen Gesundheitsdaten sowie Folgeuntersuchungen können dadurch effizienter gestaltet werden, da kein unnötiges Wiederholen von Tests notwendig ist. Viele namhafte Krankenhäuser machen bereits bei Health Records mit, darunter Mount Sinai, Duke oder die US-Militärkrankenhäuser.

»Der Gesundheitsmarkt lässt den Markt für Mobiltelefone klein aussehen«, sagte Tim Cook bereits im Jahr 2016. In Zeiten eines zunehmend schwächelnden iPhone-Marktes sind viele weitere Health-Innovationen zu erwarten. Wie dies aussehen könnten? Seit 2018 betreibt Apple eigene medizinische Versorgungszentren für seine Mitarbeiter. Die Apple-Praxen verfolgen einen holistischen, präventiven Medizinansatz. In Industriekreisen wird spekuliert, dass die Mitarbeiterpraxen ein Testlauf für eine US-weite Verbreitung sein könnten.

Die Omics-Daten

Um im Bild der Zwiebel zu bleiben: Eine zweite Schale von Gesundheitsdaten bilden die Omics-Daten (den Begriff haben wir oben geklärt). Die am häufigsten in der Medizin verwendeten Omics-Daten stammen von *Genomics*, der Arbeit mit dem menschlichen Genom, der DNA. Ein Blick auf das Zahlengerüst lässt erahnen, um welche Datenmengen es sich bei der Beschreibung des Genoms handelt. Es besteht aus DNA-Molekülen mit über drei Milliarden Basenpaaren. Auseinandergezogen wäre so ein DNA-Strang zwei Meter lang. Trotzdem befindet er sich im Nukleus oder Kern jeder menschlichen Zelle, der selbst nur 5 bis 16 Mikrometer (μm) groß ist – das entspricht etwa einem Siebtel eines Haardurchmessers. Der Mensch wiederum besteht aus 10^{13} solcher Zellen, von denen jede Sekunde 50 Millionen absterben und etwa ebenso viele neu gebildet werden.

Der DNA-Strang organisiert sich in jedem Zellkern in 46 Chromosomen, 23 stammen von der mütterlichen Eizelle, 23 von der väterlichen Samenzelle. Als Gene werden bestimmte Abschnitte auf dem DNA-Strang bezeichnet, die den Bauplan für bestimmte Eigenschaften des Menschen speichern. Etwa 20 000 solcher Abschnitte oder Gene sind heute bekannt. Sie sind zwischen 100 und 1 Million Basenpaare lang und machen in Summe weniger als 2 Prozent des gesamten DNA-Stranges aus.

Bei der Befruchtung vereinigen sich die beiden Urzellen und beginnen sich sogleich zu teilen. Bis zur dritten Zellteilung sind alle entstandenen Zellen identische Alleskönner. Anschließend beginnen die Zellen, die nach wie vor alle exakt den gleichen Bauplan in Form des DNA-Strangs im Zellkern mitführen, sich unterschiedlich auszuprägen. Die Zelldifferenzierung, die sogenannte epigenetische Fixierung, beginnt: Die Nachfahren der ersten Zellen werden zunehmend nach der gewünschten Körperfunktion ausgebildet. Sie spezialisieren sich zu einem der 200 Zelltypen im menschlichen Körper. Sie werden zu Muskelzellen, Nervenzellen, Hautzellen, Knochenzellen, Darmzellen, Leberzellen, weil nur ein Teil des Bauplans ausgeführt wird und daher nicht alle Gene verwendet werden. Während das Genom den Bauplan beschreibt, widmet sich das Arbeitsfeld Epigenomics, das Über-dem-Genom-Stehende, der konkreten Umsetzung des Bauplans für jede Zelle.

Der Mensch besteht jedoch nicht nur aus menschlichen Zellen, sondern ist besiedelt mit bis zu zehnmal mehr Zellen von Bakterien oder Zellverbänden wie etwa Pilzen. Die Summe dieser meist freundlichen und sogar lebensnotwendigen Bewohner nennt man Mikrobiom, das zugehörige Studienfeld Microbiomics – siehe Kapitel 4. Das Mikrobiom stellt nicht nur 90 Prozent unserer Zellen, die DNA-Stränge in den Zellen des Microbioms enthalten auch 100 000 Gene, das sind fünfmal so viele wie in den menschlichen Zellen. Zweifelsohne beeinflussen Genom, Epigenom und Mikrobiom unsere Gesundheit und unser Wohlbefinden. Das gilt auch für weitere diskutierte »Omics« wie Transcriptome, Metabolome, Proteome, Diseasome und Environmentome.

Omics-Daten, beispielsweise aus der Gensequenzierung, werden bei der Bekämpfung schwerer chronischer Krankheiten immer wichtiger – sei es in der Entwicklung zielgerichteter Medikamente, die an bestimmten Proteinen ansetzen, sei es in der Festlegung des Krankheitsrisikos oder in der Prognose, ob ein bestimmtes Medikament beim Patienten funktionieren wird oder nicht.

Daten aus der Selbstvermessung

Eine dritte Schale von Daten erwächst aus der Selbstvermessung. Hierbei helfen Fitnesstracker, smarte Uhren, Ringe, Waagen, selbst die smarte Toilette. Aus der Selbstvermessung entstehen Informationen über Blutdruck, Blutzucker, Cholesterin, Harnsäure, Ketone, Schrittsicherheit, Pollenbelastung, Außentemperatur, Umgebungslärm, Feinstaub und vieles mehr. Sie ergeben im Laufe der Zeit einen gigantischen und nahezu lückenlosen Datenteppich. Die einzelnen Zeitfäden wie etwa der Puls, der jede Minute gemessen werden kann und nicht nur wie bisher einmal beim Arzt, mögen auf den ersten Blick trivial erscheinen. Sie sind jedoch die Grundlage für einen Teppich von potenziell lebensrettendem Wert sowohl für den Datensammler selbst als auch für die Gesellschaft.

Die Selbstvermesser sammeln sogenannte Longitudinaldaten, die nicht nur einen isolierten Schnappschuss des Gesundheitszustandes ergeben, sondern einen ganzen Film, der auch Veränderungen zeigt und Schlussfolgerungen auf Ursache und Wirkung zulässt. Zu den häufig gesammelten Daten zählen Körpertemperatur, Körpergewicht, Blutdruck, Puls, gegangene Schritte, zurückgelegte Strecke, aufgenommene Nahrungsmittel, Blutzucker, Kalorien, Schlaf (Dauer und Schlafphasen), Atemfrequenz, eingenommene Medikamente und Stresslevel.[8]

Exponentiell wachsendes Datenvolumen

Siemens rechnet es vor: Jedes medizinische Bild benötigt etwa 0,5 Megabyte Speicherplatz, die durchschnittliche Bearbeitung eines solchen Bildes generiert weitere 30 Megabyte. Zum Vergleich: Ein durchschnittliches Foto einer Digitalkamera erfordert 4 Megabyte, jedes Röntgenbild 30 Megabyte, jede Mammografie 120 Megabyte, jede 3-D-Magnetresonanztomografie mehr als 150 Megabyte, und jede Computertomografie generiert ein Gigabyte an Daten.[9] Kein Wunder, dass die medizinischen Bildarchive pro Jahr um etwa ein Drittel wachsen. IBM geht davon aus, dass die klinischen Daten aus dem Kern der Datenzwiebel etwa 400 Gigabyte ausmachen – pro Patient in dessen gesamter Lebenszeit. Mindestens das 15-Fache davon, nämlich mindestens 6 Terabyte, beansprucht die zweite Kategorie an Zwiebelschalen, die Omics-Daten. 1 Terabyte steht für 1024 Gigabyte. Den Löwenanteil machen jedoch die Daten aus Stufe drei des Zwiebelschalenmodells aus: Die kontinuierlich selbst vermessenen Daten summieren sich in der Lebenszeit eines Patienten zu erstaunlichen 1 100 Terabyte. Diese kaum fassbar hohe Zahl entspricht etwa dem Speicherplatz eines Videos in HD-Auflösung, das 63 Jahre (!) dauert, oder dem Speicherplatz von mehr als sieben Milliarden Dokumentenseiten. Würde man diese Blätter ausdrucken und aufeinanderstapeln, so ergäbe sich ein Turm mit einer Höhe von 715 Kilometern.[10]

Das jährliche Datenvolumen verdoppelt sich je nach Quelle alle 12 bis 24 Monate, mehr als in jedem anderen Lebensbereich. In Kürze erreichen Länder mit ganz großen Bevölkerungszahlen wie China, Indien oder die USA mit ihren Gesundheitsdaten ein Datenvolumen im Bereich von Zettabyte und Yottabyte. Hinzu kommt, dass etwa 80 Prozent aller Daten unstrukturiert und in Hunderten von unterschiedlichen Formaten gespeichert sind, etwa als Laborresultate, Bilder oder medizinische Transkripte. Diese riesigen Datenmengen sind für alle Akteure im Gesundheitswesen – für Wissenschaftler, Gesundheitspolitiker, Unternehmen – sowohl eine gewaltige Chance, um Behandlung und Prävention voranzubringen, als auch ihrer schieren Größe wegen eine gewaltige Herausforderung.[11]

Daten sammeln, veredeln und analysieren

Angesichts solch großer Datenmengen ist es wichtig zu differenzieren: »Big is better« gilt im Gesundheitswesen nur bedingt. Vielmehr ist wichtig, dass sich aus großen Datenmengen auch nützliche Informationen und Erkenntnisse ableiten lassen. Dies ist im Gesundheitswesen anspruchsvoller als zum Beispiel im Online-Handel.

Quelle: Eigene Darstellung

Praktisch alle Akteure am Gesundheitsmarkt, vom Patienten bis zum Pharmaunternehmen, nutzen Informationstechnologie erstens, um möglichst einfach Zugang zu verarbeitbaren Gesundheitsdaten zu erhalten, und zweitens, um diese Daten in medizinisches Wissen zu transformieren.

Datenerhebung

Um die Datenerhebung für den Nutzer möglichst einfach zu machen, lassen sich zumindest die konsumentennahen und internetaffinen Unternehmen sehr viel einfallen. Sie suchen nach Datenquellen, die möglichst sauber sind und über die Zeit Aussagen über den gesundheitlichen Zustand von Menschen erlauben Dazu gibt es viele Möglichkeiten.

So lassen sich heute etwa via Smartphones und Wearables automatisch über Sensoren Hinweise auf neurologische Krankheiten finden. Man kann einfache, spielerische Nutzerschnittstellen schaffen und Nutzer mittels verhaltensökonomischer Anreize, sogenannter Nudges, zur Eingabe von noch mehr Daten bringen. Zahlreiche Unternehmen, von *Apple* bis *PatientsLikeMe*, arbeiten jedoch mit einem besonders starken Anreiz: Viele Services sind für die Endnutzer gratis, die Nutzer bezahlen über andere Kanäle – auch mit ihren Gesundheitsdaten.

Zugleich werden große Datenbanken, beispielsweise im Bereich klinische Genomanalysen, aufgebaut: Reihen an Daten über verschiedene Tumorprofile, wie diese genetisch ausgeprägt sind und gegebenenfalls auch, welche Behandlung zu welchem Ergebnis geführt hat. Und schließlich steht in vielen Ländern die Schaffung digitaler Patientenakten an, in denen für den Einzelnen die gesamte Gesundheitshistorie rückverfolgbar werden soll.

Der große Nutzen von digitalen Gesundheitsdaten ist unbestritten und hat bereits zu vielen regulatorischen Initiativen geführt. In den USA hatten bereits 2017 96 Prozent aller Kliniken und 86 Prozent aller niedergelassenen Ärzte Zugang zu digitalen Patientenakten. Auch die Patienten sind vom Nutzen überzeugt. 2019 haben 45 Prozent der US-Bürger angegeben, die Patientenakte habe ihre Behandlung verbessert. Lediglich 6 Prozent äußerten sich gegenteilig.[12]

Allerdings waren 2018 knapp 60 Prozent aller Ärztinnen und Ärzte der Meinung, dass die Systeme zur Pflege der Patientenakten komplett überarbeitet werden müssen. Bereits ein Jahr zuvor hatten elf Geschäftsführer von medizinischen Zentren in den USA in einem offenen Brief an ihre Kollegen gewarnt, die aktuellen Systeme würden die Arbeit mit dem Patienten verschlechtern. Eine Studie mit 142 Allgemeinmedizinern in Wisconsin, USA, zeigt die fast unzumutbare Arbeitsform, die der Computer den Ärzten aufzwingt: Vom durchschnittlichen Arbeitstag, der 11,4 Stunden dauert, verbringt ein Arzt knapp sechs Stunden vor dem Computer zur Pflege der digitalen Patientenakte, davon etwas mehr als zweieinhalb Stunden mit einfachen Schreibarbeiten und fast zwei Stunden bei der Verarbeitung eingehender Nachrichten.[13] Der enorme Aufwand für den Input, so meinen viele Ärzte, stehe in keiner Relation zu dem gewonnenen Output.

Eine Lösung für dieses Problem könnte die Spracheingabe sein. Unternehmen wie *Google*, *Microsoft*, *Nuance*, *NoteSwift* und *Saykara* sind hier bereits tätig. *Olive* oder *Apixio* entwickeln digitale Büromitarbeiter, die dem Arzt möglichst viel von der administrativen Last abnehmen. Ein weiteres Problem ist das blinde Vertrauen, das viele Ärzte und Pflegekräfte den Daten aus dem Computer schenken. Während sie die kaum leserlichen handschriftlichen Inhalte auf Karteikarten stets kritisch hinterfragen, scheinen die Zeichen auf dem Bildschirm eine hohe Autorität zu genießen, was schon zu lebensgefährlichen Fehlern geführt hat. Generell, da sind sich die Fachleute einig, haben digitale Patientenakten die Patientensicherheit erhöht. Immer dann, wenn das System eine unübliche Konstellation erkennt, schlägt es Alarm, um auf mögliche Fehler frühzeitig hinzuweisen. Sofern jedoch die Datenqualität nicht stimmt, kann sich eine gewisse Alarmmüdigkeit einstellen. Man kennt das aus dem richtigen Leben: Nach dem fünften Fehlalarm im Hotel kommt beim sechsten Alarm die Ortsfeuerwehr nicht mehr sofort – mit möglicherweise fatalen Folgen.

Das Problem mit den verteilten inkompatiblen Daten

In vielen Ländern liegen Patientendaten noch auf Papier vor, etwa in Form von handschriftlichen Notizen oder Ausdrucken von Laboren. Klar, diese Daten könnten eingescannt und digitalisiert werden, die einfache digitale Erfassung an der Quelle würde das Übel jedoch an der Wurzel packen. Ein großes Problem stellen die unterschiedlichen Datenformate dar, in denen verschiedene Hersteller die strukturierten (Messdaten) und unstrukturierten Gesundheitsdaten (geschriebene Reports, Bilder) speichern. So können Krankenhäuser, ja sogar Stationen innerhalb ein und desselben Krankenhauses, die mit unterschiedlicher Software arbeiten, die Patientendaten weder austauschen noch die Daten von medizinischen Geräten verarbeiten. Helfen würden verpflichtende Standards, die Syntax und Semantik der wichtigsten Datenelemente vorschreiben. Ein weiterer Ansatz sind Softwarebausteine, die die Übersetzungsarbeiten zwischen zwei Systemen automatisch vornehmen. Daten sind häufig an unterschiedlichen Orten abgelegt, was eine weitere Herausforderung darstellt. Das Internet hat hierzu zahlreiche Lösungsvorschläge parat, etwa die Services von *Practicefusion*, *Health Gorilla*, *Redox* und *LiveHealth*.

Redox

Immer wieder fordern Ärzte, Gesundheitspolitikerinnen, alle möglichen Therapeutinnen und Therapeuten, Krankenkassen und Patientenverbände die elektronische Krankenakte. Viel zu viele Informationen über Patienten gehen verloren oder werden nicht weitergereicht, wenn niedergelassene Ärzte oder Spezialisten im Krankenhaus mit manuell erstellten Krankenakten arbeiten. Zudem sind die Informationen nicht aktuell und zumeist nicht dort, wo sie gerade benötigt werden.

Die Lösung für dieses Problem ist eine elektronische Krankenakte, allerdings gibt es inzwischen zahlreiche Systeme, die häufig nicht kompatibel sind. Folglich können Daten nicht oder nur unvollständig oder fehlerhaft ausgetauscht werden. Daher gründeten James Lloyd, Luke Bonney und Niko Skievaski im Jahr 2014 in Madison, Wisconsin, die Plattform *Redox*. Alle an der Behandlung von Patienten beteiligten Personen oder Organisationen können ihre Daten auf dieser Plattform einstellen und auf die von anderen eingegebenen Daten zugreifen.

Dabei sind die Schnittstellen so gestaltet, dass auch unterschiedliche Systeme miteinander kommunizieren können. Zudem lädt Redox Unternehmen ein, Software für die Analyse von Patientendaten zu entwickeln. Mit dem System von Redox soll eine Plattform entstehen, die über aktuelle, vollständige und redundanzfreie Daten verfügt, die allen Beteiligten bereitgestellt werden. Diese können in Echtzeit abgerufen werden, um die Beurteilung von Krankheitsbildern und Entscheidungen über Therapien, Medikamente oder medizinische Interventionen zu verbessern.

LiveHealth

Einen etwas anderen Weg geht *LiveHealth* aus Indien. Das indische Gesundheitswesen gerät aus den Fugen, denn auch in Indien wachsen die Gesundheitsausgaben rasant. Über zwei Drittel aller Gesundheitskosten werden in Indien privat bezahlt, weshalb der Kostenanstieg für die Bevölkerung besonders schmerzhaft ist. Ein wichtiger Grund dafür ist der unzureichende Austausch von Daten insbesondere zwischen Krankenhäusern, aber auch zwischen einzelnen Abteilungen einer Klinik. Besucht ein Patient in Indien ein Krankenhaus und wird wieder entlassen, geht aber wenige Tage später für eine neuerliche Untersuchung zu einer anderen Niederlassung dieser Klinik, wird er in der Regel nicht als die gleiche Person erkannt.

Diese und andere Fälle vor Augen zielt LiveHealth darauf ab, die Prozesse im Gesundheitswesen zu vereinfachen und zu beschleunigen und vor allem die Fragmentierung der Daten zu überwinden. Hierzu wurde eine App entwickelt, die einen Patienten entlang der verschiedenen Interaktionen mit Ärzten, Krankenhäusern und Krankenkassen an die Hand nimmt. Diese App hilft nicht nur dem Nutzer, sondern vor allem auch den Krankenkassen, weil alle medizinischen Untersuchungen sowie die daraus resultierenden Diagnosen und Therapien erfasst werden. Damit lassen sich mehrmalige Untersuchungen der gleichen Symptome oder überflüssige Konsultationen von Ärzten vermeiden, was die Kosten für die Krankenkassen erheblich reduziert.

Hat eine Ärztin entschieden, dass bei einem Patienten bestimmte Abklärungen vorzunehmen sind, wie etwa Blut- oder Urintests sowie Röntgenuntersuchungen, übernimmt die App die Steuerung dieses Prozesses. Zunächst wird der Patient registriert, die Probe (beispielsweise ein Röntgenbild oder Bluttest) erhält einen Barcode. Damit lässt sich stets verfolgen, wo sich die Probe gerade befindet und wer sich mit ihr befasst. Aus den Testergebnissen entsteht ein Bericht, der von LiveHealth ausgewählten Ärztinnen und Ärzten zugeht. Sie formulieren die Diagnose und schlagen eine Therapie beziehungsweise nächste Untersuchungsschritte vor. Abhimanyu Bhosale und Mukund Malani, die beiden Gründer von LiveHealth, betonen immer wieder, dass ihre App die Prozesse im Gesundheitswesen verbessern und nicht den Arzt ersetzen soll.

Das Problem, das sich wohl am schwierigsten lösen lässt, ist jenes der unterschiedlichen und mangelnden Datenqualität und Vollständigkeit, die oft auftritt, sofern Daten für einen bestimmten Zweck gesammelt worden sind, aber anderweitig verwendet werden. Mangelnde Qualität ist besonders dann ein Problem, wenn unterschiedliche Quellen zusammengeführt werden sollen. In der Regel erfordert die Sicherstellung einer durchgehenden Mindestqualität von medizinische Realweltdaten sehr viel kostspielige manuelle Arbeit von spezialisierten Fachkräften. Diese herzustellen ist eine Kernkompetenz von Unternehmen wie *Flatiron Health* im Bereich Krebs (siehe Kapitel 9).

Transformation in medizinisches Wissen

Nahezu alle medizinischen Aufgaben, die in diesem Buch beschrieben sind, werden von künstlicher Intelligenz unterstützt, von der medizinischen Beratung via Triage über chatbot-basiertes Coaching, Screening, Diagnose, klinische Entscheidungshilfe, Dokumentation und Ressourcenplanung bis hin zur Unterstützung bei Verhaltensveränderungen, der Wirkstoffidentifikation und der Durchführung klinischer Tests.

Alle diese Anwendungen beziehen ihr Wissen aus Daten. Daher müssen Daten von bester Qualität sein, also richtig, vollständig, für Mensch und Maschine lesbar, inhaltlich verständlich und verifizierbar. Und sie müssen in vielen Fällen mit einer sogenannten Grundwahrheit ausgestattet sein. Einem Algorithmus zur Klassifikation von Melanomen in gefährliche und ungefährliche Melanome reicht es nicht, wenn man ihn lediglich mit Tausenden von Melanombildern füttert. Die Programmierer müssen ihm während des Lernens auch die Grundwahrheit zu jedem Bild mitgeben, die aussagt, ob das Melanom tatsächlich gutartig oder bösartig ist. Nur so lernt der Algorithmus schrittweise gut von böse und wahr von falsch zu unterscheiden. Die Grundwahrheit stammt von Menschen, die ihr Wissen an die Maschine weitergeben.

Den Daten fällt in diesen Anwendungen eine besondere Rolle zu. Nur wer hochwertige Massendaten hat, kann künstliche Intelligenz nutzen. Denn ohne Daten nützen die besten Algorithmen genauso wenig wie ein Klavier ohne Pianistin, auch wenn es sich um den schönsten Flügel im besten Konzerthaus der Welt handelt. Die zur Anwendung kommenden Algorithmen werden inzwischen an jeder guten Universität gelehrt und sind für alle via Internet zugänglich. Das Wissen über Algorithmen kann sich prinzipiell jede Organisation genauso aneignen, wie man sich ein Klavier kaufen kann. Bei hochwertigen Daten ist das etwas anderes. Sie sind die wahrhaft knappe Ressource.

Außerdem gehorchen viele Anwendungen häufig den Regeln der Netzwerkökonomie. Sie weisen folgenden Netzwerkeffekt auf: Je mehr Daten diese Algorithmen sehen, desto besser wird deren Aussagekraft. Je besser die Aussagekraft eines digitalen Werkzeugs ist, desto öfter wird es eingesetzt. Je öfter das Werkzeug verwendet wird, desto mehr Daten bekommt es gefüttert. Je mehr Daten diese Algorithmen sehen … der Kreis schließt sich.[14] Auf künstlicher Intelligenz basierende Dienste werden mit der Zeit immer besser. Sie werden irgendwann für Konkurrenten uneinholbar gut, zumindest solange die Daten für eben diese Wettbewerber nicht zugänglich sind. Derselbe Netzwerkeffekt ist beispielweise für den großen Erfolg von Amazon mitverantwortlich. Daher streben praktisch alle Akteure im digitalen Gesundheitsmarkt danach, diesen Effekt für sich zu nutzen, von patientennahen Plattformen über Versicherungs- bis hin zu Pharmaunternehmen.

Wenn die Ärzte einen Teil ihres Wissens in Systeme der künstlichen Intelligenz einbringen, dann geht ihr Wissen dabei nicht nur von einem zum nächsten über, was notabene sehr aufwendig ist und viel Zeit, Energie, Intelligenz und Fleiß erfordert. Es geht über in ein künstliches neuronales Netzwerk oder Regelsystem, das nie Urlaub macht, in keinen Skiunfall verwickelt ist und nie in Pension geht. Außerdem kann das künstliche digitale System sein Wissen auf Knopfdruck an viele weitere Systeme weitergeben, kann 24 Stunden am Tag arbeiten, vergisst nichts und ist überall dort verfügbar, wo eine Internetverbindung und das richtige Passwort vorhanden sind.

Eine Einschränkung muss hier angebracht werden: Diese Systeme sind auf absehbare Zukunft künstliche Fachidioten. Sie können im Vergleich zu Menschen nur enge und begrenzte Tätigkeiten ausführen und sind unterstützende Werkzeuge für Patientinnen, Ärzte, Therapeutinnen, Pflegekräfte, Arbeitgeberinnen und viele mehr. Sie werden jedoch schrittweise unverzichtbar und entwickeln sich zum Stethoskop des 21. Jahrhunderts.

Das Aufkommen digitaler Gesundheitsdaten hat auch die großen, auf Datenverarbeitung spezialisierte Internetunternehmen wie Amazon, Facebook und Google auf den Plan gerufen.

Google

Auch *Google* widmet sich der Sammlung und der Analyse von Gesundheitsdaten. In den letzten zwanzig Jahren hat sich Google zu einem Spezialisten für Big Data und künstliche Intelligenz im Werbemarkt entwickelt, was das Unternehmen nun dazu nutzen will, den Gesundheitsmarkt nachhaltig zu verändern. Google-Chef Sundar Pichai ist überzeugt davon, dass in den kommenden fünf bis zehn Jahren der größte Nutzen von Big Data und künstlicher Intelligenz im Gesundheitssektor liegen wird.

Schon heute ist das Unternehmen an mehreren Fronten im Gesundheitsbereich unterwegs. 2014 hat es *Google Fit* auf den Markt gebracht, das Pendant zu Apples Activity Tracker. Die App misst die Bewegung des Nutzers über Android-Mobiltelefone und spornt ihn an, sich mehr zu bewegen. Innerhalb von Google Search zeigt das Unternehmen seit 2015 in den USA »Gesundheitsboxen« oberhalb der Suchergebnisse an, wenn nach Informationen zu einer Krankheit gesucht werden. Die Infoboxen wurden gemeinsam mit der amerikanischen Mayo-Klinik entwickelt. Sie sollen beglaubigte Informationen zu den Symptomen und Behandlungsmöglichkeiten von verschiedenen Krankheiten geben und so Falschinformationen vorbeugen.

Ein weiterer Gesundheitsservice von Google ist *Google Genomics*. Die DNA-Sequenzierung schreitet immer schneller voran, die Flut an Daten wächst. Statt eine kleine Gruppe von Patienten zu untersuchen, kann man heute Analysen über das Genom von Tausenden Patienten machen – wofür jedoch enorme Rechenleistung nötig ist. Hier kommt die Big-Data-Expertise von Google ins Spiel. Mit Google Genomics bietet Google ein »Infrastructure as a Service Model« an und ermöglicht Krankenhäusern, Universitäten oder anderen Institutionen, ihre Datenmassen gegen ein Entgelt in der Google-Cloud zu speichern und Googles Server zur Verarbeitung der unglaublich großen Datenmengen zu nutzen. »Die Bearbeitungszeit für hochkomplexe Suchläufe liegt mit [Google] BigQuery bei gerade einmal vier Sekunden, während eine Suchanfrage zuvor weit über zehn Sekunden oder sogar mehrere Minuten dauerte«, sagt der CEO von *DNAstack*, dessen Unternehmen Google Genomics nutzt.

Alphabet, der Mutterkonzern vom Google, geht den Gesundheitsbereich von mehreren Seiten an. Die meisten gesundheitsbezogenen Aktivitäten bündelt er in seiner Tochterfirma *Verily*, vormals Google Health Systems. Bisher ist die Bilanz gemischt: Während Verily mit Partnerunternehmen vielversprechende Ergebnisse vorzuweisen hat, ist der Versuch, mit Google Health eine elektronische Patientenakte zu etablieren, gescheitert. Gründe für das Scheitern sehen Experten darin, dass das Google-Angebot zu wenig auf den wirklichen Bedarf von Patienten und Ärzten eingegangen ist. Zudem gab es Bedenken in Bezug auf die Datensicherheit.[15] Und auch Google Flu Trends, das Prognosen zur Grippe-Infektionsgefahr erstellt hatte, ist inzwischen vom Markt verschwunden.

Zugleich sind die großen Pharmaunternehmen nicht untätig. Reihenweise stellen sie Informatiker an und verpassen sich zum Teil einen radikale Kulturwandel, um flexibler und schneller zu werden in der Anwendung digitaler Technologies. So hat das Pharmaunternehmen *Novartis* die Digitalisierung zu einem Kernpfeiler der neuen Strategie ausgerufen. Partnerschaften stehen hoch im Kurs. Die deutsche *Merck* hat mit der Datenfirma *Palantir* ein Joint Venture gegründet, das Pharma- und Diagnostikunternehmen *Roche* hat mit *Flatiron Health* und *Foundation Medicine* zwei führende Start-ups in der Analyse von Krebsdaten in die Gruppe aufgenommen und entwickelt nun verstärkt Softwarelösungen, die Ärzte in ihren Entscheidungen unterstützen sollen.

Im hochregulierten Gesundheitswesen scheinen die großen Internetunternehmen derzeit nicht alleine Fuß fassen zu können. Das Gesundheitswesen ist hochreguliert und verlangt sehr viel Erfahrung sowie wissenschaftliche Expertise. Die eigentliche Forschung wird nach wie vor von großen und kleinen Pharma- und Biotechnologiefirmen dominiert. Diese sehen Digitalisierung im Gesundheitswesen oft noch eher als Mittel zum Zweck anstatt als komplett neues Geschäftsfeld – und treten daher auch leiser auf. Nichtdestotrotz benötigen die großen etablierten Unternehmen in der Medikamentenforschung Know-how in Datenanalyse und künstlicher Intelligenz. Was zunächst aussieht wie ein Wettrennen der neuen und traditionellen Akteure, kann daher wahrscheinlich in viele verschiedene Modelle der Zusammenarbeit münden.

Primäre und sekundäre Nutzung von Gesundheitsdaten

Bezüglich der Nutzung von Gesundheitsdaten sind zwei Bereiche voneinander zu unterscheiden: Der Besuch bei der Hausärztin ist ein Beispiel für den primären Gebrauch. Die Daten, die sie verwendet, werden in oder für die gemeinsamen Termine erhoben mit dem Ziel, dem Patienten eine möglichst gute Gesundheitsfürsorge zu bieten. Diese Daten betreffen nur den Patienten, beispielsweise seine Blutdruck-, Cholesterin- oder Blutzuckerwerte. Daher hat der Patient ein Eigeninteresse, dass Daten über ihn gesammelt und ausgewertet werden. Diese primäre Verwendung ist allerdings nur die Spitze des Eisbergs. Nur sie ist für den Patienten sichtbar und spürbar. Der wesentlich größere Teil der potenziellen Datennutzung liegt unter der Wasseroberfläche, um das Bild des Eisbergs zu bemühen. Dieser sekundäre Gebrauch der Daten ist für den Patienten nicht sichtbar, der Nutzen ist für ihn zwar nicht unmittelbar erlebbar, aber mittel- bis langfristig gesellschaftlich hochrelevant.

Während der primäre Gebrauch die Nutzung der Daten in der direkten Behandlung beschreibt, steht der sekundäre Gebrauch für die Nutzung der Gesundheitsdaten für die Verbesserung der Behandlung. Diese datengetriebene Verbesserung findet überall dort statt, wo Empirie, Statistik und maschinelles Lernen notwendig sind, also in der evidenzbasierten Medizin. Vom persönlichen digitalen Coach bis zur personalisierten Medikation: Alle diese Innovationen hängen von der Verfügbarkeit von Gesundheitsdaten von Millionen von Bürgern ab und profitieren massiv vom sekundären Gebrauch.[16]

Es geht dabei nicht nur darum, die Qualität der Leistungen des Gesundheitswesens zu stabilisieren und zu steigern. Effizienzgewinne durch Transparenz und Automation lassen gleichzeitig die Kosten sinken und ermöglichen den anstehenden Wandel hin zu einer ergebnisbasierten Abrechnung. Zudem erhöht sich mit der flächendeckenden Internetversorgung die Zugänglichkeit zu hochwertiger medizinischer Versorgung für alle Regionen und Bevölkerungsschichten. Die sekundäre Nutzung von Gesundheitsdaten ermöglicht den Staaten, ihre medizinische Grundversorgung und das Gesundheitswesen auf stärkere Beine zu stellen, sie erlaubt Forschung und Industrie auf ein höheres

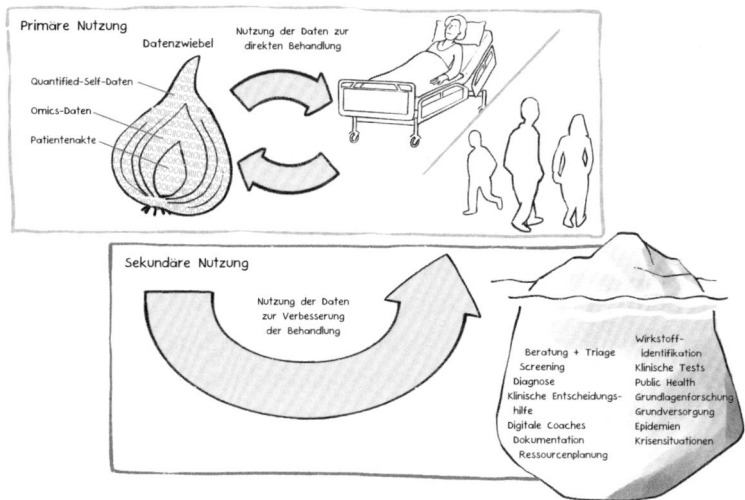

Primäre Nutzung

Datenzwiebel

Nutzung der Daten zur
direkten Behandlung

Quantified-Self-Daten

Omics-Daten

Patientenakte

Sekundäre Nutzung

Nutzung der Daten
zur Verbesserung
der Behandlung

Beratung + Triage
Screening
Diagnose
Klinische Entscheidungs-
hilfe
Digitale Coaches
Dokumentation
Ressourcenplanung

Wirkstoff-
identifikation
Klinische Tests
Public Health
Grundlagenforschung
Grundversorgung
Epidemien
Krisensituationen

Quelle: Eigene Darstellung

Wettbewerbsniveau zu heben, sich besser auf Epidemien und andere Krisensituationen vorzubereiten.

Wir stehen möglicherweise wieder an einem Wendepunkt im Gesundheitswesen, wie schon einige Male in den vergangenen 150 Jahren, in denen sich die Medizin von einem Kunsthandwerk zu einer Wissenschaft entwickelt hat. Dies ist wohl auch der Grund, warum auf dem gesamten Globus der Umgang mit den Gesundheitsdaten als öffentlichem Gut geregelt oder diskutiert wird. Einige Länder nutzen ihre Autorität oder digitale Visionskraft, um die Nutzung so schnell wie möglich sicherzustellen, andere führen einen breit angelegten Meinungsbildungsprozess, der insbesondere auf die Risiken und Gefahren der Sammlung und sekundären Verwendung von Gesundheitsdaten eingeht.[17]

Digitale Biomarker

In der Welt der primären wie sekundären Gesundheitsdaten fällt den sogenannten digitalen Biomarkern eine besondere Rolle zu. Rohe Sensordaten, wie beispielsweise die Beschleunigungswerte eines medizinischen Fingerrings oder Fitnesstrackers, nutzen weder dem Patienten noch dem

Arzt. Die rein physikalischen Daten sind für sie nicht interpretierbar. Um Nutzen zu stiften, müssen diese Rohdaten in medizinisch relevante Messgrößen umgewandelt werden, in digitale Biomarker. Aus Daten entsteht medizinisch nutzbares Wissen. Der Begriff Biomarker bezeichnet ursprünglich diagnostizierbare Messgrößen, die Aufschluss über eine mögliche Behandlung oder Therapie geben – zum Beispiel die Überexpression eines Proteins auf einer Tumorzelle als Indikator für den Einsatz eines bestimmten Medikamentes oder das Vorkommen eines bestimmten Hormons, um kardiovaskuläre Risiken zu prognostizieren. *Digitale Biomarker* sind durch digitale Technologien gesammelte physiologische und verhaltensbezogene Maße, die gesundheitsbezogene Ergebnisse erklären, beeinflussen oder vorhersagen. Ein einfaches und bereits heute weit verbreitetes Beispiel mit Bezug zu den genannten Beschleunigungssensoren ist die Anzahl der täglich zurückgelegten Schritte.

Die Anzahl der verfügbaren oder sich in Entwicklung befindenden digitalen Biomarker ist unüberschaubar groß. Hier eine lange, aber immer noch unvollständige Liste der Themengebiete: Schlafqualität, Kalorienverbrauch, Ruhezeiten, Atemfrequenz, Schlafeffizienz, Dauer der unterschiedlichen Schlafphasen, eingenommene Kalorien, Fette, Kohlenhydrate, auf- und abgestiegene Stockwerke, Joggingdistanzen, nächtliche Hustenanfälle zur Bewertung der Asthmaeinstellung, Ein- und Ausatmen, Atemvolumen, Atemdauer, Anzahl täglicher sozialer Kontakte, Gemütsstimmung, Stürze, Verlust der kognitiven Leistung, Veränderung der Körperhaltung, Früherkennung von Alzheimer und Parkinson, Diagnose von Aufmerksamkeitsdefiziten bei Kindern aus der Vermessung der Augenvergenz, Depression aus der Stimmanalyse, nächtliches Kratzen.

Digitale Biomarker werden sowohl von etablierten Pharma- und Diagnostikunternehmen als auch von Start-up-Firmen wie *Altoida* oder *Freenome* verwendet, um das Krankheitsrisiko einzuschätzen, eine Krankheit zu diagnostizieren, zu überwachen, festzustellen, ob jemand besonders von einer drohenden Gefahr betroffen ist oder besonders gut oder schlecht auf Medikamente reagiert. Die Forschung rund um die Identifikation und Validierung von klinisch sinnvollen und verwertbaren Biomarkern steckt noch in den Kinderschuhen. Um digitale Biomarker zu entwickeln, müssen Sensorik-Ingenieure, Informatikerinnen, Datenwissenschaftler, Forscherinnen in Kliniken und Unternehmen interdisziplinär zusammenarbeiten. Sie müssen die Natur des klinischen Phänomens, das sie messen wollen, im Detail verstehen, die geeigneten Sensoren finden und auf den klinischen Bedarf abstimmen, Daten sammeln, mittels maschinellen Lernens Biomarker-Kandidaten ableiten und klinische Studien zur Validierung der digitalen Biomarker durchführen. Wie andere Anwendungen der künstlichen Intelligenz können und sollen sie laufend dazulernen, um noch besser zu werden.

Roche

Beim Pharmaunternehmen *Roche* kommen digitale Biomarker in der neurowissenschaftlichen Medizin zum Einsatz. Smartphones und Wearables enthalten eine Vielzahl eingebauter Sensoren, die sie für die Messung von Gesundheitsdaten nützlich machen, zum Beispiel Beschleunigungsmesser und Bewegungssensoren. Dadurch kann der Verlauf von neurodegenerativen Krankheiten wie Parkinson oder Multipler Sklerose genau verfolgt werden. In der analogen Medizin ist es üblich, dass der Krankheitsverlauf durch Besuche beim Arzt verfolgt wird. Dabei werden standardisierte Tests durchgeführt und der Patient zu seinem gefühlten Gesundheitszustand befragt. Die Schwierigkeit dabei ist, dass solche Diagnosen lediglich eine Momentaufnahme darstellen. Krankheiten wie Parkinson oder Multiple Sklerose entwickeln sich schubförmig. Ein Patient kann einmal einen »guten« oder »schlechten« Tag haben. Wie ein Patient seinen Zustand wahrnimmt, wird jedoch über die Erinnerung der vergangenen paar Tage hinaus oft sehr vage. Besucht ein Patient alle paar Monate einen Arzt, können die Diagnosen als Folge zum Teil sehr ungenau sein. Das Fortschreiten der Krankheit wird nur teilweise erfasst. Hier kommt die App Floodlight zum Einsatz. Sie misst und erkennt durch Smartphone-Sensoren die subtilen Veränderungen in der Motorik von Menschen mit Multipler Sklerose. Zusätzlich können Standardtests, wie »eine Form zeichnen« täglich durchgeführt werden. Insgesamt ergibt sich damit ein deutlich genaueres Bild – der Krankheitsverlauf wird Tag für Tag genau erfasst.

Umgang mit Privatheit, Sicherheit und Ethikfragen

Digitale Gesundheitsdaten sind, wie wir gesehen haben, ein Schlüssel zu jedem hochwertigen, besonders leistungsfähigen, effizienten und fairen Gesundheitssystem. Gesundheitsdaten nicht zu erheben und sie nicht für Zwecke der Forschung, der Versorgung von Patienten und des effizienten Ressourceneinsatzes zu analysieren wäre eine Verschwendung sondergleichen und weder im Sinne der Patientinnen und Patienten noch der Gesellschaft.

Quelle: Eigene Darstellung

Doch auch wenn in Zukunft Daten nicht mehr aus dem Gesundheitswesen wegzudenken sein werden, muss es – genauso wie bei Informationen über das Konsumverhalten oder Lokalisierungsinformationen – auch im Umgang mit Gesundheitsdaten klare Regeln geben.

Datensicherheit

Gerade weil die Gesundheitsdaten so wichtig und »höchstpersönlich« sind, hat auch das Thema der Datensicherheit und des Datenschutzes einen ganz besonderen Stellenwert. Das zeigen vereinzelte Fälle von

Verletzungen der Datensicherheit im Gesundheitswesen, die es bereits heute gibt.

Denn auch wenn diese Verletzungen im Vergleich mit anderen Bereichen, wie zum Beispiel bei E-Mail-Passwörtern, deutlich seltener vorkommen, so liegen doch ernüchternde Meldungen aus zahlreichen Ländern vor, unter anderem aus England, Australien, Singapur, Deutschland und Südafrika. Die einprägsamsten Zahlen stammen aus den USA: In den Jahren 2009 bis 2017 wurden 1 863 Verstöße gemeldet. Sie betrafen mehr als 173 Millionen Personen[18] – davon 100 Millionen im Zusammenhang mit Verstößen bei Krankenversicherungen –, die restlichen Verletzungen vor allem bei Dienstleistern im Gesundheitswesen sowie Geräteherstellern und Lieferanten.

Die gute Nachricht ist, dass es bei der Sekundärnutzung von Daten weniger um die Identität des Einzelnen gehen wird als um auf biologische oder medizinische Erkenntnisse untersuchbare Datenbanken mit Daten vieler Patienten. Die meisten beteiligten Akteure – auch die Gesundheitsindustrie – haben damit einen starken Anreiz, die Identität des Einzelnen zu schützen und sicherzustellen, dass Daten ordentlich verschlüsselt, anonymisiert und aggregiert werden. In der Pharmaindustrie und der klinischen Forschung ist dieses Vorgehen im Rahmen von Patientendaten bei klinischen Versuchen bereits jahrzehntelang gelebte Praxis.

Bei mehr als der Hälfte aller erfolgreichen Attacken in den USA sind dennoch Organisationen im Gesundheitswesen das Opfer. Warum? Die Erklärung ist leider einfach und erschreckend. Für gestohlene Kreditkarten-Informationen erhält man am Schwarzmarkt zurzeit ein bis zwei US-Dollar pro Karte, für eine gestohlene Patientenakte das Zehnfache. Der Grund: Die Patientenakte enthält neben den Kreditkarteninformationen auch die Sozialversicherungsnummer, die Krankenversicherungsnummer und die Adresse. Und mit diesen Informationen lassen sich mehrere neue Kreditkarten beantragen, Kredite aufnehmen, Betäubungsmittel kaufen und vieles mehr.[19]

Mit der zunehmenden Vernetzung von medizinischen Geräten wird das Sicherheitsthema noch größer. Bereits heute ist etwa eines von vier klinischen Geräten drahtlos vernetzt. Beim durchschnittlichen Krankenhausbesuch kommt der Patient mit zehn Geräten in Berührung. Die oft diskutierte Manipulation der Insulinpumpe stellt eher nicht das große Problem für den Bürger dar. Dazu muss der Hacker sich in die nahe physische Umgebung des Opfers begeben. Kriminelle Hacker werden sich immer auf Angriffe konzentrieren, die sie aus sicherer Entfernung durchführen können und die gleichzeitig Hundertausende von potenziellen Opfern ins Visier nehmen.

Das Problem der Datensicherheit wird wohl nie endgültig gelöst sein. Es ist vergleichbar mit einem Rennen, in dem die Guten immer einen Vorsprung vor den Bösen haben sollten. Wie können sich Patienten, Gesundheitsversorger, Hersteller von medizinischen Geräten und Versicherungen gegen die ständige Bedrohung durch Hacker, Softwarefehler und falschen Umgang mit Risiken wehren?

Hierzu gibt es zwei zentrale Ansätze. Erstens: Schulung, Schulung, Schulung! Die größte Sicherheitslücke ist immer noch die Nutzerin und der Nutzer. Wer Informationssysteme im Gesundheitswesen anwendet, vom Patienten bis zur Versicherungsmitarbeiterin, muss die Gefahren kennen und wissen, wie man sich zu verhalten hat. Viele der Sicherheitslücken entstehen schlicht durch unbewusstes Fehlverhalten von Mitarbeitenden. Die einen lassen ihren unverschlüsselten Laptop im Auto liegen, die anderen vergessen den Ordner mit den Patientenakten in der Straßenbahn. Wieder andere entsorgen ganze Aktenschränke und Computerfestplatten auf unsachgemäße Art und Weise oder fallen auf immer raffiniertere E-Mails herein, die ihnen Passworte entlocken.

Der zweite Ansatz ist technischer Natur. Bis vor nicht einmal zehn Jahren war Datensicherheit in der Herstellung medizinischer Geräte ein Randthema. Wenn das Gerät oder die Software fertig entwickelt war, wurde es anschließend gesichert. Sicherheit als Heftpflaster. Mittlerweile haben die Behörden mit klareren Regularien reagiert – das National Institute of Standards and Technology des US-Handelsministerium hat 2014 ein entsprechendes Regelwerk verabschiedet, die EU-Regulierung zu In-vitro-Diagnostika enthält heute ebenfalls Regeln zur Datensicherheit. Datensicherheit muss heute von Anfang an ein Hauptthema sein. Sie muss Konzeption, Architektur, Technologiewahl, Nutzungskonzept, Hardware- und Softwareentwicklung mitbestimmen. Sicherheitsfachleute müssen an jedem Entwicklungsschritt maßgeblich beteiligt sein.[20]

Privatheit oder das Recht auf informationelle Selbstbestimmung

Sicherheit und Privatheit oder das Recht auf informationelle Selbstbestimmung sind miteinander verwandt, jedoch nicht dasselbe. Datensicherheit bedeutet, dass die Daten technisch und organisatorisch geschützt sind. Daten, die sich auf einem Computer befinden, sollen geheim gehalten und nicht gestohlen werden. Gesundheitsdaten dürfen nicht aus einer Cloud von Unbefugten entfernt werden.

Demgegenüber bedeutet das Recht auf informationelle Selbstbestimmung, dass die Rechte und Freiheit von Menschen nicht eingeschränkt werden, wenn ihre Daten verarbeitet werden – und dass diese Verarbeitung nur geschieht, wenn sie rechtmäßig, legitim und ethisch vertretbar ist. Datensicherheit ist zwingend notwendig, um diese Kontrolle wahrnehmen zu können. Ohne Sicherheit keine Privatheit.

Die Diskussion rund um Privatheit als Recht fand ihren Ursprung in der westlichen Welt völlig unabhängig vom Gesundheitswesen. In ihrem bahnbrechenden Artikel *The Right to Privacy*, den Samuel Warren und Louis Brandeis 1890 im *Harvard Law Review* publizierten, definierten die Autoren das Recht auf Privatheit als das Recht, alleine gelassen zu werden. Motiviert wurden sie von den damals aufkommenden Klatschspalten in den Zeitungen, die intime Details aus dem Leben von Prominenten druckten, angereichert um Bilder der damals ebenfalls brandneuen Fotografie. Sie zeichneten die Entwicklung im Recht auf Leib, Leben und Eigentum nach. Dort wurden zunächst nur Strafen ausgesprochen, wenn physischer Schaden entstanden war, bei Körperverletzung oder Einbruch. Erst später wurden auch Drohungen und Angriffe auf immaterielles Eigentum strafbar. Warren und Brandeis argumentierten, dass gleichermaßen auch mit Informationen umgegangen werden müsse, um etwa Rufschädigungen und Verleumdungen zu verhindern.

Man darf nicht vergessen, dass das Konzept einer universellen individuellen Privatsphäre eine moderne Idee der westlichen Welt ist. In anderen Teilen auf diesem Globus ist die Kultur der Privatheit bei Weitem nicht so ausgeprägt. Allerdings muss man einräumen, dass auch in der westlichen Welt die Kontrolle über die privaten Daten den Menschen zumindest teilweise schon lange entglitten ist. Viele der personenbezogenen Daten sind bereits öffentlich. Nur wissen die Betroffenen nicht, wer sie hat und was damit gemacht werden soll. Das sagt zumindest Michael Chertoff, der ehemalige Heimatschutzminister der USA. Natürlich hat er recht, zum Beispiel bei allen Daten, die wir unverschlüsselt über das Internet senden. Im Zusammenhang mit Privatheit ist das Internet eine riesige Kopier- und Abhörmaschine, die jeder nutzen kann, der Ressourcen und Wissen hat. Haben wir einmal eine persönliche Information unverschlüsselt via E-Mail, Facebook oder Twitter preisgegeben, ist die Kontrolle darüber nicht mehr möglich.[21]

Jeder Mensch braucht eine Privatsphäre. Darum gibt es Haustüren, Toilettentüren, Schlafzimmertüren und Vorhänge. Sobald Menschen sich beobachtet fühlen, sind sie nicht mehr frei. Das machte sich schon Jeremy Bentham 1790 zunutze, als er ein Gefängnis mit einem Turm in der Mitte konzipierte. Die Wachen auf dem Turm konnten alle und alles beobachten. Der Turm war jedoch so konstruiert, dass die Gefängnisinsassen nicht sehen konnten, ob sie beobachtet wurden. So konnte ein einziger Wachmann Hunderte Gefangene in Schach halten. Bentham nannte das Konzept Panopticon. Es wurde später von George Orwell in seinem Roman *1984* aufgenommen. Auch das Internet mit seinen Cookies und allen angeschlossenen Kameras und Lautsprechern kann zum Panopticon werden.

Zurück zum Kontext Gesundheit. Neben den Daten in Form der beschriebenen Zwiebel gibt es noch ein weiteres Daten-Set, dass es zu kontrollieren gilt: alle Datenspuren, die ein Nutzer generiert, sofern sie oder er sich in Internetforen zum Thema Depression informiert, Videos zum Thema HIV anschaut, einschlägige Medikamente bestellt oder einfach Google nach einem Schwangerschaftsabbruch befragt.

Auch wenn man medizinische Daten in anonymisierter Form zur Verfügung stellt, besteht die Gefahr, dass sie re-identifiziert werden können. Das kann, wie im Fall des früheren Gouverneurs William Weld aus Cambridge, Massachusetts, sehr einfach gehen. Governor Weld hatte 1997 die Patientenakten von 135 000 staatlichen Angestellten zur Verwendung durch Dritte freigegeben. Die Daten enthielten weder Namen noch Sozialversicherungsnummern. Daraufhin verknüpfte Latanya Sweene von der Harvard-Universität diesen Datensatz mit einer Wählerliste von Cambridge, die sie für 20 US-Dollar erstanden hatte. Sie konnte damit sehr schnell die Patientenakte von Governor Weld persönlich finden, der selbst zu den Staatsangestellten zählte. Nur sechs Datensätze aus der Patientenakte hatten den gleichen Geburtstag wie Weld, nur drei davon gehörten zu einem Mann, und nur einer wohnte in Welds Stadtteil. Die identifizierte Patientenakte schickte sie dem Governor per Post zu. Die Auswirkungen dieses Briefes auf die neuen Privatheit-Regelungen im Health Insurance Portability and Accountability Act (HIPAA) von 2003 werden als beachtlich beschrieben.[22]

Wichtig ist daher, dass nicht ohne Rechtsgrundlage und die Einwilligung des Betroffenen personenbezogene Daten durch Dritte eingesehen oder verwendet werden können. Mit personenbezogen Daten sind alle Informationen gemeint, die einen Rückschluss auf die Identität eines Betroffenen ermöglichen.

Was kann also getan werden, um Datensicherheit und Privatheit zu stärken? Zunächst gilt es, das Bewusstsein für möglichen Missbrauch zu schärfen. Sodann müssen Firmen und Organisationen auf klare Regeln verpflichtet werden. Zugleich gilt auch die Verantwortung des Einzelnen – man sollte dubiose Angebote im Bereich E-Health ignorieren. Neue digitale Technologien und der Betrieb von Gesundheitsdatenbanken sollten angemessen reguliert werden – genauso wie es heute bereits bei der Zulassung von Medikamenten oder im Bankenwesen der Fall ist. Das Recht auf Transparenz und Auskunft für den Betroffenen muss respektiert werden, einschließlich des Rechts auf Löschung und Vergessenwerden, insofern und soweit es Datenschutzgesetze gewähren. Und wir sollten nie mehr etwas unverschlüsselt versenden, uns nie mehr unverschlüsselt austauschen. Die Privatheit und Sicherheit, die wir vom E-Banking kennen, muss auch im Gesundheitswesen der Standard werden.

Ethische Herausforderungen

Das Thema der Privatsphäre in einer digitalen Welt wirft viele Fragen auf, die kaum auflösbare Dilemmata bergen und die daher kaum abschließend beantwortet werden können. Daher nähern wir uns in diesem Abschnitt den Herausforderungen des digitalen Gesundheitswesens mit einigen ethischen Gedanken. Die Medizinethik beschäftigt sich mit den Grundlagen richtigen Handelns im medizinischen Kontext.

Den Begriff Medizinethik prägte der englische Arzt Thomas Percivals um 1800, er ist heute so relevant wie nie zuvor.[23] Man denke nur an Themen wie Schwangerschaftsabbruch, Sterbebegleitung, Reproduktionsmedizin, Organtransplantation oder Gentherapien. Zumindest in der westlichen Welt wird die medizinethische Diskussion vor allem entlang von vier etablierten ethisch-moralischen Prinzipien geführt, die wir im Folgenden kurz erläutern wollen:

Das erste Prinzip verlangt die Autonomie des Patienten in medizinischen Fragen. Der Patient kann über Ziel, Zweck und Durchführung von medizinischen Behandlungen selbst entscheiden. Er muss vor jeder Intervention informiert werden und zustimmen können. Das Prinzip gesteht dem Patienten neben der Entscheidungshoheit auch eine Eigenverantwortung zu. Bezogen auf die digitale Gesundheitswelt bedeutet dies: Der Patient soll sich informieren und dabei sein Wissen erweitern können. Er soll einfachen Zugriff auf seine Gesundheitsdaten bekommen und sich vermessen können. Es soll sich aber auch gegen nicht gewünschte Überwachung wehren können. Und er soll schließlich bestimmen können, wer seine personenbezogenen Daten sehen darf und wer nicht.

Das zweite Prinzip ist jenes der Schadensvermeidung. Es fordert, dass medizinische Behandlungen dem Patienten oder anderen Beteiligten nicht schaden. Obwohl dies selbstverständlich klingt, kommt es bei vielen Untersuchungen, Behandlungen oder Eingriffen zu Risiken, die zu einem Schaden führen können. Nicht umsonst gelten in vielen Rechtsordnungen medizinische Eingriffe ohne Einverständnis als Körperverletzung. Ein stetes Abwägen von Nutzen und Risiko ist notwendig. In der digitalen Gesundheitswelt können solche Risiken bereits bei der digitalen Selbstdiagnose in Form der beschriebenen Cyberchondrie oder bei der Selbstvermessung auftreten, etwa dann, wenn perfektionistisch veranlagte Menschen ihren Schlaf vermessen und aufgrund der Daten an Orthosomnie erkranken: der ständigen Angst, falsch oder nicht genügend zu schlafen.

Das Fürsorgeprinzip stellt Leben, Gesundheit und Lebensqualität des Patienten in den Mittelpunkt. Es verpflichtet die Pflegenden zum Handeln in stets guten Absichten und auf jeweils dem aktuellsten Stand des Wissens. Folgt man dem Fürsorgeprinzip ins digitale Zeitalter, so sind Gesundheitsdienstleister angehalten, sich nicht nur laufend weiterzubilden, sondern sich auch auf digitalem Weg Zweitmeinungen einzuholen. Sie sollten auf Basis aller verfügbarer Gesundheitsdaten entscheiden und, sofern das Krankheitsbild es erfordert, ihre Patienten rund um die Uhr mithilfe von digitalen Coaches unterstützen sowie auf deren Therapietreue achten.

Spätestens hier wird klar, dass das Fürsorgeprinzip in Konflikt mit der Autonomie des Patienten stehen kann. Ist es einem Arzt oder einer Ärztin erlaubt, oder sind sie gar verpflichtet, die Therapietreue mittels neuester digitaler Mittel zu überprüfen, sofern der Patient nur bei hoher Therapietreue eine realistische Chance hat, zu überleben? Kann der Patient diese Überwachung ohne Weiteres verweigern? Wer kommt für die unnötigen Kosten bei geringer Therapietreue auf?

Das vierte Prinzip betrifft die Gerechtigkeit. Es fordert eine faire Verteilung der notorisch knappen Gesundheitsleistungen. Gleiche Fälle sollen immer gleich behandelt werden. Das Prinzip besagt auch, dass die Belastungen und der Nutzen neuer oder experimenteller Behandlungen gleichmäßig auf alle Gruppen der Gesellschaft verteilt werden müssen.

Digitale Technologien verbessern den Zugang zur medizinischen Versorgung und tragen diesem Prinzip damit Rechnung. Das stimmt aber nur für Regionen und Bevölkerungsschichten, die ans Internet angeschlossen sind. Menschen mit niedrigen Einkommen, alte und behinderte Menschen sowie Menschen, die in ländlichen Gegenden wohnen, sind oft benachteiligt. Das sagt zumindest eine Studie aus dem renommierten *New England Journal of Medicine*.[24] Zudem könne die Trennung der Bevölkerung in Apple-Nutzer und Android-User weiter zu einer Spaltung beitragen: Android-Nutzer, die in den US mehr als die Hälfte aller Nutzer ausmachen, haben im Durchschnitt ein geringeres Einkommen als jene, die zur Apple-Gemeinde zählen. Und es könnte sein, dass das digitale Ökosystem von Apple systematisch die besseren medizinischen Lösungen hervorbringt, vor allem dank des sehr fortschrittlichen Zugangs von Apple zu den innersten Schalen der Datenzwiebel, den digitalen Patientenakten. Dass Ärzte seit Kurzem die Zeit, die sie mit Organisation und Interpretation von Daten aus medizinischen Geräten wie Blutdruckmesser, Elektrokardiograf oder Glukosemonitor verbringen, verrechnen können, beschleunigt diese Entwicklung.

Auf der anderen Seite stellt sich die Frage, ob es im Sinne des Prinzips gerecht ist, wenn nur ein kleiner Teil der Bevölkerung klinische Daten zur Erkenntnisgewinnung hergibt, während alle davon profitieren. Wäre es nicht viel gerechter, wenn grundsätzlich alle Mitglieder der Gesellschaft zur Generierung der Daten beitragen würden? Wenn die Daten aller Bürger quasi automatisch sicher, aggregiert und nicht rückverfolgbar zu Zwecken wie Forschung und der Suche nach geeigneten Behandlungen zur Verfügung stünden? Genauso wie heute bei der Organspende in manchen Ländern alle Menschen automatisch Spender sind und man in anderen einen Spenderausweis ausfüllen muss, steht uns eine Debatte zwischen dem »opt-in« und »opt-out« bei der Weitergabe von Gesundheitsdaten ins Haus.

Braucht es einen »New Deal on Data«?

Unterschiedliche Kulturen haben einen unterschiedlichen Blick auf diese Fragen, vor allem beim Thema Ethik und Privatheit. Westliche Kulturen verfolgen auf der regulatorischen, unternehmerischen und privaten Ebene andere Wege als östliche. Ihre Bürger blicken auf eine andere Geschichte zurück und pflegen andere individuelle und kollektive Erwartungen, Wertvorstellungen, Zielsetzungen und Maßstäbe. Aber allen ist gemeinsam, von Asien über Australien, Afrika und Europa bis Nord- und Südamerika: Sie alle haben den Wert der Gesundheitsdaten erkannt und versuchen, diesem Wert ihrer spezifischen Weltsicht folgend gerecht zu werden.

2008 präsentierte Sandy Pentland, Professor am MIT, beim World Economic Forum in der Schweiz seine zugegebenermaßen westlich geprägte Sicht auf den Umgang mit Realwelt-Daten.[25] Sein »New Deal on Data« kann unmittelbar auf sekundäre Gesundheitsdaten angewendet werden und sich als Imperativ zur Beantwortung maßgeblicher Fragen rund um die Privatheit eignen. Pentland geht erst einmal davon aus, dass dem Nutzen von Daten aus dem realen Leben die Gefahr des Missbrauchs gegenübersteht. Der New Deal on Data müsse daher die Balance herstellen zwischen den Personen, die Daten zur Verfügung stellen, und denen, die daraus Nutzen ziehen und Wert gewinnen.

Wie könnte ein solcher New Deal konkret aussehen? Pentland wünscht sich ein Recht von Bürgerinnen und Bürgern, ihre Daten zu besitzen – wie einen Tresor, den man auf- und zuschließen kann und die Möglichkeit eröffnet, persönliche Daten aus Datenbanken abzuziehen. Technisch und rechtlich ist dies, Stand heute, kaum machbar – oft *müssen* Daten sogar gespeichert werden, ohne dass ein Recht bestehen kann, eine Löschung zu verlangen – man denke an die Daten der Steuerbehörden. Klar ist aber: Es braucht Regeln, die den Zugang und die Nutzung klären und die Privatsphäre des Einzelnen schützen und Vertrauen schaffen. Es braucht Richtlinien, die die Verwendung von anonymisierten aggregierten Daten für das Gemeinwohl zulassen und fördern.

Solche Pfeiler und Richtlinien schaffen Staaten von Estland bis Neuseeland. Umgesetzt werden sie von Unternehmen, zu denen kleine Ausgründungen, Gesundheitsgenossenschaften wie *Midata.coop* oder *Healthbank. coop*, beide in der Schweiz ansässig, aber auch große Gesundheits- und Technologiefirmen wie Novartis, Apple oder Google zählen. Arztpraxen, Apotheken und integrierte Versorgungs- und Versicherungsunternehmen wie Ping An gehören auch dazu.

Am Ende wird entscheidend sein, ob und wem die Patienten vertrauen. Sie stehen am Steuerrad und werden entscheiden, ob Datenspenden das neue Blutspenden wird. Wichtig ist das Bewusstsein, für die eigene medizinische Behandlung von der Erkenntnis aus den gespendeten Daten früherer Patientengenerationen profitiert zu haben. Und das Vertrauen müssen sich oben genannte Akteure durch eine stets rechtmäßige, angemessene, transparente und ethisch einwandfreie Verarbeitung personenbezogener Daten verdienen.

Kapitel 8
Ergebnisorientierte Medizin

Die Kernthesen in diesem Kapitel:
- Die Digitalisierung erlaubt eine gut abgestimmte Zusammenarbeit zwischen Patient und ausgewählten Gesundheitsversorgern. Sie bevorzugt integrierte Versorgungssysteme. Das Bindemittel zwischen den Gesundheitsdienstleistern eines solchen Systems sind die elektronischen Patientenakten, die vom Orchestrator, beispielsweise einer Krankenversicherung, dem Staat oder auch vom Patienten, verwaltet werden.
- Die Digitalisierung führt zu mehr Transparenz über die Leistungserbringer im Gesundheitssystem. Sie bringt Kosten, Qualität und Kernkompetenzen ans Licht und reduziert Missbrauch und Verschwendung.
- Digitalisierung ermöglicht es, den Lebensstil objektiv zu vermessen. Lifestyle-Reward-Programme zur Belohnung eines gesunden Lebensstiles werden damit zum Standard. Gesunde Menschen, chronisch Kranke, Arbeitgeber, Versicherungen und Politik ziehen hier am selben Strang.
- Digitalisierung vereinfacht das Messen von Behandlungserfolgen und leistet damit der ergebnisbasierten Vergütung Vorschub.

Auf einer Gesundheitskonferenz in New York prophezeite Jeff Immelt, der ehemalige CEO von General Electric, dass die Gesundheitskosten in den USA bald 25 Prozent des Sozialprodukts betragen werden. Schon heute haben die USA das teuerste Gesundheitssystem der Welt und geben 18 Prozent ihrer Wertschöpfung für Gesundheit aus, also fast jeden fünften erwirtschafteten US-Dollar. Wie bereits im Fall David Maldonado dargestellt, können sich dennoch sogar viele Familien der Mittelschicht eine Krankenversicherung kaum mehr leisten. In einem der reichsten Länder der Welt lebten 2018 laut United States Census Bureau knapp 28 Millionen Menschen ohne Krankenversicherung.

Wie kann man die Kostenflut eindämmen? Jeff Immelt sieht die Anreizsysteme als eine wichtige Stellschraube: »Heute belohnen wir fehlerhafte und unnötige medizinische Behandlungen. Wir brauchen ein neues Vergütungsmodell im Gesundheitssystem. Die Gesundheitsanbieter, also Ärzte, Kliniken und Pharmaunternehmen, müssen stärker in die Pflicht genommen werden. Sie sollten nur für ihre Leistung bezahlt werden, wenn diese Leistung auch zu einer besseren Gesundheit für den Patienten führt«.[1]

Im Schweizer Gesundheitssystem rechnen niedergelassene Ärzte nach Leistungsziffern ab, die im Tarifsystem TARMED definiert werden. M2, TP, TPW AL, 001, 00.0141. Alles klar? Auf Schweizer Arztrechnungen finden sich diese Ziffern, sie sind nicht zu verstehen. Zwei von drei Schweizern geben an, dass sie bei ihren Arztrechnungen nicht wirklich durchblicken.[2] Die Ziffern stehen jeweils für eine in der Arztpraxis erbrachte Leistung. Wie in den meisten anderen Ländern werden Ärzte und Ärztinnen für die erbrachten Leistungen bezahlt. Leistungen, das sind gestellte Diagnosen, Konsultationen, verschiedene Untersuchungen, das Verschreiben von Medikamenten und vieles mehr. Ob die jeweiligen Leistungen wirklich die Gesundheit verbessern, ist nicht zwingend ausschlaggebend für die Vergütung. Eine kompliziertere Behandlung ist im Zweifelsfall gewinnbringender als eine einfache, aber trotzdem zielführende Therapie.

Zurück in die USA. Doug Hirsch ist ein groß gewachsener Mann mit Bart, dessen Alter man nur schwer schätzen kann. Er ist lässig in Jeans und Turnschuhe gekleidet. Man sieht ihm nicht an, dass er die meistgenutzte Medizin-App in den USA gegründet hat und diese erfolgreich führt. Hirsch war einer der ersten Mitarbeiter von Facebook und leitet heute das Start-up *GoodRx*, eine App, die Patienten hilft, verschreibungspflichtige Medikamente zu einem möglichst günstigen Preis zu beziehen.

Die Geschichte von Doug Hirsch und GoodRx begann vor ein paar Jahren so: Doug wollte in der Apotheke ein Medikament abholen, das ihm der Arzt verschrieben hatte, da verschlug es ihm den Atem: Es sollte stolze 500 US-Dollar kosten. Doug war hin- und hergerissen: Sollte er das Medikament wirklich kaufen? Er war kurz davor, es bleiben zu lassen. Nehmen wir an, er hätte es tatsächlich nicht gekauft: Dann hätte der Besuch beim Arzt zwar Geld gekostet, aber ohne das verschriebene Medikament natürlich keinen Nutzen gebracht. Ein typisches Dilemma, das Doug Hirsch zu seinem persönlichen Geschäftsmodell machte: 50 Prozent aller in den USA verschriebenen Medikamente werden von den Patienten in der Apotheke nicht abgeholt. Der häufigste Grund sind die hohen Kosten, die die Patienten trotz Versicherung selbst tragen müssen.

In der Vergütungswelt von heute haben Ärzte oft kaum Anreize, günstigere gleichwertige Medikamente zu verschreiben. Zudem erfahren sie oft nicht einmal, wenn ein Patient sein Medikament nicht abholt. Wäre die Vergütung des Arztes daran gekoppelt, ob es dem Patienten nach dem Arztbesuch bessergeht, würden Arzt und Patient gemeinsam nach einer effektiven und finanziell tragbaren Lösung suchen. Selbst nach Organverpflanzungen holen nur 55 Prozent aller Patienten in den Vereinigten Staaten ihre Medikamente wirklich in der Apotheke ab. In diesen Fällen steigt natürlich das Risiko, dass der Körper das fremde Organ abstößt. Schreckliche Vorstellung: Sollte eine erfolgreiche Organtransplantation, die tausende US-Dollar gekostet hat und Leben retten soll, wirklich an der finanziellen Überlastung des Patienten scheitern? Es wird schnell klar, dass, ganz abgesehen von der menschlichen Tragik, leistungsbezogene Anreize oft nicht kosteneffektiv sind. In der neuen digitalen Gesundheitswelt wurde bereits ein Begriff für das Anreizsystem von morgen gefunden. »Value-based« und »Outcome-based Medicine« sind die Begriffe, die man von vielen Start-ups der neuen digitalen Gesundheitswelt immer wieder hört: ergebnisorientierte Medizin.

Wie kann Technologie helfen, die richtigen Anreize für Ärzte, Kliniken und Pharmafirmen, aber auch für Patienten im Sinne eines bestmöglichen Gesundheitsresultats zu setzen? Wir stellen im Folgenden drei Muster vor, die uns immer wieder begegnet sind: datengetriebene Gesundheitsnetzwerke, Lifestyle-Reward-Programme und das Prinzip Pay for Performance.

Datengetriebene Gesundheitsnetzwerke

Die neue digitale Gesundheitswelt schafft Transparenz. Und diese Transparenz kann der Grundstein für ein Gesundheitsnetzwerk sein, in dem effiziente Anbieter belohnt und ineffiziente Anbieter abgestraft werden. Besonders relevant ist dieses Thema in den USA, wo Preise für medizinische Dienstleistungen kaum reguliert sind und von den jeweiligen medizinischen Dienstleistern festgelegt werden können. Aus diesem Grund unterscheiden sich die Preise für eine identische medizinische Behandlung zwischen den Anbietern dramatisch. Warum zum Beispiel kostet ein Kaiserschnitt über 20 000 US-Dollar in San Francisco und nur etwas über 4 000 US-Dollar in Texas?[3] Selbst innerhalb einer Region können die Preise für die gleichen medizinischen Leistungen erheblich variieren. Bleiben wir beim Kaiserschnitt, dieser kostet in Knoxville, Tennessee, einer Stadt mit 200 000 Einwohnern im Bible Belt Amerikas, zwischen 3 000 und 5 000 US-Dollar. Das ist immerhin ein Kostenunterschied von 66 Prozent für einen identischen Service innerhalb derselben Stadt. Das wäre nicht so schlimm, wenn die Anbieter ihre Preise veröffentlichen würden. Das ist jedoch nicht der Fall. Preise zu vergleichen ist mit erheblichem Aufwand verbunden.

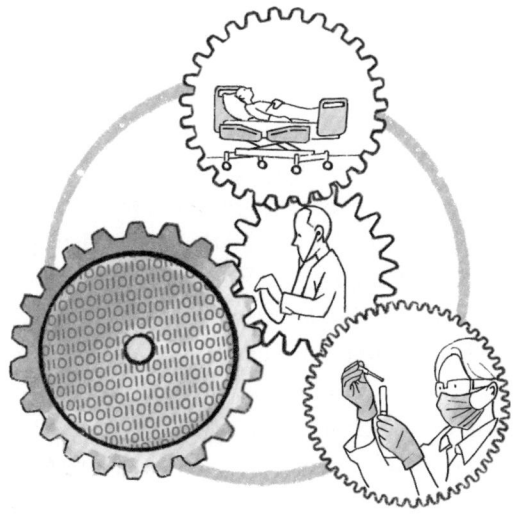

Quelle: Eigene Darstellung

Oscar Health

»In den USA wissen Patienten meist nicht, wie viel sie für eine medizinische Behandlung werden zahlen müssen. Sie sind überfordert und verunsichert«, sagt auch Thorsten Wirkes. Er arbeitet seit mehr als fünf Jahren bei *Oscar Health* und ist zuständig für den Bereich Medicare Advantage, der sich mit staatlich regulierten Versicherungspolicen für Versicherte im Rentenalter beschäftigt. Oscar Health wurde 2012 gegründet und versichert Patienten in den USA. Das Unternehmen will die überforderten und verunsicherten Patientinnen und Patienten an die Hand nehmen und durch das Gesundheitssystem lotsen. Was Oscar von konventionellen Versicherungen unterscheidet, ist vor allem die Art und Weise, wie Versicherte mit dem Versicherer interagieren können. Anstatt in langen Warteschleifen in einem anonymen Callcenter zu hängen, können Versicherte von Oscar mit einem Klick über die Oscar-App mit einem Kundenberater sprechen, mit etwa fünf Klicks rund um die Uhr über die Oscar-App mit Arzt oder Ärztin per Telemedizin in Kontakt treten oder das Concierge-Team der Versicherung anrufen, das dabei hilft, den richtigen Arzt zu finden.

Bei dem Concierge-Team handelt es sich um ein Team von Kundenberatern und medizinischem Fachpersonal, das für eine bestimmte Anzahl von Patienten zuständig ist. »Wir haben zum Beispiel ein Team, das nur Patienten auf der Upper West Side von Manhattan betreut. Für unsere Versicherten ist das super, da dieses Team die Ärzte, Apotheken und Kliniken in der Gegend genau kennt und wirklich personalisierte Ratschläge geben kann«, sagt Thorsten Wirkes.

Um kosteneffizient zu arbeiten, setzt Oscar auf ein Netzwerk von Ärzten und Kliniken, mit denen man zusammenarbeitet. »In den USA sind die Anreizsysteme zwischen Ärzten, Versicherungen und Patienten oft gegensätzlich. Dies führt zu hohen Kosten. Anstatt mit möglichst vielen Ärzten und Kliniken zusammenzuarbeiten, wollen wir bei Oscar nur mit den besten arbeiten und uns mit ihnen vernetzen. Wir behandeln Kliniken fair und bezahlen sie gut. Aber indem wir mit wenigen Partnern sehr eng zusammenarbeiten und gemeinsam effiziente Prozesse aufsetzen, ist es uns möglich, kostengünstig zu arbeiten«, sagt Wirkes.

Zudem legt Oscar Wert darauf, den Versicherten Kostentranspa-renz zu gewährleisten. Gibt ein Oscar-Kunde in der App an, dass er ein Schwindelgefühl verspürt, so wird ihm angezeigt, dass er mit die-sen Symptomen entweder eine Allgemeinärztin oder einen Neurologen besuchen könnte, und die Oscar App schätzt auch gleich, wie hoch die erwarteten Kosten für den Arztbesuch sein werden. Der Oscar-Algo-rithmus berechnet die erwarteten Kosten basierend auf den Tausenden Arztrechnungen, die jeden Tag bei Oscar eingehen. Auch kann der Ver-sicherte die erwarteten Kosten und die Patientenbewertung von zwei verschiedenen Allgemeinarztpraxen vergleichen und so die günstigste oder die mit der besten Beurteilung aussuchen. Hat sich ein Patient ent-schieden, kann ein Termin beim Arzt unmittelbar über die App gebucht werden.

Dass gute Medizin nicht immer teuer sein muss, zeigt Oscar auch über smarte Versicherungspolicen. Diese verleiten Patienten dazu, erst Allge-meinmediziner aufzusuchen, bevor ein teurer Spezialist zurate gezogen wird. Für Oscar-Kunden ist der Besuch eines Allgemeinmediziners kos-tenlos. Auch bei Medikamenten setzt Oscar Anreize, auf teure Marken-präparate zu verzichten und günstige Generika zu kaufen. Ein Anliegen von Oscar ist es auch, dass Versicherte sofort zum Arzt gehen, falls ernst-hafte Symptome auftreten. Das Verschleppen von Krankheiten führt oft langfristig zu drastisch erhöhten Gesundheitskosten. Oscar versucht da-her, die Barrieren vor dem Arztbesuch niedrig zu halten.

Mittels solcher smarten Lösungen schafft es Oscar, seinen Versicher-ten die beste Versorgung zu einem guten Preis anzubieten. So ist es nicht verwunderlich, dass 40 Prozent aller Oscar-Versicherten zuerst die App oder das Concierge-Team konsultieren, bevor sie zu einem Arzt gehen. »Unsere Versicherten vertrauen uns, weil wir ihnen Lösungen anbie-ten, die Wert für sie stiften. Statt ihre Freunde oder Kollegen zu fragen, wenden sie sich an uns«, sagt Thorsten Wirkes. »Das macht uns stolz.«

Durch die Konsultation der App oder des Concierge-Services können zudem unnötige Kosten für Besuche in der Notaufnahme verhindert werden. In den USA kostet ein durchschnittlicher Notaufnahmebesuch rund 2 000 US-Dollar. Schätzungen zufolge entstehen in diesem Bereich jährlich 38 Milliarden US-Dollar vermeidbare Kosten.[4] Eine Analyse von Oscar zeigt, dass rund die Hälfte aller Notaufnahmebesuche nicht notwendig wären. Thorsten Wirkes sagt: »Durch unsere App konnten wir 21 Prozent aller Patienten, die eine Notaufnahme besuchen wollten, zu einer günstigeren Versorgungsalternative bewegen.« Oft finden Patienten Hilfe durch Telemedizin oder ambulante Versorgungszentren. Auch im Bereich chronischer Krankheiten nutzt Oscar Technologie, um gute Versorgung zu günstigen Kosten bereitzustellen. »Alle Anrufe im Concierge-Team und alle Rechnungen werden systematisch analysiert. Wir nutzen hier künstliche Intelligenz«, berichtet Thorsten Wirkes. Wenn ein Patient zum Beispiel in einer Apotheke Insulin holt, aber keinen Allgemeinarzt hat, zu dem er regelmäßig geht, erhält er einen Anruf vom Oscar-Team. Das erklärt ihm, wie wichtig regelmäßige Blutzuckerkontrollen bei einem Allgemeinmediziner sind, und sucht gemeinsam mit dem Versicherten einen passenden Arzt in der Nähe. »Wir vernetzen uns stark mit unseren Versicherten, aber auch mit den Ärzten. Die Ärzte stellen sicher, dass Patienten mit chronischen Krankheiten gut versorgt werden. Dies verhindert Folgekosten.«

Letztlich fließen alle Daten, die Oscar durch die vielen Interaktionspunkte mit den Versicherten, Ärztinnen und Apothekern generiert, in die elektronischen Patientenakten. Thorsten Wirkes versichert: »Wir wollen keine Daten-Silos.« Daten schaffen am meisten Wert, wenn sie die Person ganzheitlich abbilden. Wenn ein Patient den Oscar-Doc über den Telemedizinservice am Wochenende angerufen hat, sieht der behandelnde Allgemeinarzt in der Cleveland Clinic beim nächsten Besuch sofort, was der Oscar-Arzt ihm geraten hat. In die Patientenakte kommen zudem alle Laborergebnisse und die verschriebenen Medikamente.

Wie sieht die Zukunft für Oscar Health aus? Thorsten Wirkes ist überzeugt, dass Oscar bisher nur 10 Prozent seines Potenzials erreicht hat. Mittlerweile sind 250 000 Amerikaner bei Oscar versichert und mit dem Service offenbar sehr zufrieden. Das Ziel der Firmengründer Mario Schlosser, Joshua Kushner und Kevin Nazemi ist es, Oscar allen Menschen in den USA nahezubringen. Bisher allerdings ist das Start-up noch nicht profitabel, auch, weil es auf starkes Wachstum setzt.

Collective Health

Das Start-up *Collective Health* setzt ebenso auf Effizienzsteigerungen durch ein datengetriebenes Gesundheitsnetzwerk. In den USA sind Unternehmen mit über 50 Mitarbeiterinnen und Mitarbeitern verpflichtet, ihren Vollzeitangestellten und deren Familien eine Krankenversicherung anzubieten. Seit Jahren beklagen die Unternehmen einen erheblichen Anstieg der Gesundheitskosten. Deshalb suchen immer mehr Arbeitgeber Alternativen, was zumeist zum Ausstieg aus den Verträgen mit den klassischen Krankenversicherungen führt. Viele Unternehmen entwickeln eigene Pläne für die Krankenversicherung ihrer Belegschaft. Genau hier kommen Firmen wie *Collective Health* ins Spiel; sie gestalten Versicherungspakete, die auf das jeweilige Unternehmen zugeschnitten sind.

Collective Health wurde 2013 gegründet, um Firmen mit eigener Krankenversicherung eine technologische Plattform zur Abwicklung aller Angelegenheiten rund um die Versicherung bereitzustellen. Daneben bietet die Plattform den Mitarbeitenden zahlreiche Informationen, um im Krankheitsfall schnell und einfach behandelt werden zu können. Tatsächlich zeigt ein über mehrere Jahre angelegter Vergleich, dass Unternehmen erheblich Kosten sparen können, wenn sie ihre Belegschaft mit eigenen Versicherungsplänen versorgen.

Collective Health hilft seinen Kunden, die Anreize so zu setzen, dass die Mitarbeitenden möglichst günstige, aber effektive medizinische Leistungen in Anspruch nehmen. Ähnlich wie bei Oscar Health ermöglicht es die App, die Kosten für einen Arztbesuch vorherzusagen. Hierdurch sparen sowohl der einzelne Mitarbeiter, indem er seine Eigenbeteiligung niedrig hält, als auch das Unternehmen.

Evangeline Mendiola, Managerin bei Zendesk, einem Kunden von *Collective Health*, weiß aus eigener Erfahrung, dass der Wechsel vom Kassensystem zu einem eigenen Versicherungsplan für viele Unternehmen eine gewaltige Herausforderung darstellt. Daher brauche es Firmen wie Collective Health, die die informationstechnische Plattform liefern, um alle Versicherungstransaktionen zu bewältigen. Auch ihre Belegschaft, sagt sie, schätze das neue System, da der Zugang ohne hohe Hürden funktioniere und im Falle einer Erkrankung dank der dazugehörigen App beste Versorgung garantiert sei.

Amino

Ein weiteres Start-up, das auf die smarte Auswertung von Medizindaten setzt, ist *Amino*. Wie bei vielen Gesundheits-Start-ups steht auch hier eine sehr persönliche Geschichte am Anfang: Ein guter, fürsorglicher Arzt rettete das Leben des 19-jährigen David Vivero, der gerade an der Harvard University ein Studium begonnen hatte. Mithilfe eines Bluttestes wurde damals bei David eine seltene Erbkrankheit festgestellt: Hämochromatose. Die Krankheit führt zu erhöhter Eisenaufnahme im Dünndarm, wodurch schwere Leber- und Herzschäden sowie Unfruchtbarkeit entstehen können. Dank des guten Arztes wurde die Krankheit bei David früh erkannt, sodass er keine langfristigen Schäden davontrug. Jedoch musste er die schmerzhafte Erfahrung machen, dass er wegen seiner Vorerkrankung von vielen Krankenkassen abgelehnt wurde. David Vivero gründete deshalb 2015 zusammen mit drei Freunden Amino.

Die Suche nach einer bezahlbaren Krankenversicherung war nicht nur für David ein Problem. In den vergangenen Jahren sind in den USA die Eigenbeteiligungen für Versicherte sechsmal stärker gestiegen als die Einkommen. Amino versucht deshalb, Transparenz in die undurchsichtige und teure US-amerikanische Gesundheitswelt zu bringen und so den Versicherten Kosten zu ersparen. Dafür hat das Amino-Team, das zuvor Erfahrungen in einem der führenden Online-Immobilienportale sammeln konnte, zwei Jahre lang mehr als neun Milliarden Krankenversicherungsforderungen aggregiert. Die Kompetenz von Amino ist Big-Data-Analyse, und so kann die Datenbank genau vorhersagen, wie viel ein Patient für eine bestimmte Behandlung als Eigenbeteiligung bezahlen muss oder welche Ärztin im Umkreis eine bestimmte Krankheit am häufigsten behandelt.

»Der besondere Nutzen der Amino-Datenbank besteht darin, dass sie hyperspezifisch ist. Wir können die Daten bis ins kleinste Detail herunterbrechen, sodass ein Nutzer wirklich personalisierte Empfehlungen bekommt«, sagt David Vivero. Bisher hat Amino mehr als 800 Krankheiten in seine Datenbank aufgenommen, damit Patienten selbst bei seltenen Krankheiten einen Spezialisten in ihrer Nähe finden können.

Was Amino zusätzlich von gängigen Aggregationsportalen unterscheidet? Das Team verspricht, auch künftig keine Werbung oder bezahlte Leistungen anzunehmen. Die Arztempfehlungen sind komplett neutral und einzig basierend auf dem Krankheitsbild sowie den Wünschen der Patienten. Nachdem der Service zuerst kostenfrei direkt den Endkunden zur Verfügung gestellt wurde, betreut das Start-up heute auch kostenpflichtig Unternehmen, die wiederum die Amino-App ihrer Belegschaft zur Verfügung stellen. In der umfassenden Amino-Datenbank können die Angestellten nach den besten Ärzten für eine bestimmte Krankheit suchen und erkennen, welches Versorgungszentrum ihnen die günstigste Behandlung bietet. Wenn der Arzt gefunden ist, kann ein Termin über die App gebucht werden. Und nicht nur die Angestellten der Unternehmen profitieren. Amino verspricht, dass auch die Gesundheitskosten für Arbeitgeber drastisch sinken. Das Unternehmen wirbt mit dem Versprechen, dass ein Unternehmen mit 1 000 Angestellten über eine halbe Million US-Dollar pro Jahr durch Amino sparen kann.

Die neueste Innovation des Amino-Teams ist eine eigene Gesundheitskosten-Sparkarte, die 2018 auf den Markt kam. In den USA können Angestellte, die Krankenversicherungspläne mit hoher Eigenbeteiligung haben, steuerfrei Geld für ihre privaten Krankenkosten zurückzulegen. Um dieses Angebot möglichst einfach handhabbar für die Kunden zu machen, bietet Amino jetzt eine Debit-Karte an, mit der Nutzer ihre Eigenbeteiligungen bezahlen und dabei vom Steuervorteil profitieren können.

Auch in Europa kommen zunehmend neue Akteure auf den Markt, die Daten nutzen, um effiziente Gesundheitsnetzwerke zu bauen. Neben Oscar Health, Collective Health und Amino kooperiert die Schweizer Krankenversicherung Sanitas seit 2019 mit Medbase. In Deutschland gibt es seit 2017 die digitale Krankenkasse Ottonova.

Lifestyle-Reward-Programme

Gesundheit liegt nicht nur in der Verantwortung von Ärzteschaft oder Pharmaunternehmen. Jeder Mensch hat selbst einen entscheidenden Einfluss darauf. Das Risiko, chronisch krank zu werden, lässt sich durch eine gesunde Lebensweise um rund die Hälfte senken. Hier setzt der zweite Mechanismus innerhalb der ergebnisorientierten Medizin an: die Lifestyle-Reward-Programme. Diese Programme werden meist von Krankenversicherungen aufgesetzt, um die Kunden zu einer gesunden Lebensweise zu motivieren.

Quelle: Eigene Darstellung

So bietet beispielsweise die CSS, die größte Krankenversicherung der Schweiz, ihren Versicherten rund 150 Franken jährlichen Prämienrabatt an, wenn diese nachweisen können, jeden Tag 10 000 Schritte gegangen zu sein. Um den Rabatt zu erhalten, muss ein Kunde die CSS-App herunterladen und diese mit seinem Fitnesstracker verbinden. Für jeden Tag, an dem das Schrittziel erreicht wird, zahlt die CSS 40 Rappen. Läuft ein Versicherter zumindest 7 500 Schritte, erhält er 20 Rappen.

Auch Oscar Health bietet ein Lifestyle-Reward-Programm an, bei dem man bis zu 100 US-Dollar verdienen kann. Dabei werden Versicherte nicht durch fixe Schrittziele motiviert, sondern erhalten dynamische Ziele. Ist ein Versicherungsnehmer eher eine Couch-Potato, so fällt sein Schrittziel zunächst eher niedrig aus und wird dann langsam erhöht. Denn die Konsumentenforschung zeigt, dass Ziele dann besonders motivierend sind, wenn sie herausfordernd, aber erreichbar erscheinen.

Warum haben Krankenversicherer ein so großes Interesse daran, dass ihre Kunden die bequeme Couch verlassen? Studien aus den USA belegen, dass bereits 30 Minuten Bewegung dreimal die Woche die Kosten pro Patient durchschnittlich um 30 Prozent senken.[5] Von den Lifestyle-Reward-Programmen können also sowohl Versicherer als auch Versicherte profitieren.

Walgreens

Auch die amerikanische Drogerie- und Apothekenkette *Walgreens* bietet ein derartiges Programm an. Für Walgreens ist es wichtig, als Anlaufstelle für Gesundheitsfragen wahrgenommen zu werden. In einem Walgreens-Laden können Amerikaner sowohl Medikamente als auch Vitaminpräparate, Körperpflegeprodukte und ein Grundsortiment an Lebensmitteln kaufen. Von Wettbewerbern unterscheiden möchte sich Walgreens, indem es ein »Healthy Choice«-Programm anbietet, das zu einem gesunden Lebensstil ermuntert. Kunden können an Aktivitäts-Wettbewerben teilnehmen, die vier Wochen dauern. Sie werden zum Beispiel aufgefordert, eine bestimmte Anzahl an Schritten zu gehen oder mehrmals pro Woche Sport zu treiben. Wie die Kunden mitmachen, wird entweder durch manuelle Eingabe oder durch das Verlinken der Walgreens-App mit einem Fitnesstracker oder Handy gemessen. Punkte können sich Kunden zudem verdienen, wenn sie gesund essen oder ausreichend schlafen.

Chronisch Kranke werden angehalten, regelmäßig ihren Blutdruck oder ihren Blutzucker zu messen, und erhalten dafür Punkte. Dies wird über smarte Messgeräte ermöglicht, die via Wi-Fi oder Bluetooth direkt mit der Walgreens-App verbunden werden. Das Walgreens-Programm ist zudem mit der Kundenkarte des Händlers verbunden, sodass zusätzlich Punkte über Einkäufe bei Walgreens verdient werden können. Die Punkte können gegen Rabattgutscheine eingelöst werden. Walgreens will von den Kundinnen und Kunden als Partner wahrgenommen werden, der sie in ihrem gesunden Verhalten bestärkt.

Auch an der Universität St. Gallen arbeiten wir am Institut für Customer Insight daran, Lifestyle-Reward-Programme so zu gestalten, dass die Menschen langfristig motiviert werden. Denn alle derzeitigen Programme haben einen Nachteil: Sie setzen sehr stark auf monetäre Anreize, und diese Anreize wirken extrinsisch, also von außen. Aus der Psychologie weiß man jedoch, dass extrinsische Anreize die intrinsische Motivation des Menschen untergraben. Man kann vereinfacht sagen: Die Aussicht auf Belohnung verdrängt mit der Zeit den Eigenantrieb. Gut zu beobachten ist dies bei Kindern. Nehmen wir das Beispiel von Ricky, 14 Jahre alt, er lebt in der Nähe von London. Seine Freizeit verbringt er gerne auf dem Fußballplatz. Er ist ein guter Schüler, seine Lieblingsfächer sind Biologie und Mathematik. Kommt Ricky nach einem langen Schultag nach Hause, fliegen der Schulranzen und die Fußballtasche oft direkt in den Hausflur. In seinem Zimmer stapeln sich Kleidung, Zeitschriften und Bücher. Aufräumen ist nicht Rickys Stärke. Da seine Eltern tagsüber arbeiten und das abendliche Chaos im Haus satthaben, entschließen sie sich, ihm für jede Woche, in der das Haus ordentlich aussieht, zwei Pfund zu bezahlen. Ricky lässt sich auf das Geschäft ein, und in den ersten Wochen sieht das Haus deutlich ordentlicher aus als zuvor. Seine Eltern sind erleichtert. Doch dann kommen die Sommerferien, und er hat den ganzen Tag nichts zu tun, außer sich mit seinen Freunden auf dem Fußballplatz zu treffen. Seine Mutter Lydia sieht nicht ein, ihm in den Ferien weiterhin die zwei Pfund fürs Aufräumen zu zahlen, schließlich hat er nun genügend Zeit. Das Ergebnis ist ein Haus, dass chaotischer aussieht als je zuvor. Ricky weigert sich, ohne die zwei Pfund aufzuräumen. Warum auch? Er hat gelernt, dass Aufräumen eine derartig unangenehme Aufgabe ist, dass man dafür belohnt werden muss. Jegliche intrinsische Motivation ist verschwunden.

Überträgt man diese Erkenntnis auf die von den Versicherungen bezahlten Anreize für körperliche Betätigung, wird schnell klar, dass man Vorsicht walten lassen sollte. Die Studie einer amerikanischen Forscherin zeigt, dass Bewegung als negativer wahrgenommen wird und sich wie Arbeit anfühlt, wenn extrinsische Anreize eingesetzt werden.[6] Anreizsysteme sollten also möglichst die intrinsische Motivation aktivieren.

Es gibt mittlerweile viele Akteure auf dem Lifestyle-Reward-Markt, darunter sogar einige staatliche. In Kanada hat das Gesundheitsministerium des Bundesstaats British Columbia in einer »Public-Private-Partnership« die App *Carrot Rewards* auf den Markt gebracht; die Bürgerinnen und Bürgern konnten, indem sie Sport trieben oder sich mehr als sonst bewegten, Punkte sammeln, die dann für Prämien eingelöst werden konnten. Die App erfreute sich großer Beliebtheit und wurde von über einer Million Menschen genutzt. Allerdings lief die staatliche Finanzierung 2019 aus, die App ist nicht mehr verfügbar. In Südafrika bietet die Versicherungsgruppe *Discovery* eine Vitality Reward App an. Nutzer können nicht nur Rabatte für gesunde Einkäufe erhalten, sondern bekommen auch Bonuspunkte, wenn sie Vorsorgetermine bei Ärzten wahrnehmen. *Dacadoo* in der Schweiz, *Yodo Run* in China und *Nandoo* aus Indien sind weitere Start-ups, die sich in dem wachsenden Markt tummeln.

Pay for Performance

Der dritte Ansatz im Bereich der ergebnisorientierten Medizin ist das Prinzip Pay for Performance, also das Vergüten von Leistungen nur dann, wenn sie nachweislich den gewünschten Nutzen erzielen.

Quelle: Eigene Darstellung

Dies bedingt ein Umdenken im Gesundheitswesen. Denn derzeit wird die erbrachte Leistung vergütet, nicht aber deren Wirksamkeit. Eine Behandlung wird von der Kasse bezahlt, egal ob sie nun beim einzelnen Patienten den erwünschten Therapieeffekt hat oder nicht. Man steckt dabei in einem Dilemma: Einerseits scheint diese Vergütung fair zu sein, weil der Leistungserbringer seine Zeit und Ressourcen einsetzt und dafür entgolten werden sollte. Andererseits reizt diese Vergütungsform auch dazu, möglichst viele Leistungen zu erbringen, selbst dann, wenn der medizinische Nutzen nur bedingt gegeben ist.

Dabei ist bereits seit einiger Zeit eine große Diskussion im Gange, wie man über den Wert medizinischer Behandlungen und Medikamente verhandeln sollte. Denn in fast jedem Gesundheitswesen der Welt werden die Preise für Medizin nicht frei gesetzt, sondern zentral verhandelt – auf Landes- oder Regionalebene. Und selbst in den USA, in denen am meisten Marktwettbewerb zwischen Versicherern herrscht, besitzen große Versicherer eine große Verhandlungsmacht beim Preis. Dabei ist der Wert schwer zu bemessen. In der Fachwelt bekannt ist vor allem die britische Behörde National Institute for Health and Care Excellence (NICE), die mit sogenannten »Quality-Adjusted Life Years« (QALY) kalkuliert. Vereinfacht gesagt gilt dort, dass eine medizinische Intervention nicht als kosteneffizient gilt, wenn sie pro gewonnenen gesunden Lebensjahr mehr als 30 000 britische Pfund kostet. Das Leben so preislich zu kalkulieren ist je nach Gesellschaft sehr umstritten. Doch gibt es viele Faktoren, die im Zusammenhang mit dem Wert der Medizin durchaus in Betracht gezogen werden können – handelt es sich um eine bedeutsame Innovation, die einen Quantensprung in der Behandlung einer Krankheit darstellt? Erlaubt sie einem Menschen die Rückkehr oder das Beibehalten einer Arbeitstätigkeit oder die Betreuung von Familienmitgliedern? Kommt die Intervention früh oder spät im Krankheitsverlauf? Und schließlich – und letzten Endes wohl generell unbeantwortbar im Falle schwerer Krankheiten – was ist es jemandem einzeln wert, mehr Zeit zu haben, die Abschlussfeier der Enkelkinder zu erleben oder nochmals eine große Reise zu machen?

Neue Therapieformen in der Krebsmedizin machen den Diskurs über Pay for Performance sehr aktuell. Seit ein paar Jahren sind in der Onkologie neben der klassischen Chemotherapie und der Bestrahlungstherapie auch gezielte Behandlungen Standard, bei denen Medikamente direkt an Tumorrezeptoren andocken. Solche »personalisierten« Therapien erfordern im Vorfeld der Behandlung eine Diagnose, ob der Rezeptor überhaupt beim Patienten vorhanden ist. Neu hinzugekommen sind nun auch Immuntherapien zur Behandlung von Krebs. Diese greifen nicht den Krebs selbst an, sondern ertüchtigen das körpereigene Immunsystem zur Bekämpfung des Krebses. Innerhalb der Onkologie werden viele Erwartungen in diese neuen Therapieformen gesetzt. Patienten können damit erfolgreich behandelt werden, die ansonsten nur eine geringe Überlebenschance hätten. Die Innovationen zeigen aber auch auf, dass für den Einsatz von Medikamenten und den Therapieerfolg die individuellen Faktoren beim Patienten immer wichtiger werden – vom mutierten Genom des Tumors oder dem Vorhandensein bestimmter Proteine oder der DNA des Patienten selbst.

Die Fachwelt spricht dann von ALK- und EGFR-Mutationen, HER2-Überexpression oder BRAF-Pfaden. Hinter den Kürzeln stecken die Merkmale, ob ein Medikament voraussichtlich wirken wird oder nicht. Man nennt sie Biomarker.

Doch oft ist immer noch nicht unmittelbar ersichtlich, ob eine Therapie wirksam war oder sein wird. Heilung, Besserung oder Lebensverlängerung sind meist ein gradueller Prozess. Digitalisierte Gesundheitsdaten ermöglichen es, Auswertungen zu erstellen, die die Wirksamkeit von Therapien auch im Nachgang evaluieren, ohne großen Aufwand an Personal und Geld.

Bei Immuntherapien zum Beispiel weiß man, dass sie je nach Krebsart bei 20 bis 80 Prozent der Patienten wirken und sehr kostspielig sind. Die Behandlungskosten können sich auf rund 150 000 Euro im Jahr belaufen.[7] Vergütungssysteme nach dem Prinzip »Pay for Performance« könnten in vielen Fällen eine ergebnisorientierte Art der Vergütung darstellen.

Die digitale Gesundheitsrevolution beflügelt die Debatte um Pay for Performance, da sie es ermöglicht, die Wirksamkeit von Behandlungen besser nachzuvollziehen. Es gibt schon heute immer mehr Preismodelle, bei denen Medikamente nur voll vergütet werden, wenn die Behandlung den erwünschten Effekt hat. Das Pharmaunternehmen Roche zum Beispiel erprobt seit Jahren solche Modelle, zum Beispiel in Italien, wo dank einer Krebsdatenbank auch erfasst werden kann, ob eine Behandlung beim Patienten wirklich anschlägt.

Omada Health

Auch das Start-up *Omada Health* setzt auf Pay for Performance, jedoch bei der Adipositas-Bekämpfung. Etwa 85 Millionen Menschen leiden in den USA an Fettleibigkeit, verbunden mit einem beachtlichen Risiko, Typ-2-Diabetes zu entwickeln. Die Gegenmaßnahmen sind eigentlich bekannt: Vorsicht beim Essen und Trinken und viel mehr Bewegung. Allerdings bereitet es vielen Menschen erheblich Mühe, ihre eingeschliffenen Verhaltensweisen zu ändern. Omada Health hat ein digitales Vorsorgeprogramm entwickelt, um fettleibige Patienten zu unterstützen.

Dieses Programm umfasst eine App, eine vorkonfigurierte Waage, die Unterstützung durch Gesundheitsberater, eine Peer-Gruppe sowie Lektionen in Health Literacy. Aufgrund der permanenten Interaktion lernt das System, auf welche Hinweise der Patient am besten reagiert. Zudem erkennt das Omada-System, wo und zu welchem Zeitpunkt jemand für Ratschläge zugänglich ist.

Besonders interessant ist das Geschäftsmodell: Omada Health bietet sein Vorsorgepaket Firmen an, die ihre Mitarbeitenden zu einem gesunden Leben animieren wollen. Dabei vereinbart Omada mit den Kunden eine Basisvergütung, die mit der Gewichtsreduktion der Nutzer multipliziert wird. Wenn dieser Grundpreis beispielsweise 10 US-Dollar beträgt und ein Mitarbeiter in einem festgelegten Zeitraum 5 Prozent seines Gewichts losgeworden ist, bekommt Omada 50 US-Dollar. Auch für den Arbeitgeber macht sich dieses Modell bezahlt: Ein an Typ-2-Diabetes erkrankter Mensch verursacht etwa 10 000 US-Dollar Gesundheitskosten pro Jahr. Da bereits eine 5-prozentige Gewichtsreduktion das Risiko, diese Krankheit im Laufe des Lebens zu entwickeln, um 70 Prozent senkt, lohnt sich das Geschäft für alle Beteiligten.

Spark Therapeutics

Ein weiteres Feld, in dem Pay for Performance eine zentrale Rolle spielen wird, sind Gentherapien, bei denen versucht wird, Erbkrankheiten durch Einfügen gesunder Gene in die menschliche DNA zu bekämpfen. Einer der Anbieter von Gentherapien ist *Spark Therapeutics*. Worum es geht, zeigt die Geschichte von Caroline Carper: Als Caroline zehn Jahre alt war, sah sie zum ersten Mal Regen. »Ich war gerade in der Schule, und plötzlich fing es in Strömen an zu gießen. Ich war begeistert und fragte meine Freundin, was das denn sei. Sie konnte kaum glauben, dass ich noch nie zuvor Regen gesehen hatte. Es hat sich damals eine komplett neue Welt für mich aufgetan.«

Wie ihr kleiner Bruder litt Caroline Carper an einer äußerst seltenen Erbkrankheit, bei der sich die Funktion der Netzhaut immer weiter zurückbildet: Lebersche kongenitale Amaurose. Sie kommt in Amerika und Europa nur etwa 6 000 Mal vor und tritt meistens bei Kindern auf. Die betroffenen Kinder verlieren schon früh ihre Sehkraft fast vollständig. Lange Zeit galt die Krankheit als unheilbar. Seit 2017 ist die Gentherapie Luxturna von Spark Therapeutics in den USA auf dem Markt.

Luxturna ist die erste von der amerikanischen Regulierungsbehörde FDA zugelassene Gentherapie, eine revolutionäre neue Medikamentenkategorie: Anstatt lediglich Symptome einer Krankheit zu mildern, versuchen Gentherapien, die zugrunde liegende genetische Ursache der Krankheit zu beheben, indem sie das fehlerhafte oder fehlende Gen durch ein intaktes Gen ersetzen. Es besteht die Hoffnung, durch nur eine einzige Dosis des Medikamentes, bestimmte genetische Krankheiten zu heilen.

Dies stellt das gängige Preismodell für Medikamente auf den Kopf: Anstatt ein Medikament auf Grundlage mehrmonatiger oder sogar lebenslanger Therapie zu bepreisen, muss bei Gentherapien seltener Krankheiten für die einzelne Dosis sehr viel Geld verlangt werden, damit sich die Investition in die Forschung rechnet. So sehen einmalige Behandlungen wie Luxturna auf den ersten Blick aus wie die teuersten Medikamente der Welt. Die Dosis, um beide Augen zu heilen, kostet in den USA 850 000 US-Dollar. Im Vergleich zu den Kosten einer lebenslangen Behandlung eines Erblindeten inklusive Betreuung und entgangener Arbeitsleistung erscheinen diese Preise jedoch in einem anderen Licht und werden dementsprechend erstattet. Spark verhandelt zudem Entschädigungsmodelle, bei denen Versicherer Rabatte oder Rückerstattungen erhalten, wenn der Behandlungserfolg über die Zeit wieder abnehmen sollte.

Kapitel 9
Digitale Medikamentenentwicklung

Die Kernthesen in diesem Kapitel:

– Digitale Gesundheitsdaten stiften in Form von »Realweltdaten« aus der medizinischen Alltagspraxis unschätzbaren Wert in der Medikamentenentwicklung. In einem gut angelegten Gesundheitssystem stehen alle digitalen Gesundheitsdaten als anonyme Realweltdaten der Forschung zur Verfügung.

– Der Zugang zu Gesundheitsdaten ist wichtiger als ihr Besitz, ihre Qualität wichtiger als ihre Quantität.

– Die Digitalisierung vereinfacht und beschleunigt die Rekrutierung von Patienten und erhöht die Zugänglichkeit zu klinischen Studien. Sie reduziert die Dauer des Medikamentenentwicklungsprozesses massiv.

– Jede qualitativ hochwertige Aufzeichnung kann Teil einer virtuellen klinischen Studie werden. Daten aus der realen Welt drängen die Kontrollgruppen in klinischen Studien zurück. Damit ergänzen Realweltdaten die Daten aus klinischen Studien.

– Die Zeit der Medikamente nach dem Prinzip »One size fits all« neigt sich dem Ende zu. Die datenbasierte Personalisierung von Medikamenten erhöht die Wirksamkeit und minimiert Nebenwirkungen.

– Digitalkompetenz ist eine zwingende neue Kernkompetenz von Pharmaunternehmen.

Bei aller Vorsorge, Prävention und effizienterem Einsatz von Mitteln – die Entwicklung von neuen Medikamenten spielt immer noch eine entscheidende Rolle für den medizinischen Fortschritt und wird es weiterhin tun. Bereits im dritten Kapitel dieses Buchs war die Rede von der revolutionären Gebärmutterhalskrebs-Impfung als Beispiel für präventive Medizin. Die vom deutschen Mediziner Harald zur Hausen entwickelte Impfung verhindert Infektionen mit dem humanen Papillomvirus, welches Gebärmutterhalskrebs hervorruft. Ein Rückgang der Neuerkrankungen ist dank der Impfung bereits messbar. Auch die in unserem Buch schon vorgestellten Immuntherapien für Krebs haben bahnbrechende Veränderungen gebracht; sie schufen Therapiemöglichkeiten für Melanome und Lungentumore in späten Stadien. Sowohl zur Hausen als auch die Immuntherapie-Pioniere Allison und Honjo wurden mit dem Nobelpreis für Medizin ausgezeichnet. Aber noch wichtiger: Diese Innovationen in der Medizin verändern das Schicksal von Millionen Menschen.[1]

Jedoch gibt es immer noch viele Bereiche, in denen die Medizin am Anfang steht. Hier kann Digitalisierung dabei helfen, lang erwartete Erkenntnisfortschritte zu machen und neue Therapien zu finden. Jährlich erkranken zehn Millionen Menschen an Alzheimer, und die Anzahl an Erkrankungen steigt rasant mit der zunehmenden Alterung der Bevölkerung. Bisher gibt es keine Medikamente, die die Entwicklung der neuronal-degenerativen Krankheit verhindern oder aufhalten können. Die Schriftstellerin Kate Neuman berichtete in einem aufsehenerregenden Text in der *New York Times* von der Alzheimererkrankung ihrer Mutter Nancy und steigerte damit das öffentliche Bewusstsein für die Tragik dieser Krankheit. Zuerst wurde Nancy nur etwas vergesslicher, dann kam der Tag, als Kate ihre Mutter verwirrt in ihrem New Yorker Apartment fand; sowohl der Backofen als auch die Herdplatte waren eingeschaltet, obwohl ihre Mutter nicht kochte. Was für ein Schock! Kate holte ihre Mutter zu sich und ihrer Familie nach Massachusetts. Als Kates Mutter Nancy sie eines Tages nicht mehr erkannte, wurde ihr klar, dass sie ihre Mutter an die Krankheit verloren hatte.[2] Wie die Digitalisierung die Diagnose und Behandlung von Alzheimer-Patienten unterstützen kann, behandeln wir später in diesem Kapitel.

Im Bereich der Onkologie verspricht die Digitalisierung hingegen die rasante Beschleunigung eines bereits eingeschlagenen Pfades: den der zunehmenden Personalisierung der Krebsbehandlung. Galt Krebs vor gut 20 Jahren noch als eine einheitliche Krankheit, so verstehen Experten darunter heute eine Ansammlung von über 250 verschiedenen Typen, die sich auf molekularer Ebene erheblich voneinander unterscheiden. Entsprechend haben Pharma- und Biotech-Unternehmen Behandlungen entwickelt, die zum Beispiel an bestimmten Proteinen andocken, die bei manchen Krebsformen besonders häufig vorkommen, oder die auf Tumore mit einer ganz bestimmten Genmutation ansetzen. Doch diese Personalisierung hat ihren Preis – die Medikamentenforschung und -behandlung werden unglaublich komplex.

Neben den etablierten Pharmaunternehmen wagen sich heute auch Technologieunternehmen an diese Herausforderung. So propagiert Apple als ein Unternehmensziel, den Prozess der Medikamentenentwicklung zu vereinfachen, denn dieser ist langwierig und dauert 10 bis 15 Jahre.

Stufen einer Medikamentenentwicklung

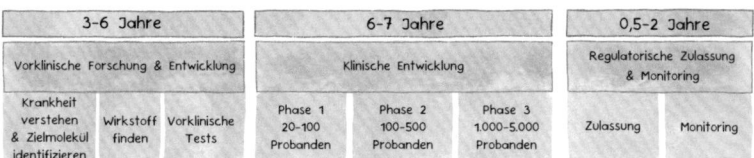

Quelle: F. Hoffmann-La Roche AG (2009)

Der Entwicklungsprozess von Medikamenten gliedert sich in drei Stufen.[3] In der ersten Stufe, der frühen, vorklinischen Forschung und Entwicklung, werden potenzielle Wirkstoffe identifiziert und im Reagenzglas (in-vitro) getestet, was bis zu sechs Jahre dauern kann. Zuerst stellt man einen Bedarf fest, also eine Krankheit, für die bisher keine befriedigenden Medikamente verfügbar sind oder bei der die Medikamente starke Nebenwirkungen hervorrufen. Forscher versuchen dann auf der molekularen Ebene zu verstehen, was die Krankheit hervorruft, und identifizieren einen Wirkmechanismus oder ein Zielobjekt (Target), an dem der zu entwickelnde Wirkstoff ansetzen soll. Beispielsweise könnte dies ein Rezeptor auf der Oberfläche einer Tumorzelle sein. Sind Moleküle gefunden, die zum Objekt passen, werden diese im Reagenzglas sowie in Studien an Tieren (in-vivo) auf ihre Wirksamkeit und Verträglichkeit geprüft. Von 5 000 Wirkstoffen, die in dieser frühen Entwicklungsphase getestet werden, schafft es im Schnitt lediglich einer später bis zur Zulassung.[4]

Zeigt ein Wirkstoff Potenzial, so kommt er in die zweite Entwicklungsstufe und wird klinisch am Menschen getestet. Diese Stufe dauert rund sieben Jahre und ist sehr kostenintensiv. Klinische Studien unterliegen strengen Regulierungen, es bedarf einer Genehmigung der jeweiligen Aufsichtsbehörde und eines externen Ethikrates, bevor diese Stufe überhaupt gestartet werden kann. Der Wirkstoff wird in einem dreiphasigen Prozess zuerst (Phase 1) an einer kleinen Gruppe gesunder Probanden auf die geeignete Dosierung, dann (Phase 2) auf seine Wirksamkeit, Interaktion und Verträglichkeit getestet. Später werden in Zulassungsstudien (Phase 3) der Wirkstoff bei größeren Patientengruppen von mehreren Tausend erprobt. Der Kandidat wird gegen den bisherigen Therapiestandard oder ein Placebo getestet. Dabei werden Patienten per Losverfahren zufällig zugeteilt. Weder die Patienten noch die verabreichenden Ärzte wissen, wer den neuen Wirkstoff, wer das Placebo oder den bisherigen zugelassenen Therapiestandard erhält.

Bewährt sich ein Medikamentenkandidat in den klinischen Tests, so geht es in die dritte Stufe der Medikamentenzulassung. Hier werden die Ergebnisse aus den klinischen Studien den Zulassungsbehörden übergeben, diese bewerten das Nutzen-Risiko-Verhältnis. Sie achten zum einen auf die therapeutische Wirksamkeit und zum anderen auf aus den Studien bekannte Nebenwirkungen. Wird ein Medikament zugelassen, so wird dessen Wirksamkeit und Unbedenklichkeit oft in einer weiteren Studie nach der Zulassung beobachtet. In dieser Studie wird das Medikament meist in einer heterogeneren Probandengruppe getestet. Evaluiert werden zudem Kombinationstherapien mit anderen Medikamenten.

Wie können digitale Technologien helfen, diesen langwierigen Entwicklungsprozess zu beschleunigen, ohne höhere Risiken in Kauf zu nehmen? Dieses Kapitel stellt vier spannende Unternehmen und Startups vor, die sich dieser Herausforderung stellen.

Computerunterstützte Wirkstoffentwicklung

Alle Bereiche der Wirkstoffentwicklung, insbesondere auch die Identifizierung von Genen oder Proteinen, die ursächlich für die Entstehung von Krankheiten sind, können von computergestützten Methoden profitieren. In diesem Abschnitt fokussieren wir uns auf Beispiele, wie neue

Wirkstoffe mittels Automatisierung und Künstlicher Intelligenz identifiziert werden können.

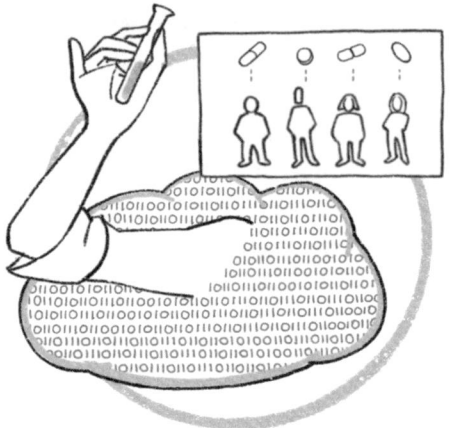

Bevor klinische Tests am Menschen starten können, muss zuallererst ein vielversprechender Wirkstoffkandidat gefunden werden. Wie aber identifiziert man Moleküle, die eine bestimmte pharmazeutische Wirkung haben könnten? Traditionell war und ist dies die Aufgabe von hunderten Chemikern und Biologen, die in Laboren von Biotech- und Pharmaunternehmen teils jahrelang forschten. Die digitale Wende hat nun auch diesen Bereich erfasst.

Der Einsatz von Laborrobotern war schon vor der Digitalisierungswelle gängige Praxis. Seit Jahren setzen Pharmaunternehmen Roboter ein, um vor allem die Laborprozesse zu automatisieren. Besonders für repetitive Aufgaben, die mit großer Präzision erfüllt werden müssen, eignen sie sich besonders gut. Teilweise werden die maschinellen Helfer in Zusammenarbeit mit Chemikern eingesetzt, man spricht hier von Cobots.[5]

Waren die ersten Generationen von Robotern noch meist mechanische, analoge Helfer, so werden diese zunehmend intelligent und ersetzen den Menschen nicht nur bei mechanischen Prozessen, sondern denken und forschen mit. An der Universität Cambridge hat man hierfür die Roboter Adam und Eve entwickelt. Die beiden können Hypothesen entwickeln, können diese testen, die Ergebnisse der Experimente interpretieren und die Hypothesen entsprechend anpassen. Adam und Eve betreiben hypothesengetriebene Medikamentenforschung sehr viel schneller und präziser als Menschen. Anfang 2015 stellte das Team der Universität Cambridge eine Studie vor, in der Eve Wirkstoffkandidaten für Malaria sowie für das wenig beachtete Tropenleiden Chagas und die afrikanische Schlafkrankheit gefunden hatte. Diese Tropenkrankheiten suchen jedes Jahr Millionen von Menschen heim. Da sie jedoch nur in wirtschaftlich schwächeren Ländern vorkommen, ist das Entwickeln von Medikamenten für Unternehmen nicht unbedingt lukrativ. Dabei sei die Krankheitsursache bekannt, sagt Steve Oliver von der Universität Cambridge. Der Roboter Eve hat nun geholfen, die Medikamentenentwicklung zu beschleunigen und damit günstiger zu machen.

Eve hat zuerst eine Liste von möglichen chemischen Molekülen getestet und eine Reihe von Experimenten durchgeführt, in denen untersucht wurde, wie die jeweiligen Moleküle auf die Proteine der krankheitsauslösenden Parasiten reagieren. Zudem testete Eve die Reaktion der Wirkstoffmoleküle auf menschliche Proteine. Fand Eve ein Molekül, das den Parasiten angegriffen hatte, aber ungefährlich für den Menschen war, suchte der Roboter nach ähnlichen Molekülen, die auch eine positive Wirkung haben könnten. Somit lernte Eve mit jedem Experiment hinzu und wurde schließlich fündig: TNP-470 ist ein Molekül, das bereits in mehreren onkologischen Studien untersucht wurde. Eve fand heraus, dass es zudem gegen den Parasiten wirkt, der Malaria verursacht. Die Ergebnisse von Eve basieren bisher nur auf In-vitro-Studien. Bestätigt sich die Wirkung jedoch zudem in klinischen Studien, so könnte Eve das Leben von Millionen Menschen verbessert haben.[6] Digitalisierung in der Wirkstoffentwicklung heißt also, dass Algorithmen immer mehr die Arbeit von Chemikern ergänzen oder gar teilweise übernehmen. Das spart Zeit und Geld.

Innerhalb der großen Pharmaunternehmen wurden in den vergangenen Jahren viele innovative Arbeitsprozesse und Projekte aufgesetzt, die digitale Tools oder Algorithmen innerhalb der Wirkstoffentwicklung nutzen. Zudem haben viele Start-ups innovative Business-Modelle entwickelt, bei denen sie mit Algorithmen Wirkstoffe erforschen. Oft sind sie eng mit Universitäten verbunden, denn anders als eine Lifestyle-Medizin-App handelt es sich bei der computergestützten

Wirkstoffforschung um ein Feld, das einen hohen Grad an Fachwissen und High-Tech erfordert. Diese Start-ups verstehen sich als »Next Generation Bio-Tech«, darunter sind *Insilico* aus Hong Kong, *Benevolent. ai* aus London, *Exscientia* aus Oxford, *DeepGenomics* aus Kanada sowie *Atomwise* und *TwoXAR* aus dem Silicon Valley.

Atomwise

Das Start-up *Atomwise* hat zwar keinen intelligenten Roboter entwickelt, der neue Wirkstoffe identifiziert, aber es verspricht mit seiner auf künstlicher Intelligenz basierenden Plattform, die Wirkstoffentdeckung drastisch zu verkürzen. Zuallererst muss ein Pharmaunternehmen ein Protein identifizieren, das im Krankheitsverlauf eine wichtige Rolle spielt und daher durch das neue Medikament beeinflusst werden soll. Atomwise will Pharmaunternehmen dabei helfen, potenzielle »Hits« zu identifizieren. Als Hit bezeichnet man ein Molekül, das mit dem Protein interagiert. Atomwise setzt dazu künstliche Intelligenz ein, um diese Hits zu »Leads« zu optimieren, also zu Molekülen, die auf die gewünschte Art und Weise mit dem Protein interagieren. Der Atomwise-Algorithmus untersucht die Wirkstoffe digital und prognostiziert die Erfolgswahrscheinlichkeit für die Experimente, bevor sie begonnen werden. So ist man in der Lage, nur die erfolgversprechendsten Moleküle in den Test zu geben.[7]

Novartis

Der Schweizer Pharmakonzern *Novartis* nutzt bereits seit 2017 Virtual-Reality-Brillen, mit denen Entwicklungsteams potenzielle Wirkstoffe dreidimensional erleben können. Auf 2-D-Computerbildschirmen können Chemiker zwar Moleküle darstellen und Verbindungen vorhersagen, die der potenzielle Wirkstoffkandidat eingehen könnte, aber erst eine 3-D-Visualisierung der Moleküle macht den potenziellen Wirkstoffkandidaten mit all seinen Strukturen wirklich erlebbar. Viktor Hornak arbeitet im computergestützten Wirkstoffentwicklungsteam bei

Novartis und ist überzeugt, dass Virtual Reality die Kommunikation zwischen Chemikern in Entwicklungsteams transformiert.[8] Denn insbesondere, wenn Chemiker erklären möchten, wie sie einen Wirkstoffkandidaten zu optimieren planen, hilft die räumliche Darstellung ungemein. So können die Forscher gemeinsam um das Protein herumgehen, es drehen und aus allen Winkeln betrachten. Die Forscher von Novartis nutzen dabei reguläre Virtual-Reality-Brillen und Controller, wie man sie aus der Welt der Computerspiele kennt. Lediglich die Software musste größtenteils eigenständig entwickelt werden. Die Hoffnung von Novartis ist es, mit diesem innovativen Ansatz die erforderliche Zeit im Entwicklungsprozess von Medikamenten zu reduzieren. Bisher dauert die Suche nach Wirkstoffkandidaten drei bis sechs Jahre.

TwoXAR

TwoXAR ist ein weiteres Start-up, das mithilfe von künstlicher Intelligenz den Wirkstoffentwicklungsprozess optimieren möchte. Das Gründungsteam von TwoXAR besteht aus zwei Forschern, die beide den Namen Andrew Radin tragen und sich am MIT kennengelernt haben. Darauf bezieht sich auch der Name des Start-ups, der so viel bedeutet wie zwei Mal Andrew Radin. Der erste Andrew ist Biomedizin-Informatiker und hat die Technologie hinter TwoXAR entwickelt. Dieser Andrew erklärt den Ansatz seines Unternehmens mit einer Analogie zum autonomen Fahren: Die Automobilentwicklung war lange Jahre von Ingenieuren getrieben. Oft hilft jedoch ein Perspektivenwechsel, ein Forschungsfeld drastisch weiterzuentwickeln, und diesen Perspektivenwechsel bringen nach Andrews Ansicht die Informatiker. Im Automobilbereich war deren Antwort auf Unfalltote nicht die Entwicklung von Sitzgurten oder Airbags, sondern die Überlegung, den Fahrer selbst als größte Gefahrenquelle aus dem Verkehr zu ziehen. Dieser Blickwinkel treibt momentan die Automobilbranche an.

Auch in der Medikamentenentwicklung haben Informatiker smarte Antworten. TwoXAR hat voriges Jahr mehr als zehn Projekte angestoßen, um nach neuen Wirkstoffen zu suchen. Teilweise arbeiten sie eigenständig, in anderen Projekten kooperieren sie mit Biotech- oder Pharmaunternehmen wie dem japanischen Konzern Santen Pharmaceutical oder dem amerikanischen Biotech Unternehmen Adynxx.

Ähnlich wie Atomwise führt TwoXAR Experimente digital durch. Die dabei gefundenen Moleküle haben eine 30-mal so hohe Wahrscheinlichkeit, in Tierversuchen erfolgreich zu wirken, wie Moleküle, die durch biologische Experimente identifiziert worden sind. In ersten Studien hat das Start-up vielversprechende Ergebnisse im Bereich rheumatoide Arthritis vorgelegt. Zumindest in Tierstudien konnte man erste Erfolge nachweisen, und das weitaus schneller, als es traditionell in der Pharmabranche üblich ist. TwoXAR ist ein Start-up, von dem man jedenfalls noch hören wird.[9]

Jedoch zeigen Beispiele wie das bereits im Kapitel über DIY-Tests vorgestellte Start-up Theranos immer wieder, dass nicht alle Versprechen der aufstrebenden Unternehmer für bare Münze genommen werden sollten. Die Ambitionen der Start-ups, die sich im Bereich künstliche Intelligenz in der Medikamentenentwicklung bewegen, sind sehr groß. Die Prozesse sollen um ein Vielfaches schneller werden, bei erheblich sinkenden Kosten. Austin Huang, im Bereich Biomedizin und Informatik bei Pfizer tätig, bleibt jedoch skeptisch: »Nur weil künstliche Intelligenz Auto fahren kann, ist sie nicht automatisch in der Lage, komplexe medizinische Probleme zu lösen.«[10] Deshalb entstehen die meisten Anwendungen im Bereich der Wirkstoffentwicklung innerhalb von etablierten Pharmafirmen, die diese Tools als zu hütendes Geheimnis im Wettbewerb betrachten, das aus der Verbindung von biologischer Fachkenntnis und IT-Knowhow entsteht. Die Menschheit jedenfalls kann von günstigeren Medikamenten, die schneller auf den Markt kommen, nur profitieren.

Digitale Patientenrekrutierung für klinische Studien

Klinische Studien scheitern oft an einfachen Dingen. Die größte Herausforderung ist es, genügend geeignete Patienten dafür zu rekrutieren. Allein im Bereich der Krebsimmuntherapien wurden im Jahr 2017 mehr als 2 000 klinische Studien durchgeführt, für die 600 000 Probanden notwendig gewesen wären. Ledig lich 50 000 Patienten konnten jedoch dafür gewonnen werden.[11] Eine Studie der National Institutes of Health zeigt, dass 85 Prozent aller Krebspatienten nicht wussten, dass sie an einer klinischen Studie hätten teilnehmen können. Zudem gaben 75 Prozent an, dass sie offen dafür gewesen wären, an einer klinischen Studie teilzunehmen.[12] Das Problem ist also weniger die fehlende Bereitschaft von Patienten als eine Informations- oder Wissenslücke. Es ist für Patienten und für Ärzte schwierig, sich über alle rekrutierenden klinischen Studien auf dem Laufenden zu halten.

Quelle: Eigene Darstellung

Antidote

Das Start-up *Antidote* hat es sich zum Ziel gesetzt, klinische Studien zu beschleunigen, indem es den Rekrutierungsprozess optimiert. »In den vergangenen 30 Jahren hat die Medizin unglaubliche Fortschritte gemacht, aber im Bereich der klinischen Studien hat sich wenig verändert. Das Rekrutieren von Patienten ist das Hindernis bei klinischen Studien. Dieses Problem zu lösen, motiviert mich jeden Tag«, sagt Antidote-CEO Laurent Schockmel.[13]

Antidote ist ein Aggregator und eine Suchplattform für klinische Studien weltweit. Inzwischen umfasst die Datenbank etwa 15 000 klinische Studien für über 700 Krankheiten; allesamt sind maschinenlesbar. Damit können bestimmte Studien schnell gefunden werden, und für Patienten ist es leichter einzuschätzen, ob eine Teilnahme von Interesse ist. Um die Datenbank aufzubauen, musste Antidote Standards in der Beschreibung von klinischen Studien definieren, denn jedes Pharmaunternehmen und jeder Studienleiter ging wiederum anders vor.

Mithilfe der Antidote-Plattform, die für Patienten kostenfrei verfügbar ist, können inzwischen bis zu 15 Millionen Menschen pro Monat erreicht werden. Die Reichweite erzielt Antidote, indem sie mit vielen Partnerorganisationen, wie zum Beispiel der American Kidney Foundation, zusammenarbeitet und deren Netzwerke nutzt, um auf Antidote aufmerksam zu machen.

Wer sich für eine Studienteilnahme interessiert, muss Krankheit, Wohnort, Alter und Geschlecht eingeben. Beispielsweise erscheinen für eine 50-jährige Frau, die in St. Louis, Missouri, wohnt und an Lungenkrebs leidet, mehr als 600 Studien, an denen sie teilnehmen kann. Sofern sie jedoch nur maximal 20 Meilen fahren möchte, reduziert sich diese Anzahl auf unter 70. Dieser Selektionsprozess lässt sich im betrachteten Beispiel noch verfeinern, sofern die Patientin die Mutation kennt, die den Lungenkrebs ausgelöst hat.

Der Service von Antidote kann für Pharmaunternehmen sehr wertvoll sein. In der Regel melden sie bereits in der Entwicklungsphase Patentschutz für den neuen Wirkstoffkandidaten an. Ab diesem Zeitpunkt tickt die Uhr, und die Unternehmen haben je nach Land 20 bis 25 Jahre Zeit, um den Wirkstoff exklusiv zu vermarkten. Danach fällt der Patentschutz und damit auch der Preis und die Marge, die mit dem Medikament erzielt werden kann. Bei einer durchschnittlichen Entwicklungsdauer von zehn bis fünfzehn Jahren bleiben lediglich rund zehn Jahre Patentlaufzeit übrig, um das Medikament exklusiv am Markt zu vertreiben und die durchschnittlich über 2 Milliarden US-Dollar Entwicklungskosten hereinzuholen. Wenn Antidote es schafft, die Entwicklungsdauer zu beschleunigen, so verlängert sich die exklusive Vermarktungszeit. Die Rekrutierung von klinischen Probanden dauert oft Monate, wenn nicht Jahre. Auf der Webseite verspricht Antidote den Pharmaunternehmen bis zu sechs Monate Zeitersparnis.[14] Zeit ist Geld – der alte Spruch gilt in dieser Branche ganz besonders. Das hat Antidote verstanden.

IBM Watson

Während bei Antidote immer noch der Patient oder die Ärztin eine Suchmaske ausfüllen müssen, um nach relevanten klinischen Studien zu suchen, geht *IBM Watson* einen vollautomatischen Weg, der auf künstliche Intelligenz setzt. Der Algorithmus von Watson durchsucht die elektronische Akte eines Patienten und vergleicht diese mit den verfügbaren klinischen Studien, die auf der Plattform www.clinicaltrials.gov registriert sind. Hat eine Ärztin einen Patienten mit einer seltenen Erkrankung, so muss sie nur das Programm Watson Clinical Trial öffnen und bekommt dann direkt Studien für den Patienten vorgeschlagen. Für Ärzte ist dieser Service sehr hilfreich, denn im Behandlungsalltag bleibt für sie oft keine Zeit, um nach klinischen Studien für ihre jeweiligen Patienten zu recherchieren.

Das IBM-Watson-Tool vereinfacht zudem das Einschreiben von Patienten in klinische Studien. Traditionell wurden klinische Studien nur in Krankenhäusern mit universitärem Forschungsbetrieb durchgeführt. Durch die Integration von IBM Watson ist es nun auch für nicht-universitäre Häuser einfacher, ihre Patienten in klinischen Studien unterzubringen. Steven Alberts, Chefarzt für Onkologie an der renommierten Mayo-Klinik in den USA, ist von IBM Watson überzeugt. Gemeinsam mit IBM hat die Mayo-Klinik den Algorithmus trainiert und getestet. Durch Watsons Hilfe konnte das Team pro Monat 84 Prozent mehr Patientinnen in ihre Brustkrebsstudien einschreiben. Zudem gaben Ärzte aus dem Team von Alberts an, dass der Rekrutierungsprozess durch Watson einfacher geworden sei und weniger Zeit gekostet habe.[15]

Science 37

Das Digital Health Start-up *Science 37* widmet sich einer weiteren Herausforderung bei der Rekrutierung von klinischen Studien: Mehr als 70 Prozent der potenziellen Probanden in den USA leben mehr als zwei Fahrstunden vom Untersuchungsort entfernt. Da einige Studien regelmäßige Tests vor Ort vorsehen, ist der Aufwand für die Patienten erheblich: Sie müssen mitunter mehrmals pro Woche große Strecken mit dem

Auto bewältigen. Daher hat Science 37 eine Plattform entwickelt, die es den Probanden erlaubt, von zu Hause aus an den Studien teilzunehmen. Damit, so argumentiert Noah Craft, CEO von Science 37, lässt sich das Problem lösen, dass viele Teilnehmende aufgrund der Reisestrapazen vorzeitig klinische Studien abbrechen. Die technologische Basis besteht aus einer cloud-basierten Anwendung mit entsprechenden Endgeräten, die Videotelefonate und den Austausch von Bildern erlauben. Die Probanden erhalten genaue Instruktionen, um die Studie schrittweise zu durchschreiten; bei Bedarf kann stets ein Untersuchungsleiter hinzugezogen werden. Der Vorteil dieses Ansatzes besteht darin, dass auch Menschen, die auf dem Land wohnen, ohne die Mühen des Pendelns an klinischen Studien teilnehmen können. Zudem dürften Kosten und Zeitaufwand der Untersuchung niedriger sein.

Apple

Auch der Technologiegigant *Apple* bietet eine Lösung an, um die Rekrutierung und Durchführung von klinischen Studien zu vereinfachen. Gesundheitstechnologie ist zu einem Standbein des Konzerns geworden:»Wenn man in der Zukunft auf Apple zurückblickt und nach unserem größten Beitrag für die Menschheit fragt, so wird dies unsere Gesundheitstechnologie sein«, so selbstbewusst äußerte sich Apples CEO Tim Cook in einem Interview mit dem Sender CNBC Anfang 2019.[16] Bereits 2015 brachte Apple seine Plattform ResearchKit auf den Markt, die es Pharmaunternehmen oder Forschungsinstituten ermöglicht, klinische Studien auf der Apple-Plattform durchzuführen. ResearchKit ist ein Open-Source-Framework, auf dem Forscher einfach und sicher ihre individuellen Apps programmieren und diese im App Store zu Verfügung stellen können. Apples ResearchKit hat drei große Vorteile für Forscher im Vergleich zu konventionellen Studien: vereinfachte Rekrutierung, weniger Kosten und Aufwand bei klinischen Studien und genauere Beobachtungsdaten, da Studienteilnehmer ihre Symptome mit dem Handy permanent und sehr nutzerfreundlich erfassen können.

Besonders deutlich werden diese Vorteile am Beispiel der von der Universität Rochester, New York, und dem gemeinnützigen Institut SageBionetworks programmierten App mPower, die auf ResearchKit basiert. Mit mPower erforscht das Team um SageBionetworks den Verlauf von Parkinson. Melinda Penkava hat Parkinson und nimmt an der Studie teil. Rekrutiert wurde Melinda über ihr reguläres iPhone. Mehr als 720 Millionen Menschen verwenden ein iPhone und sind damit potenzielle Teilnehmer an klinischen Studien. Für die Parkinsonstudie haben sich mehr als 16 000 Menschen eingeschrieben, knapp 15 000 qualifizierten sich als Teilnehmer. Die exzellenten Zahlen sind damit zu erklären, dass ResearchKit das Einschreiben kinderleicht macht. Es geht von zu Hause aus, mit einem Gerät, das Melinda Penkava und all die anderen Nutzer ohnehin tagtäglich bei sich tragen, ihrem Smartphone.[17]

In der mPower-App gibt Melinda mehrmals täglich Informationen zu ihren Symptomen ein. Diese können bei Parkinson im Laufe eines Tages stark schwanken. In einer konventionellen klinischen Studie müsste Melinda für jede Dateneingabe zu einem Forschungsinstitut gehen. Dies würde Zeit kosten, zudem könnten Melindas Daten nie in der gleichen Genauigkeit und Häufigkeit erfasst werden wie bei mPower.[18] Neben dem Beantworten von Fragebögen werden den Probanden in mPower verschiedene kognitive und motorische Aufgaben gestellt, die sie vor und nach der Einnahme ihrer Medikamente erfüllen müssen. In einer Aufgabe muss Melinda möglichst schnell auf ihr iPhone tippen. In einer weiteren muss sie 20 Schritte möglichst gerade laufen, und die Sensoren in ihrem iPhone messen ihren Gang. Die Forscher hoffen, so wichtige Erkenntnisse über den langfristigen Verlauf von Parkinson zu gewinnen.

Neben den genannten Unternehmen sind noch viele weiter Start-ups im Bereich der klinischen Tests aktiv. Auch das bereits vorgestellte Patientennetzwerk Patientslikeme rekrutiert inzwischen Teilnehmer für Studien. Zudem ist der Verbund *Clinical Trial Transformation Initiative*, eine Kooperation zwischen mehr als 80 Partnern aus Politik und Wirtschaft, wegweisend im Verbessern der Prozesse rund um klinische Studien.

Evidenz aus digitalen Realweltdaten

Statistische Evidenz aus Realweltdaten beschreibt ein zweites Muster, das die Medikamentenforschung kräftig aufwirbelt. Als Realweltdaten bezeichnet man Daten, die nicht aus streng kontrollierten klinischen Studien stammen. Dazu gehören zum Beispiel die im Behandlungsalltag in einer Patientenakte vermerkten Befunde, Laborergebnisse, Röntgen- oder Ultraschallbilder. Auch die Rechnungsdaten, über die Krankenversicherer verfügen, stellen Realweltdaten dar. Zudem werden über Gesundheitstracker wie Fitbits und Apple Watches Vitalwerte wie der Blutdruck oder die Herzfrequenz von Menschen aufgezeichnet. Das sind ebenfalls Realweltdaten aus dem Alltag des Patienten.

Quelle: Eigene Darstellung

Bisher wurden Realweltdaten nur selten für die Medikamentenforschung verwendet, da sie meist in Papierform in den Karteischränken von Praxen, Kliniken und Krankenversicherern gelagert wurden. Sie standen nicht zur Verfügung und waren zudem kaum systematisch erfasst. Die zweite Herausforderung bei Realweltdaten ist die schiere Größe dieser Datensätze. Denn anders als klinische Studien haben diese Daten keinen Anfang und kein Ende, außerdem keine definierte Fragestellung, die der Aufzeichnung zugrunde liegt. Wenn man auf die Gesamtheit aller Medizindaten schaut, ist davon auszugehen, dass lediglich 4 Prozent aus klinischen Studien stammen und 96 Prozent Realweltdaten sind.[19] Das ist relevant. Denn die klinische Praxis unterscheidet sich oft von der klinischen Studie – Patienten absolvieren ihre Therapie nicht regelmäßig, lassen einen Behandlungstermin ausfallen oder wechseln zwischenzeitlich die Medikation. Ausnahmeerscheinungen, zum Beispiel selten auftretende Fälle, in denen jemand überdurchschnittlich gut auf eine Behandlung anspricht, konnten nicht erkannt oder untersucht werden.

Die Digitalisierung von Realweltdaten in elektronischen Patientendatenbanken sowie der Einsatz von künstlicher Intelligenz ermöglichen nun die systematische Auswertung dieser bisher meist unbeachteten Daten. In Forscherkreisen werden Realweltdaten als eine der einflussreichsten Transformationen in der Medikamentenentwicklung gesehen. Diese Daten bieten viele Vorzüge im Vergleich zu Daten aus klinischen Studien, weshalb sie in der Medikamentenentwicklung zunehmend Beachtung finden.

Realweltdaten machen Zeitreisen möglich

Realweltdaten ermöglichen es, in der Zeit zurückzugehen, und haben damit eine entscheidende Bedeutung für Krankheiten, die sich am besten präventiv behandeln lassen. Zu diesen Krankheiten zählt nach dem heutigen Wissensstand der Forschung auch Alzheimer. Vom Schicksal der Alzheimerkranken haben wir in der Geschichte von Kate Newmans Mutter Nancy beispielhaft berichtet. Wir wissen nicht, ob Kates Mutter die Teilnahme an einer klinischen Studie angeboten wurde. Wenn dies der Fall wäre, so könnten im Rahmen der Studie lediglich die Symptome von Kates Mutter nach der gestellten Diagnose untersucht werden. Aufschlussreich könnten jedoch auch die Daten aus Nancys Patientenakte vor ihrer Erkrankung sein, wenn man sie mit denen anderer Alzheimerkranker vergleicht: Gibt es Mutationen im Genom von Nancy und anderen Alzheimerkranken, anhand derer man schon vor der Diagnose der Krankheit auf deren Ausbruch hätte schließen können? Gibt es Symptome, die bei allen Erkrankten auftreten, bevor Alzheimer diagnostiziert wurde? Weisen die Erkrankten ähnliche soziodemografische Faktoren auf? Mit Realweltdaten lässt sich systematisch nach Hinweisen suchen, die helfen, eine Krankheit und deren Entstehung besser zu verstehen und eine frühere Diagnose zu ermöglichen.

Realweltdaten können Kontrollgruppen ersetzen

Auch innerhalb von klinischen Studien können Realweltdaten eine entscheidende Rolle spielen. Zumeist werden klinische Studien als randomisierte, kontrollierte Tests durchgeführt. Dies bedeutet, dass Probanden nach dem Zufallsprinzip einer Interventions- und einer Kontrollgruppe zugeteilt werden, wobei weder die Probanden noch die Ärzte wissen sollten, welcher Patient zu welcher Gruppe gehört. Die Patienten der Interventionsgruppe erhalten das neue Medikament oder die neue Behandlung. Die Patienten in der Kontrollgruppe erhalten ein Placebo-Medikament oder den derzeitigen Behandlungsstandard. Besonders wenn die neue Therapie vielversprechend und die Erkrankung lebensbedrohlich ist, kommen ethische Bedenken auf. Immerhin erhält die Hälfte der Studienteilnehmer eine Behandlung nach dem aktuellen Standard und nicht das neue, vielleicht lebensrettende Medikament.

Hier können Realweltdaten ansetzen. Statt eine Kontrollgruppe innerhalb einer klinischen Studie zu untersuchen, könnte man auf Realweltdaten aus der Vergangenheit zurückgreifen und so den derzeitigen Behandlungsstandard evaluieren. In onkologischen Studien in den USA wurde dieses Verfahren bereits angewandt und von der dortigen Zulassungsbehörde unter gewissen Bedingungen akzeptiert.[20] Entscheidend ist, dass die Daten »regulatory grade« sind – sprich, so gut, dass sie im Rahmen der streng regulierten Medikamentenzulassung verwendet werden können. Cathy Critchlow ist Vizepräsidentin beim Biotechnologiekonzern Amgen und hat diesen Prozess betreut. »Es war besonders wichtig, in der Realweltpopulation eine ähnliche Vergleichsgruppe zu finden, die statt unserer experimentellen Therapie den Behandlungsstandard erhalten hat, um deren Therapieergebnisse und Nebenwirkungen zu evaluieren.«[21]

Gelingt es, Kontrollgruppen aus Realweltdaten zu bilden, ist dies für die klinische Studie nicht nur günstiger, sondern beschleunigt gleichzeitig die Patientenrekrutierung und damit potenziell die Zulassung des neuen Medikaments.

Realweltdaten können neue Anwendungsfelder für existierende Medikamente finden

Spätestens seit der Entdeckung des Wirkstoffes Sildenafil, der unter dem Namen Viagra besser bekannt ist, weiß die Öffentlichkeit, dass für Medikamente unvorhergesehene Anwendungsfelder entdeckt werden. Der Pharmakonzern Pfizer führte ursprünglich eine klinische Studie durch, um den Nutzen von Sildenafil für Patienten mit Brustschmerzen aufgrund von koronaren Herzerkrankungen zu überprüfen. Pfizer ging davon aus, dass Sildenafil die Gefäße im Herzen entspannen und somit die Brustschmerzen lindern würde. Die klinische Studie bestätigte jedoch nicht die vorhergesehene Wirkung. Die Probanden konnten nicht bestätigen, dass ihre Brustschmerzen verschwanden – sie erzählten vielmehr, dass Sildenafil vermehrt zu Erektionen führe. Spätestens als Unbekannte in das klinische Labor einbrachen, um Sildenafil-Bestände zu stehlen, wurde Pfizer klar: Man war unverhofft auf eine Goldader gestoßen. Im Jahr 1998 brachte Pfizer Sildenafil unter dem Namen Viagra als Medikament für Erektionsstörungen auf den Markt. Viagra wurde zu einem der meistverkauften Medikamente der Welt.[22]

Die Zulassung von Medikamenten ist immer an das in der klinischen Studie evaluierte Anwendungsgebiet, die Indikation, gebunden. Oft sind für Medikamente jedoch über diesen Rahmen hinaus weitere Anwendungsfelder bekannt. Da klinische Studien jedoch sehr teuer sind – sie kosten durchschnittlich 30 bis 40 Millionen US-Dollar[23] – und lange dauern, können insbesondere seltene Indikationen häufig nicht in solchen Studien überprüft werden. Trotz der fehlenden klinischen Validierung können Ärzte Medikamente für Anwendungsfelder verschreiben, die über den überprüften Nutzen hinausgehen. Man spricht von »Off-Label Use«. Dies ist kein seltenes Phänomen: Schätzungen zufolge werden rund 20 Prozent aller Medikamente »Off-Label« eingesetzt. Ein Beispiel ist der Wirkstoff Prazosin, der zur Behandlung von Bluthochdruck zugelassen ist, aber auch bei Albträumen im Rahmen von posttraumatischen Störungen eingesetzt wird.

Durch Realweltdaten können Off-Label Uses kostengünstig getestet werden, ohne dass eine teure klinische Studie durchgeführt werden muss. Das hat den Vorteil, dass der Nutzen der Medikamente klar dokumentiert und Nebenwirkungen systematisch untersucht werden können. Zudem schafft es einen sicheren rechtlichen Rahmen für die Verschreibung und die Erstattung der Medikamente für neue Anwendungsfelder. Die amerikanische Regulierungsbehörde FDA ermuntert die Pharmaunternehmen bereits, bestehende Medikamente anhand von Realweltdaten für breitere Anwendungsfelder zu überprüfen.

Realweltdaten können die Erfolgswahrscheinlichkeit eines Studiendesigns verbessern

Es ist schon verrückt, wie sehr scheinbare Kleinigkeiten über die Dauer, die Kosten und den Erfolg einer klinischen Studie entscheiden können. Sollten die Probanden zwischen 45 und 65 Jahre alt sein oder doch lieber zwischen 45 und 75 Jahre? Das ist möglicherweise eine erfolgskritische Frage.

Realweltdaten können die Zulassung von Medikamenten beschleunigen, indem sie helfen, klinische Studien möglichst effizient zu gestalten. Durch qualitativ hochwertige Realweltdaten können die Rekrutierungskriterien für klinische Studien optimiert werden, da diese zum Beispiel aufzeigen, wie eine Patientengruppe im Hinblick auf Alter, Geschlecht oder andere soziodemografische Kriterien verteilt ist. Zudem können Realweltdaten zeigen, bei welchen Patientengruppen die derzeitige Standardtherapie eher schlecht anschlägt oder besonders viele Nebenwirkungen hervorruft. Klinische Studien können sich dann auf diese Patientengruppen fokussieren, was die Erfolgswahrscheinlichkeit der Untersuchung erhöhen kann.

Realweltdaten ergänzen das aus klinischen Studien gewonnene Wissen

Wie wirkt ein Medikament im wirklichen Leben, wenn Patienten dieses vielleicht nicht immer pünktlich zum vorgesehenen Zeitpunkt einnehmen? Welche Nebenwirkungen treten auf, wenn ein Patient neben dem Präparat noch weitere Medikamente einnimmt? Wie wirkt ein Medikament bei übergewichtigen Menschen im Vergleich zu untergewichtigen?

Während in klinischen Studien Nebenwirkungen von lediglich einigen Tausend Patienten untersucht werden, können Realweltdaten die Nebenwirkungen bei Millionen von Patienten dokumentieren. Insofern ergänzen Realweltdaten das in klinischen Studien gewonnene Wissen. Dies ist besonders relevant bei seltenen, aber gefährlichen Nebenwirkungen. Ein Beispiel ist der Contergan-Skandal, der in den 1960er-Jahren aufgedeckt wurde.

Für ihre Schüler ist Bärbel Drohmann eine ganz normale Mathematiklehrerin. Von ihren Kolleginnen und Kollegen wird Frau Drohmann als »zuneigend und zugleich streng« beschrieben. Der Westdeutsche Rundfunk berichtete 2006 von der mutigen Lehrerin, die trotz fehlender Arme und unvollständig ausgebildeter Hände am Gymnasium in Selm, Nordrhein-Westfallen, mit einem vollen Deputat unterrichtete.[24] Bärbel Drohmann gehört zu den mehr als 5 000 Kindern, die zwischen 1958 und 1962 mit Fehlbildungen auf die Welt kamen. Ursache war das Beruhigungsmittel Contergan, das bei Einnahme in der frühen Schwangerschaft zu Fehlbildungen am Fötus führte. Im Rahmen der damals durch die Herstellerfirma *Grünenthal* durchgeführten Studien waren diese Nebenwirkungen nicht erkannt worden. Schwangere sind meist von den Probandengruppen in klinischen Studien ausgeschlossen, um die Gefahr von Nebenwirkungen auf das Kind auszuschließen. So war das auch bei Contergan.

Als 1958 vermehrt Kinder mit Fehlbildungen zur Welt kamen, tappte man in Deutschland bei der Suche nach den Ursachen im Dunkeln. Im Bundestag wurden Debatten geführt, ob die Fehlbildungen mit den damals in Zeiten des Kalten Krieges durchgeführten Kernwaffentests in Zusammenhang stehen könnten. Es fehlte zudem an verlässlichen Statistiken, die einen Anstieg der Zahl von Kindern mit Fehlbildungen stichhaltig belegen konnten. Ganze drei Jahre vergingen, bis man auf den Zusammenhang mit Contergan kam. Erst 1961 wurde der Verkauf von Contergan eingestellt.

Wie wäre der Fall Contergan in Zeiten von Realweltdaten verlaufen? Es ist davon auszugehen, dass Realweltdaten und schlaue Algorithmen deutlich schneller und präziser einen Zusammenhang zwischen Contergan-Einnahme in der Schwangerschaft und Fehlbildungen bei Kindern gefunden hätten. Realweltdatenbanken können für mehr Sicherheit in der Medizin sorgen.

Bei all den Vorzügen, die Realweltdaten für die Medikamentenentwicklung und die Medizin im Allgemeinen mit sich bringen, ist trotzdem Vorsicht geboten. Denn wie immer, wenn Daten im Spiel sind, stellt sich die Frage: Wem gehören sie? Sind Behandlungsdaten Eigentum der behandelnden Ärzte und Kliniken, die diese dokumentieren? Gehören die Daten dem Patienten? Oder sind die Gesundheitsdaten eines Landes nationales Eigentum, weil sie in ihrer Gesamtheit der Bevölkerung einen Mehrwert bringen? Diese Fragen sind auf nationaler Ebene unterschiedlich geregelt und bedürfen einer gesellschaftlichen Debatte. Zuallererst gehören Medizindaten selbstverständlich der Patientin und dem Patienten. Die Persönlichkeitsrechte sind zu achten. In anonymisierter Form jedoch können Daten in den meisten Ländern für medizinische Studien genutzt werden. Wichtig ist auch, dass die Daten in hoher Qualität erfasst und in auswertbaren Datenbanken zusammengestellt werden. Denn nur auswertbare Daten sind nützliche Daten.

In Finnland und Großbritannien wird das Aufbereiten der Daten auf nationaler Ebene staatlich gesteuert. In den USA können Kliniken ihre Daten an privatwirtschaftliche Akteure verkaufen, die sie aufbereiten und aggregieren. Dort wurde das Potenzial der Realweltdaten bisher am stärksten erkannt. Der Kongress hat 2016 den »21st Century Cures Act« verabschiedet, der es der Zulassungsbehörde erlaubt, Realweltdaten in Zulassungsverfahren für neue Therapiefelder für bereits etablierte Medikamente zu akzeptieren. Zudem können Realweltdaten die Zulassung von neuen Medikamenten vereinfachen, indem sie zum Beispiel im Rahmen von hybriden Testverfahren eingesetzt werden, bei denen sie Kontrollgruppen ersetzen. Auch in Deutschland treibt das Gesundheitsministerium eine Agenda zur Digitalisierung des Gesundheitssystems voran. Im Rahmen des Digitale-Versorgung-Gesetzes soll eine Realweltdatenbank aller 73 Millionen gesetzlich versicherter Patientinnen und Patienten geschaffen werden. Egal wie die Debatten über Realweltdaten in den einzelnen Ländern laufen, sie dürften in Zukunft in den Forschungsabteilungen von Universitäten, Pharma- und Biotechunternehmen eine prägende Rolle spielen. Nicht umsonst haben nun fast alle entsprechenden Unternehmen medizinische Realweltdaten für Forschung und Entwicklung zu einem zentralen Thema gemacht.

Auch sind viele Start-ups im Bereich Realweltdaten aktiv. Zu ihnen gehören *Flatiron Health, Hello Heart, Healthbank, Data4Life, Redox, Aetion Health* und *iCarbonX* aus China. Zwei der genannten Start-ups wollen wir im Folgenden vorstellen.

Flatiron Health

Das Unternehmen *Flatiron Health* unterhält eine der führenden Realwelt-Datenbanken im Bereich der Onkologie. Neben Softwarelösungen zur genaueren Behandlung von Krebspatienten, wird diese Datenbank auch für die Forschung und Entwicklung von Drittunternehmen verwendet. In den USA nehmen nur etwa 4 Prozent aller Krebspatienten an klinischen Studien teil, folglich gehen alle Erkenntnisse über die anderen 96 Prozent der Erkrankten verloren. Vor allem für die Weiterentwicklung von Medikamenten und Therapien wäre eine Berücksichtigung aller Erkrankten wertvoll. Flatiron ist für die Gründer Nat Turner und Zach Weinberg eine sehr persönliche Geschichte: Bei Nats Cousin Brennan wurde im Alter von sieben Jahren eine seltene Form von Leukämie festgestellt. Die Familie fand sich von einem Tag auf den anderen in einem Albtraum wieder und war mit der Situation überfordert. Was ist die beste Therapie? Wie kann man Brennan wirklich helfen? Nat war schockiert, wie fragmentiert das Gesundheitswesen war und wie sehr in Silos gedacht wurde. Nachdem Nat und Zach zuvor bereits gemeinsam ein Start-up gegründet und dieses erfolgreich an Google verkauft hatten, entschlossen sich die beiden, 2012 nochmals zusammenzuarbeiten und ein Unternehmen zu gründen, um der Krebsforschung möglichst viele Daten bereitzustellen.

Sie entwickelten eine cloud-basierte Plattform, auf der sich die elektronischen Patientendossiers von Krebspatienten befinden. In diesen Unterlagen sind alle Befunde von Untersuchungen sowie die verabreichten Medikamente und die verschriebenen Therapien vermerkt. Zudem sind zahlreiche Analysefunktionen integriert, die es Ärzten und Forschern erlauben, entsprechende Auswertungen durchzuführen.

Inzwischen befinden sich die Daten von mehr als drei Millionen Menschen auf dieser Plattform. Fast 300 Kliniken gehören zu dem

Netzwerk und stellen Daten bereit, die von mehr als 2 500 Forscherinnen und Forschern analysiert werden. Nicht nur die Gründer von Flatiron, sondern auch zahlreiche Gesundheitsorganisationen sehen in diesem Ansatz die Chance, deutlich mehr und vor allem viel schneller über die Wirksamkeit von Medikamenten und Therapien zu lernen. Inzwischen hat Flatiron seine Services über die Realweltdatenbank hinaus ausgebaut und bietet Softwarelösungen für Onkologiepraxen und -abteilungen an. Der Pharmakonzern Roche hat das Potenzial von Flatiron erkannt und das Unternehmen 2018 übernommen. Dennoch operiert Flatiron Health weiterhin als eigenständiges Unternehmen mit anderen Drittunternehmen zusammen. Aber mit der Analysekapazität und Datenbank hat das Basler Gesundheitsunternehmen eine der größten Investitionen der Branche überhaupt im Bereich »Real World Data« gemacht – und baut damit auf eine Zukunft in der hochqualitative Gesundheitsdaten immer wichtiger werden.

Aetion Health

Das Start-up *Aetion Health* ist ein weiterer bedeutender Akteur, gegründet von Jeremy Rassen und Sebastian Schneeweiss im Jahr 2013. Jeremy erzählte die Geschichte hinter dem Namen von Aetion Health auf einer Konferenz in New York: »Aetion ist an das griechische Wort für Kausalität angelehnt. Bei Aetion Health ist es unsere Mission, aus Realweltdaten mithilfe von Informatik kausale Zusammenhänge zu erkennen und so kritische medizinische Entscheidungen zu beeinflussen.«[25]
Anders als Flatiron Health konzentriert sich Aetion Health nicht darauf, eine Realweltdatenbank zu bauen. Man will die beste Realweltdaten-Analyseplattform entwickeln. Das Unternehmen ist dazu eine Kooperation mit der amerikanischen Zulassungsbehörde eingegangen. Im Rahmen des Projektes »Repeat« repliziert Aetion gemeinsam mit der Behörde die Ergebnisse von 40 klinischen Studien, basierend auf Realweltdaten. Zudem versucht das Unternehmen, die Ergebnisse von sieben laufenden klinischen Studien basierend auf Realweltdaten vorherzusagen. Gelingt dies, so könnte dieser Erfolg die Bestimmungen für die Medikamentenzulassung in den USA nachhaltig verändern.

Präzisionsmedizin

Historisch betrachtet war die Pharmabranche stets von der Suche nach Blockbustern getrieben, also nach Medikamenten, die eine hohe Relevanz für möglichst viele Patienten haben und daher besonders große Umsätze erzielen. Mit der Entschlüsselung des menschlichen Genoms und dem rasanten Fortschritt bei Kenntnissen darüber, wie Krankheiten auf einer molekularen Ebene aussehen, hat sich das Blatt jedoch gewendet. Der Begriff personalisierte Medizin, auch Präzisionsmedizin genannt, beschreibt eine entgegengesetzte Entwicklung: eine für klar definierte Patientengruppen passende Therapie zu finden. Anstatt Medikamente für Millionen von Menschen zu produzieren, werden in der personalisierten Medizin mitunter Medikamente entwickelt, bei denen man anhand von molekular oder genetisch spezifizierten Kriterien vorab schon sagen kann, ob das Medikament beim Patienten wahrscheinlich wirkt oder nicht.

Quelle: Eigene Darstellung

Der amerikanische Präsident Barack Obama startete im Jahr 2015 die »Präzisionsmedizin-Initiative«, die Grundlagenforschung im Bereich der personalisierten Medizin fördert. Er nannte personalisierte Medizin »eine der bahnbrechendsten medizinischen Entwicklungen«[26]. Natürlich wussten Ärzte schon lange, dass jeder Patient als Individuum zu betrachten ist und Besonderheiten aufweist. Bereits im frühen 20. Jahrhundert wurde das Blutgruppensystem vom österreichischen Hämatologen Karl Landsteiner entdeckt, der dafür den Nobelpreis erhielt.[27] Genau genommen ist das Anpassen von Bluttransfusionen auf den jeweiligen Bluttypen bereits eine Form von personalisierter Medizin. Wie aber würde die Medizin aussehen, wenn es genauso einfach und gängig wäre, ein Krebsmedikament an das Genom eines Patienten anzupassen? Präsident Obama sah das Potenzial der personalisierten Medizin darin, »die richtige Behandlung, den richtigen Patienten zum richtigen Zeitpunkt zu geben«. Einige naturwissenschaftliche und technologische Entwicklungen helfen dabei, diesen Auftrag zu erfüllen. Sie schaffen die Grundlagen für die moderne, personalisierte Medizin.

Die Digitalisierung wird den Trend zur Personalisierung verstärken. Sogar bis hin zu Mitteln wie personalisierten Tumorvaccinen oder CAR-T-Cell-Therapien, die nur spezifisch für einen einzigen Patienten, eine einzige Patientin entwickelt wurden. Auf jeden Fall werden die Kohorten jedoch immer genauer definiert. Dabei werden Daten und genetisches Profil mit maschinell gelernten Zusammenhängen aus Realweltdatenbanken verknüpft. Daraus entsteht ein patientenspezifischer Behandlungsvorschlag.

Die Entschlüsselung des Genoms

Im Jahr 2003 wurde im Rahmen des Human-Genome-Projekts das menschliche Genom zum ersten Mal vollständig sequenziert. Der Prozess dauerte damals Jahre und kostete rund drei Milliarden US-Dollar. Heute kann man für wenige Hundert US-Dollar und in kürzester Zeit ein genetisches Screening durchführen.[28] Der Zugang zu genetischer Information gibt Aufschluss über die Heterogenität von Patienten sowie deren Krankheiten. Tumor-DNA kann sequenziert werden, um Hinweise zu finden, welche Therapie am besten wirken könnte. Tumore können unterschiedliche Oberflächenstrukturen haben, daher wirken bestimmte Therapien bei einigen Patienten und bei anderen eben nicht. Seit 2018 übernimmt die staatliche amerikanische Krankenversicherung Medicare die Kosten für ein Genscreening bei Krebspatienten.[29] Gleiches gilt auch in Deutschland und in der Schweiz. Die Zeit der Krebstherapien nach dem Motto »one size fits all«, bestehend aus Operation, Chemotherapie und Bestrahlung, ist vorbei.

Stetig steigende Rechenleistung von Computern und smarte Algorithmen

Bisher blieben Realweltdaten meist unbeachtet, da deren schiere Masse nicht zu bewältigen war. Ausgewertet wurden nur klinische Studien. Die Fortschritte in der Rechenleistung von Computern und die immer besser werdenden Algorithmen machen es heute möglich, dass Computer Muster und Zusammenhänge in Zettabyte-großen Datensätzen finden.

Neben den großen Unternehmen im Pharma- und Technologiebereich, die weiter die Entwicklung prägen, sind bei dieser nächsten Generation der personalisierten Medizin viele Start-ups entstanden. Unter ihnen sind *iCarbonX* aus China (Personalisierung durch das Sammeln von möglichst vielen Daten und KI-Analyse), *Biovotion* und *Encellin* (kontinuierliches Vermessen von Patienten durch innovative Sensortechnologie), *InsightRX* und *Celcuity* (Bestimmung des am besten passenden Medikamentes basierend auf der Demographie, Genetik und Biomarkern des Patienten), *Freenome* (innovative Bluttests zur Krebsdiagnostik), *Nostos Genomics* und viele mehr. Zwei spannende Start-ups wollen wir detaillierter vorstellen.

Celcuity

Die Firma *Celcuity* wurde 2012 von einem erfahrenen Führungsteam gegründet: Lance Laing ist Biophysiker mit mehr als 20 Jahren Erfahrung in der Medikamentenentwicklung, der unter anderem für Novartis gearbeitet hat. Brian Sullivan bringt die Wirtschaftsperspektive ins Gründungsteam. Er hat bereits vor Celcuity mehrere Medizinunternehmen geführt und erfolgreich verkauft. Auch Celcuity soll eine Erfolgsgeschichte werden. Ein erster Schritt hierzu ist bereits gemacht: Seit 2017 wird Celcuity an der amerikanischen Technologiebörse Nasdaq gehandelt.

Celcuity ist im Bereich der Onkologie tätig und entwickelt Tests, die helfen, Krebsmedikamente noch zielgerichteter einzusetzen. Das Unternehmen nutzt lebende Krebszellen von Patienten und untersucht sie, um die Therapie zu identifizieren, die am besten wirken könnte. Bisher fokussiert sich das Unternehmen dabei auf Brustkrebs und hat einen Test entwickelt, der die Sequenzen HER1, HER2, HER3 identifiziert und evaluiert, ob die entsprechenden biologischen Signalwege abnormal aktiviert sind. Das Team ist überzeugt, dass diese Sequenzen, ähnlich wie die BRCA1- und BRCA2-Gene, wichtige Indizien für die Behandlung von Brustkrebspatienten geben können.

icarbonx

Das Start-up *iCarbonX* ist auf dem besten Weg, zu einem Amazon für Gesundheitsdienste zu werden. Der Clou: Das Unternehmen kombiniert Erkenntnisse aus Biotechnologie und Genetik mit anderen Indikatoren wie Metaboliten, Bakterien und Lebensstil, um jeden Menschen digital zu vermessen. Man will jeden Teilnehmenden in- und auswendig kennen, mitsamt seiner DNA, seinen Pheromonen, Enzymen und Proteinen. Zur Bewältigung dieser enormen Datenfülle kommen Algorithmen aus der künstlichen Intelligenz zum Einsatz.

Eine Plattform namens Meum sammelt alle diese Daten und entwickelt daraus Services für die Kunden. Nicht alle Empfehlungen, die die Plattform Meum gibt, fußen auf soliden medizinischen Erkenntnissen. Beispielsweise ergibt die Urinauswertung, dass man für eine bessere Haut mehr Probiotika zu sich nehmen muss. Eine DNA-Analyse legt nahe, dass man wegen einer genetischen Veranlagung für Diabetes 40 Minuten Ausdauersport täglich machen sollte. Selbst die Reaktionen des Körpers auf den Genuss einer Tasse Kaffee oder einer sportlichen Betätigung lassen sich erfassen. Es entsteht ein digitales Abbild des Menschen, damit seine vielfältigen Handlungen im Hinblick auf ihre Wirkungen eingeschätzt werden können.

iCarbonX wurde 2015 von Jun Wang, dem ehemaligen Leiter des Beijing Genomic Institute, gegründet. Er wollte etwas völlig Neues schaffen, den Blick nicht nur auf die Genetik richten, sondern alle möglichen

Daten eines Menschen zusammenführen. Hierzu gründete er die *Digital Life Alliance*, eine Kooperation von Unternehmen, die Daten zusammenführt. Schon jetzt machen mehr als eine Million Menschen aus China, Amerika und Israel mit.

Und wie steht es eigentlich um die Messungen des Firmengründers? Alle drei Wochen lässt sich Wang Blut abnehmen. Urin sogar täglich. Folgt er allen Vorschlägen, die sich aus den Auswertungen ergeben? »Ich würde gerne, aber ich habe zu viel zu tun«, seufzt er. »Außerdem hat jeder Mensch seinen eigenen Willen.« iCarbonX ist wie ein GPS: Sofern man unbedingt eine andere Route fahren möchte, kann einen niemand daran hindern.

Wie man mit all den persönlichen Daten umgeht? Grundsätzlich seien chinesische Patienten eher bereit, Daten zu teilen, als westliche Menschen, sagt Wang. Gleichwohl könnten die Kunden selbst entscheiden, ob die Daten anonymisiert an Dritte weitergeleitet werden dürfen. iCarbonX verspricht, sich an alle internationalen Gesetze zum Datenschutz zu halten. Eines ist dem Gründer jedoch wichtig: Je mehr Daten, je spezifischer die Therapie, desto besser das Leben eines jeden.

Teil III
Die fünf Pfeiler des Gesundheitssystems von morgen

Einleitung

In diesem Abschnitt ist unser Anspruch, Orientierung für die Gesundheitssysteme des 21. Jahrhunderts zu geben. Wir wollen Leitlinien für die Gesundheitssysteme des digitalen Zeitalters entwerfen. Diese Leitlinien sollen überschaubar und handhabbar sein – für Bürgerinnen und Bürger, Ärztinnen und Ärzte, Patientinnen und Patienten, für alle weiteren Akteure im Gesundheitswesen. In Teil II dieses Buches haben wir die wichtigsten Entwicklungen eines digitalen Gesundheitssystems anhand von 25 Wirkungsmustern beschrieben und mit Thesen und Beispielen hinterlegt. In diesem kurzen, abschließenden Teil III leiten wir aus diesen Mustern und Thesen einen prägnanten Ordnungsrahmen für das künftige Gesundheitswesen ab.

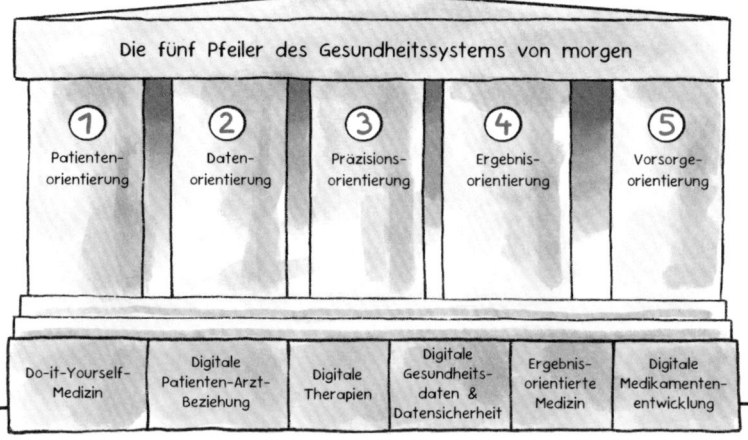

Quelle: Eigene Darstellung

Die Frage lautet: Woran orientieren sich »idealtypische« Gesundheitssysteme im digitalen Zeitalter? Welches sind die zentralen Pfeiler, die allen Beteiligten, von den Patienten bis zu den Politikern, nachhaltig Orientierung und Halt geben? Basierend auf den Mustern und Thesen aus Teil II entstehen aus unserer Sicht fünf Pfeiler, an denen sich Gesundheitssysteme von morgen orientieren werden. Diese wollen wir im Folgenden vorstellen.

Kapitel 10
Neue Rollenverteilung: Patienten an die Macht – und in die Pflicht

Unsere Kernaussage:

Gesundheitssysteme im digitalen Zeitalter orientieren sich an der neuen Rolle von Patientinnen und Patienten. Die Do-it-yourself-Muster, neue Wege der Patienten-Arzt-Kommunikation und digitale Therapien führen zwingend dazu, dass sich das Selbstverständnis der Patienten ändert und sich ein neues Gleichgewicht zwischen Patienten und Gesundheitssystem ergibt. Der Patient sitzt am Steuer, der Arzt wird zum geschätzten Partner auf Augenhöhe. Der Patient erhält neben mehr Macht auch mehr Eigenverantwortung. Ohnehin wird der Begriff »Patient« immer unpassender. Der Patient von morgen ist oft ein Mensch, der so gesund wie möglich bleiben will und dabei Gesundheitsdaten produziert. Der Patient wird zum immer autonomeren Hybrid aus Konsument, Produzent und Patient.

Quelle: Eigene Darstellung

Digitalisierung bedeutet Selbstversorgung und Selbstbestimmung, wo immer möglich. Das gilt auch im Gesundheitswesen. Während dieser Veränderung wird sich auch die Rolle des Patienten grundlegend ändern.

Das Wort Patient kommt aus dem Lateinischen und bedeutet auf Deutsch so viel wie: leidend, ertragend, aushaltend. Der Wortstamm ist in der englischen Sprache wohl noch präsenter. Hier wird »be patient« genutzt, um Personen zu signalisieren, dass sie ruhig bleiben und warten sollen. Der Begriff Patient schreibt dem Kranken also eine passive Rolle zu. Zudem drückt er eine Hierarchie zwischen dem Patienten (dem Ertragenden) und dem Arzt (dem Handelnden und Entscheider) aus.

Diese Rolle ändert sich nun in zweierlei Hinsicht. Zum einen wird der Patient im Sinne des »Do-it-Yourself« eine aktive und fordernde Rolle einnehmen. Schon heute recherchieren je nach Land und Region zwischen 50 und 80 Prozent aller Patienten im Internet, bevor sie zum Arzt gehen. Das Internet verändert die Institutionen des Gesundheitswesens wie einst der Buchdruck die Kirche. Es entwickelt sich zum Ratgeber des Patienten mit einer ähnlichen Stellung wie der Arzt. Dadurch werden Patienten mündiger und entscheiden bei der Wahl von Therapien mit. Zudem gelangen sie eigenständig zu Diagnosen, indem sie Tests zu Hause durchführen oder gemeinsam mit einem digitalen Coach ihre chronische Krankheit behandeln, wie schon heute mit der App mySugr. Darüber hinaus verändert der Wandel von einer therapierenden zu einer vorsorgenden Medizin das Bild des Patienten.

Neue Technologien ermöglichen es Patienten, leichter und schneller als bisher an medizinische Informationen zu gelangen. Dank der elektronischen Gesundheitsakte wird der Mensch zudem über alle Informationen, die seine Gesundheit betreffen, selbst verfügen.

Welche Rolle spielt der Arzt, wenn der einzelne Mensch und auch Algorithmen künftig mehr Verantwortung übernehmen? Brauchen wir ihn überhaupt noch? Die Antwort ist ein klares: Ja! Das volle Wartezimmer könnte sich trotzdem schon bald leeren. Denn der Arzt wird befreit von administrativer Arbeit. Er wandelt sich vom »Halbgott in Weiß« zum Coach. Und er muss umdenken. Die Menschen, die ihm gegenübersitzen, haben sich immer öfter vor ihrem Praxisbesuch im Internet informiert. Sie sind mündig und möchten in den Prozess der

Entscheidungsfindung einbezogen werden. Eric Topol, Vordenker in Sachen digitale Gesundheitswelt, spricht mit Blick auf das traditionelle Arzt-Patient-Verhältnis von »eminence based versus evidence based medicine« – also von einer Medizin, die sich mehr am Ego von Ärzten als an medizinisch nachgewiesenen Fakten orientiert.[1] Das Handeln des Arztes wird in Zukunft transparenter werden. Er ist schon lange nicht mehr der »allwissende Heiler« aus der Zeit des Hippokrates, der einer Gottheit nahekommt. Moderne Ärzte schätzen es, wenn sich Patienten über ihre Krankheit informieren, und unterstützen sie dabei, indem sie ihnen vertrauenswürdige Internetportale empfehlen.

Patienten bewerten die Behandlung durch ihre Ärzte immer häufiger im Internet. Damit wandeln sie sich in diesem Aspekt zum Kunden, und der Arzt entwickelt sich zu einem Dienstleister. Neben der richtigen und guten Behandlung wird es daher immer wichtiger, dass Ärzte sich die Zeit nehmen, die ausgewählte Therapie ihren Patienten zu erklären. Dies geht auch mit einem Wandel in der Sprache einher. Warum bedarf es lateinischer Fachbegriffe bei Gesprächen zwischen Arzt und Patient?

Die Zeit der verbalen Abgrenzung ist an vielen Orten schon Geschichte – Ärzte und Patienten diskutieren auf Augenhöhe. Übrigens: Eine verständlichere Sprache nimmt automatisch die Patienten mehr in die Verantwortung für ihre Gesundheit. Noch nie war es so klar und eindeutig, welche Verhaltensweisen die Gesundheit beeinflussen, negativ oder positiv. Der eigene Lebenswandel ist für rund die Hälfte aller chronischen Krankheiten verantwortlich. Es bedarf deshalb einer gesellschaftlichen Debatte, inwieweit Menschen künftig in die Pflicht genommen werden sollten, auf ihre eigene Gesundheit zu achten. Es gilt, individuelle Freiheitsrechte und bürgerliche Pflichten gegeneinander abzuwägen. Wo muss die Solidargemeinschaft der Versicherten oder der Steuerbürger einstehen, und wo ist der Einzelne in der Pflicht?

Auch sind Ärzte wie viele andere Berufsgruppen vermehrt herausgefordert, die Grenzen ihres eigenen Wissens zu erkennen und zu akzeptieren. Viele technologische Anwendungen erlauben es inzwischen, auf das Weltwissen zurückzugreifen und damit bessere Diagnosen zu erstellen und passendere Therapien auszuwählen. Man denke an einen Scanner für Hautkrebs, der durch entsprechende Vernetzung und maschinelles Lernen auf Millionen von Bildern und von richtigen und falschen Diagnosen zurückgreifen kann. Er hat in Echtzeit Zugriff auf eine Wissensbasis, die sich selbst der beste Hautarzt in seinem ganzen Leben nicht aneignen könnte. Damit die Leistungsfähigkeit dieser Technologien für die Patienten genutzt werden kann, braucht es ein Zusammenspiel zwischen Arzt und Maschine. Die Verantwortung muss am Ende immer der Mensch übernehmen und tragen, nicht die Maschine. Zum neuen Selbstverständnis des Arztes gehört es, die Leistungsfähigkeit der digitalen Medizin zur Unterstützung im Behandlungsalltag zu nutzen.

Im Gesundheitssystem von morgen nehmen Patienten und Ärzte neue Rollen ein. Der Wandel kommt nicht von heute auf morgen, der Prozess hat längst begonnen.

Kapitel 11
Digitale Gesundheitsdaten und Infrastruktur: Datenspenden ist das neue Blutspenden

Unsere Kernaussage:

Gesundheitssysteme im digitalen Zeitalter orientieren sich ganz wesentlich an den Möglichkeiten, die digitale Gesundheitsdaten und eine digitale Infrastruktur bieten. Sie müssen zum Nutzen aller Beteiligten so ausgelegt werden, dass die Erfassung von Daten sowie der Austausch zwischen den einzelnen Akteuren einfach, sicher, rechtlich eindeutig geregelt und vertrauensvoll stattfinden können. Die Privatsphäre muss dabei gewahrt werden. Daten und Infrastruktur sind die (Über-)Lebensquelle von Gesundheitssystemen im 21. Jahrhundert.

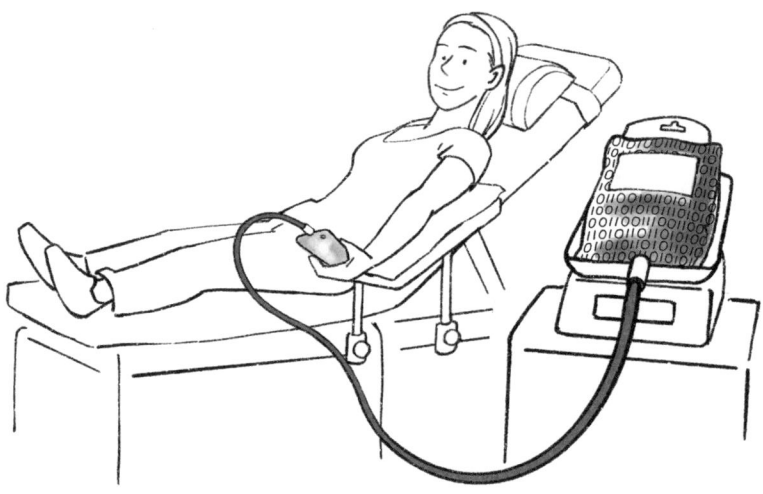

Quelle: Eigene Darstellung

Im Gesundheitssystem von morgen spielen Daten über den Patienten, seine Krankheiten und Behandlungen eine zentrale Rolle. Sie sind nicht mehr bloßes Nebenprodukt, das bei der Therapie anfällt, sondern werden für eine wirksame Behandlung genauso wichtig wie Diagnose und Medikamente. Auch in der medizinischen Forschung wird sich vieles um die Patientendaten drehen. Sie können den medizinischen Fortschritt beschleunigen und vergünstigen. Kurz: Daten bilden die Grundlage jedes modernen Gesundheitssystems.

Damit die Daten Nutzen stiften können, muss bei ihrer Erfassung und Aggregation umgedacht werden. Es ist ein Wandel nötig, von einer abrechnungsgetriebenen Datenerfassung hin zu einer patientenorientierten Datenerfassung. Bisher werden Diagnosen und Therapien vor allem digital erfasst, damit sie zu Abrechnungszwecken an Versicherungen weitergeleitet werden können. Diagnosen werden hier zu Abrechnungskürzeln, die für Patienten nicht lesbar und interpretierbar sind. Die erfassten Informationen lassen sich zudem selten zu Analysezwecken verwenden, aggregieren oder zusammenführen. Dabei würden Forschung und Effizienzmaßnahmen im Gesundheitswesen dringend solche Daten benötigen. Auch die medizinische Dokumentation des Gesundheitszustandes des Patienten steht nicht im Vordergrund. IT-Systeme sind optimiert auf Abrechnung, nicht auf das maschinenlesbare Erfassen des Gesundheitszustandes eines Patienten. Hier braucht es neue IT-Lösungen und Erfassungsstandards. Bleibt die Frage: Welche Rolle sollen die Ärzte bei der patientenorientierten Datenerfassung spielen?

Schon heute verbringen Ärzte zu viel Zeit mit administrativen Aufgaben. In den USA nehmen diese Aufgaben rund ein Sechstel ihrer Arbeitszeit ein.[1] In der Schweiz ist die Situation noch eklatanter: hier verbringen Ärzte über 50 Prozent ihrer Arbeitszeit mit administrativen Tätigkeiten, insbesondere mit der Dokumentation in der Patientenakte und der Codierung der Kostenabrechnung.[2] Datenerfassung muss in Zukunft zwingend einfacher und schneller gehen. Das ist die Voraussetzung dafür, dass Ärzte den Wandel unterstützen.

Auch hierfür gibt es erste digitale Lösungen, wie zum Beispiel den digitalen Assistenten *Suki*, der dem medizinischen Personal per Spracherkennung hilft. Zudem werden künftig medizinische Geräte wie Computertomografen oder Ultraschallgeräte direkt mit der digitalen Gesundheitsakte eines Patienten vernetzt. So können Daten direkt und unmittelbar von der Erfassungsquelle in die digitale Gesundheitsakte wandern. Fortschritte in der Sensorik ermöglichen es zudem, Daten permanent zu sammeln. Schon heute werden Bewegungs- und Blutdrucksensoren in Uhren, Fitnessbändern und Kleidung verbaut. In Zukunft lassen sich Sensoren selbst in Blutbahnen einschleusen.[3] Die Menge und vor allem auch die Qualität der Daten dürften sich weiter verbessern. Hochwertige und hochauflösende Daten sind eine zwingend notwendige Voraussetzung für den medizinischen Fortschritt.

Neben der medizinisch fokussierten Sammlung von Daten auf Patientenebene wird die Aggregation von Datensätzen eine wichtige Rolle spielen. Aggregation bedeutet, dass man die Datensätze möglichst vieler Patienten zu einer großen, möglicherweise nationalen oder auch internationalen Datenbank kombiniert. Denn je größer die Datenbank, desto besser und verlässlicher können Algorithmen Muster in den Datensätzen erkennen. Möglichst umfangreiche, qualitätsgesicherte und maschinenlesbare Gesundheitsdatenbanken werden einen Standortvorteil für Volkswirtschaften darstellen und Gesundheitsinnovationen nach sich ziehen. Die sekundäre Nutzung von Gesundheitsdaten dürfte sich zum Treibstoff des Innovationsmotors im Gesundheitssektor entwickeln. Schon heute ist dieser Trend sichtbar, wenn man die Vorreiterrolle von China und den USA im Bereich datengetriebener Start-ups wie iCarbonX, Flatiron, Aetion oder TwoXAR betrachtet.

Die Digitalisierung gibt der Medizin ungeahnte neue Möglichkeiten in der Analyse von Daten. Dabei wird der Einsatz von IT-Werkzeugen, die auf künstliche Intelligenz gestützt sind, unverzichtbar, denn die wachsenden Datenmassen können ohne sie nicht mehr ausgewertet werden. Smarte Datenanalysesysteme werden zum Stethoskop des 21. Jahrhunderts. Sie können das Gesundheitssystem entlasten, das durch die geradezu epidemische Verbreitung von chronischen Krankheiten aus den Fugen zu geraten droht. Beispiele aus dem medizinischen Alltag gibt es dafür jede Menge: (1) Die Diabetes-App überprüft den Blutzuckerverlauf des Patienten, so spart man Kontrolltermine beim Hausarzt. (2) Die Smartwatch erkennt automatisch das Vorhofflimmern einer Risikopatientin. (3) Algorithmen leisten Unterstützung bei der Diagnose von Röntgenbildern. (4) Künstliche Intelligenz sucht eine Genomdatenbank nach seltenen Krebsformen ab.

Wichtig ist, dass eine Datenübertragung zwischen den einzelnen Akteuren im Gesundheitssystem und den Patienten ermöglicht wird. Die

Informationen aus der Diabetes-App oder der Herzfrequenz-Uhr sollten künftig – wie Laborergebnisse heute – standardmäßig an den versorgenden Allgemeinmediziner fließen. Selbstverständlich werden diese nur aktiv werden, wenn ein Wert »aus dem Ruder« läuft. Das richtige Analyse-Tool wird Ärzte künftig automatisiert hierauf hinweisen, sodass diese dann mit ihren Patienten in Kontakt treten können. Dies verbessert die Versorgungsqualität der chronisch Kranken.

Für die medizinische Forschung sind Daten aus der medizinischen Alltagspraxis (die sogenannten »Realweltdaten«) von zentraler Bedeutung. Diese Daten können den Einsatz von Kontrollgruppen in klinischen Studien überflüssig machen (siehe Kapitel 9). Damit lässt sich beispielsweise verhindern, dass Patienten mit schweren Krankheiten in einer Studie lediglich ein Placebo erhalten. Die Forschung wird zugleich schneller, präziser und sicherer, da sie dank der Realweltdaten ein besseres Verständnis davon erhält, wie Medikamente in der breiten Bevölkerung unter tagtäglichen Bedingungen – außerhalb eng kontrollierter Studien – wirken, und nicht nur in einer verhältnismäßig kleinen Testgruppe.

Das Thema Datenschutz spielt eine zentrale Rolle auf dem Weg zu einer digitalen Datenmedizin. Das gilt vor allem in Europa, wo Datenschutz in der Gesellschaft tiefer verwurzelt ist als in den USA oder in China. Aus vielen Lebensbereichen kennt man das Paradoxon rund um den Datenschutz, was für die Medizin Folgendes bedeutet: Menschen möchten ihre Daten nicht teilen, wenn sie nicht wissen, zu welchem Zweck dies geschieht. Datenschutz ist ihnen ausgesprochen wichtig. Erkennen sie jedoch einen Sinn darin, sich selbst oder kranken Menschen zu helfen, so sind sie auch zum Teilen bereit. Sind sie persönlich betroffen, fangen Menschen oft sogar freiwillig an, ihre Krankheitsgeschichte online auf Plattformen in allen Details zu erzählen, um Rat von anderen Betroffenen oder auch nur emotionalen Beistand zu finden. Der deutsche Gesundheitsminister Jens Spahn fasst das Paradoxon in seinem Buch mit dem folgenden Satz zusammen: »Datenschutz ist etwas für Gesunde.«[4]

Gesundheitsdaten gehören unbestreitbar zu den sensibelsten Daten schlechthin. Daher muss gelten: Die einzelne Person ist Eigentümerin ihrer personenbezogenen Gesundheitsdaten. Sie sollte soweit möglich bestimmen, wer wann und in welchem Umfang Zugang dazu hat. Sicherheitsstandards müssen entwickelt werden, die den Austausch von

Daten und deren Sicherung regeln – und damit Forschung und Analyse an ihnen auch ermöglichen. Die generelle Verschlüsselung von medizinischen Daten sollte der neue Standard sein. Patientendaten sollten künftig nur noch verschlüsselt gespeichert und übermittelt werden.

Wer selbstbestimmt Daten zur Verfügung stellt, hilft dem medizinischen Fortschritt. Wer seine Daten nicht teilt, riskiert, die Gesundheitskosten zu erhöhen und die Aussicht auf erfolgreiche Therapien zu verringern. Die evidenzbasierte Medizin stützt sich auf Beweise, also auf statistische Erkenntnisse aus wissenschaftlichen Studien, die es ermöglichen, Therapien entweder als wirksam oder als unwirksam einzustufen. Daten sind die zentrale Grundlage dafür – nach dem berühmten Zitat des US-amerikanischen Physikers und Statistikers William Edwards Denning: »In God we trust. All others must bring data« (Auf Gott vertrauen wir. Alle anderen müssen Daten bringen). Der US-Ökonom Peter Drucker prägte in seiner Managementlehre den Grundsatz: Was man nicht messen kann, kann man auch nicht lenken. Ähnlich verhält es sich in der Medizin: Digitalisierte Daten ermöglichen es, Krankheiten früher zu erkennen, besser zu verstehen und besser zu heilen. Genauere, detailliertere, aktuellere, schlicht bessere Gesundheitsdaten bedeuten eine bessere Gesundheit für Patienten. Diese sollten daher das größte Interesse an hochwertigen und umfassenden Gesundheitsdaten haben.

Die wichtigste der zu beantwortenden Fragen ist: Wie können medizinische Daten von den verschiedenen Beteiligten des Gesundheitssystems so gespeichert werden, dass jeder Akteur darauf zurückgreifen kann? Wie muss eine zukunftssichere Dateninfrastruktur aussehen? Auch die Medizintechnik muss so gestaltet werden, dass sich bei Bedarf Röntgenbilder oder Ultraschall-Scans elektronisch in die Patientenakte übertragen lassen. Ärzte, Krankenhäuser, Apotheken und andere medizinische Dienstleister brauchen Unterstützung, um die digitale Transformation zu bewältigen. Nur wenn sie nicht allein gelassen werden und auch den Nutzen für sich erkennen, werden sie mitziehen.

Benötigt werden Standards zur Verwahrung von medizinischen Daten, bei allen Beteiligten im Gesundheitssystem, aber auch in Cloud-Diensten. Die Gesetzgeber haben zu entscheiden, ob Gesundheitsdaten Gemeinschaftseigentum sind und staatlich gespeichert werden sollen oder ob diese auch von privaten Firmen verwaltet werden können. Wichtige Fragen sind zu beantworten: Wie schützt man Gesundheitsdaten vor Hacker-Angriffen? Vollständig verschlüsselte Patientendaten könnten helfen, Datenklau zu erschweren.

Die Bedenken gegenüber einer digitalen Patientenakte sind in vielen Ländern nach wie vor erheblich, sowohl bei Patienten als auch bei Ärzten. Deshalb sollten Gesundheitspolitiker, statt Ängste zu schüren, die Vorzüge der digitalen Akte herausstellen. Denn am Ende kann vor allem der Patient von einem datengetriebenen Gesundheitssystem profitieren. Zum einen durch eine bessere Versorgungsqualität, zum anderen aufgrund von sinkenden Kosten, die zu niedrigeren Krankenversicherungsprämien führen. In den USA entstehen jährlich unnötige Kosten von rund 30 bis 80 Milliarden Dollar, die sich durch die bessere Koordination zwischen den verschiedenen Akteuren im Gesundheitssystem vermeiden ließen. Zusätzlich verursacht der hohe administrative Aufwand im amerikanischen Gesundheitssystem über 250 Milliarden Dollar unnötige Mehrkosten.[5] Auch in der Schweiz entstanden bereits im Jahr 2012 durch doppelt durchgeführte Tests aufgrund von fehlendem Informationsaustausch rund 3 Milliarden Franken Mehrkosten im Jahr.[6] Aktuellere Schätzungen fehlen – aber es ist sehr wahrscheinlich, dass die Kostenineffizienzen in den vergangenen zehn Jahren weiter gestiegen sind.

Kapitel 12
Präzision: Die Pille nur für mich

Unsere Kernaussage:
Gesundheitssysteme im digitalen Zeitalter orientieren sich weg von standardisierten Behandlungsleitlinien und hin zu personalisierten Therapieplänen, die auf der Gesamtheit aller über den Patienten gespeicherten Daten fußen (Bluttests, Röntgenbilder, CT, MRT, Omics-Daten, Mikrobiom, Vitalwertdaten und viele mehr). Therapien werden permanent verbessert, weil Realweltdatenbanken Optimierungen ermöglichen. Personalisiert wird auch die Betreuung der Patienten, indem digitale Coaches den Patienten individuell durch die Therapie begleiten und zu Therapietreue oder Verhaltensveränderung motivieren.

Quelle: Eigene Darstellung

Die personalisierte Medizin ist eine der bedeutsamsten Entwicklungen im Gesundheitssystem der Zukunft. Ganz offensichtlich ist die Zeit von »one size fits all« vorbei – die Einheitstherapie gehört der Vergangenheit ein. Die Therapie der Zukunft fußt auf allen über einen Patienten gesammelten Daten sowie auf dem Welt-Medizinwissen; so können Therapien individuell auf den Patienten zugeschnitten werden. Drei Entwicklungen sind dafür verantwortlich. Erstens spielen die Entschlüsselung der DNA und das daraus gewonnene Wissen über den genetischen »Fingerabdruck« eines Menschen und die Auswirkungen auf dessen Gesundheit eine wichtige Rolle. Das Genom lässt sich dank digitaler Unterstützung durch immer bessere Prozessoren ohne großen Kosten- und Zeitaufwand immer günstiger entschlüsseln. Zusammen mit einem verbesserten Wissen in der Molekularbiologie erlaubt dieser wissenschaftliche Fortschritt Behandlungen für immer genauer zugeschnittene Patientengruppen.

Zweitens ermöglichen es die in Datenbanken gesammelten Informationen (vom Genom bis zum Fitnesstracker), Menschen und ihre Gesundheit immer besser und umfassender zu verstehen und daher wichtige Fragen zu beantworten: Warum reagieren verschiedene Personen unterschiedlich auf die gleiche Therapie? Wie sollten Therapien angepasst werden, um den Erfolg zu verbessern?

Wir sind davon überzeugt, dass die bisherigen standardisierten Behandlungsleitlinien nach und nach überarbeitet werden. Stattdessen entstehen zunehmend individualisierbare Behandlungsleitlinien, die auf verschiedene Patienten- oder Krankheitstypen eingehen können. Diese individualisiertere Behandlung kann hinsichtlich der Heilungschancen erfolgreicher und zudem kosteneffizienter sein.

Drittens sind die Entwicklungen in der künstlichen Intelligenz und die exponentiell gestiegene Rechenkraft von Computern ein wichtiger Treiber der personalisierten Medizin. Immer schlauere Algorithmen helfen, Datenmuster in Realweltdatenbanken zu identifizieren und diese zu interpretieren. Der Erfolg von Pharmafirmen hängt künftig nicht nur von den besten Biologen und Chemikerinnen, sondern auch von den besten Softwareingenieuren und dem Zugang zur besten Gesundheitsdatenbank ab.

Was bringt die personalisierte Medizin? Zuallererst eine bessere Behandlung für jeden Einzelnen. In der Krebstherapie analysiert man die Tumore schon heute immer häufiger auf molekularer Ebene, um zu bestimmen, auf welche Therapie sie voraussichtlich am besten ansprechen. Des Weiteren bringt die personalisierte Medizin auch Effizienzgewinne. Zurzeit werden viele Medikamente großflächig verabreicht und nach dem Prinzip Versuch und Irrtum auch Personen verordnet, bei denen sie gar nicht wirken. Je besser die personalisierte Medizin wird, desto schneller können Medikamente und Therapien zielgerichtet eingesetzt werden. Die Personalisierung von Medikamenten wird deren Wirksamkeit drastisch erhöhen und Nebenwirkungen minimieren. Dies kann die Kosteneffizienz steigern und menschliches Leid verhindern.

Auch der digitale Coach ist Teil einer personalisierten Medizin. Denn er geht ganz individuell auf jeden Patienten ein, so wie es ein »Personal Coach« tun würde. Nur sind digitale Coaches skalierbar und damit bezahlbar – sie bringen personalisierte Medizin auch in wirtschaftlich weniger entwickelte Länder. Beispiele hierfür sind die Diabetes-App mySugr, Meru Heath, der digitale Coach, der bei psychischen Erkrankungen hilft, oder auch Kaia Health, die App, die bei Rückenschmerzen individualisierte Rückenübungen vorschlägt und per Videokamera kontrolliert, ob diese richtig ausgeführt werden. Im Gesundheitssystem von morgen werden viele Menschen ihren persönlichen digitalen Coach zur Seite haben.

Aber die personalisierte Medizin bringt auch erhebliche Herausforderungen mit sich. Zulassungsregeln für Medikamente und Vergütungssysteme müssen reformiert werden, angepasst an die auf immer kleinere Patientengruppen zugeschnittene Vorsorge und Therapie. Digitale Diagnostikgeräte erfordern neue Regularien. Außerdem kommen auch hier wieder der Datenschutz und die Freiheitsrechte des Patienten ins Spiel. Wie umgehen mit all den Krankheitsdaten, die erhoben und systematisch ausgewertet werden? Wie umgehen mit Patienten, die einen Gentest machen, um einen bestimmten Sachverhalt abzuklären, und dabei durch Zufall herausfinden, dass sie Träger einer schweren Erbkrankheit sind? Wie schützen wir das Recht auf Nicht-Wissen-Wollen?

Gentests und weiteren Methoden des medizinischen »Profilings« werden in der Gesundheitswelt von morgen wohl zum Standard der Diagnostik, ähnlich wie es Bluttests heute sind. Ein wichtiger Grundsatz kann sein: Gentests müssen immer ärztlich begleitet werden. Der Staat ist gefragt, klare Regeln und Qualitätsstandards für die Do-it-yourself-Gentests zu schaffen. Bei Gentests handelt es sich um komplexe Verfahren, und die Antworten, die sie auf medizinische Fragen geben, sind oft nicht schwarz oder weiß, sondern liegen im Graubereich. Wie sollte eine Frau zum Beispiel damit umgehen, wenn ihr Gentest ergibt, dass sie die gleiche Mutation wie Angelina Jolie auf dem BRCA-1-Gen trägt und somit ein stark erhöhtes Brustkrebsrisiko hat? Neben dem radikalen Weg, den Angelina Jolie mit der doppelten Mastektomie gegangen ist, wären engmaschige Vorsorgeuntersuchungen eine weitere Option gewesen. Es sollte daher die ärztliche Betreuung in der Interpretation der Testergebnisse zum Standard werden. Nicht jeder Online-Gentest bietet derzeit diese ärztliche Beratung, viele der Angebote sollten daher kritisch betrachtet werden. Die ärztliche Beratung kann auch via Telemedizin erfolgen. Wichtig ist vor allem, dass der Einzelne nicht allein gelassen wird. Zudem ist der Gesetzgeber gefragt, wenn es darum geht, die Qualität der Anbieter von Gen- und anderen komplexen Tests sicherzustellen. Immer mehr Unternehmen drängen auf diesen Markt. Hier müssen Mindestqualitätsstandards gelten und überprüft werden.

Auch die wirtschaftliche Dimension der personalisierten oder Präzisionsmedizin darf nicht vergessen werden. Sie wird immer mehr zum Standortthema. Es gilt: Je größer die Datenbank, je umfangreicher und qualitativ hochwertiger die Daten sind, desto größer werden die medizinischen Erkenntnischancen und die potenziellen wirtschaftlichen Vorteile. China und die USA führen das globale Wettrennen an, beide mit dem Ziel, diesen neuen und vielversprechenden Bereich der Medizin zu dominieren. Seit der Initiative von Präsident Obama, Präzisionsmedizin zu fördern, wurden in den USA eine Million menschliche Genome sequenziert und in einer Datenbank zusammengefasst. Von staatlicher Seite wurden mehr als 200 Millionen US-Dollar investiert.[1] China ist mindestens genauso engagiert bei der Entwicklung der Präzisionsmedizin. Das Land will dadurch endlich zu einem führenden Standort für die pharmazeutische und medizinische Industrie werden. Bis zum Jahre 2030 möchte China mehr als 9 Milliarden US-Dollar investieren. Zudem besitzt das Reich der Mitte das weltweit größte Genlabor und die größte Lagerstätte für menschliches genetisches Material. Ein Vorteil Chinas ist auch die schiere Größe seiner Bevölkerung und seine beachtliche Kompetenz in Sachen künstlicher Intelligenz. Und auch wenn es zynisch klingt: Das etwas andere Verständnis von Datenschutz ist hilfreich bei der Entwicklung in diesem Bereich.[2] Auch in der EU hat man seit 2016 das Konsortium ICPerMed ins Leben gerufen, in dem auch die Schweiz und Kanada mitwirken. ICPerMed vereint über 30 europäische und internationale gemeinnützige Partner sowie Ministerien und Fördereinrichtungen der Europäischen Kommission, die gemeinsam an Ansätzen der personalisierten Medizin forschen und sich hierzu austauschen.[3] Ziel ist es, der Fragmentierung im Europäischen Markt entgegenzuwirken und skalierbare Lösungen und Kooperationen zu entwickeln, damit auch Europa eine führende Rolle im neuen Innovationsfeld der personalisierten Medizin einnimmt.

Die personalisierte Medizin führt, wie wir gesehen haben, zu einer ganz neuen Denkweise im Gesundheitssystem. Die Medizin wird zunehmend daten- und evidenzgetrieben. Wir bewegen uns hin zu einem lernenden System, das jeden Tag im Kampf gegen Krankheiten ein bisschen schlauer und gewiefter wird. Wissenschaftliche Erkenntnis, qualitativ hochwertige Datenbanken, die flächendeckende Einführung von digitalen Patientenakten und die Kooperation von Ärzten mit digitalen Assistenten sind die Voraussetzungen dafür, dass personalisierte Medizin Wirklichkeit werden kann. Das geht nur in Partnerschaft zwischen Gesundheitsbehörden, Versicherungen, Herstellern, Ärzten, Krankenhäusern und Patientenorganisationen.

Kapitel 13
Ergebnisorientierung und Transparenz: Bezahlt wird erst bei Lieferung

Unsere Kernaussage:

Die Vergütung in den Gesundheitssystemen des digitalen Zeitalters orientiert sich an Transparenz und gelieferten Ergebnissen. Statt erbrachte Einzelleistungen zu bezahlen, werden künftig Lösungen vergütet. Nur wo ein positives Ergebnis erzielt wurde, wird auch bezahlt. Die gesteigerte Transparenz durch das digitale und vernetzte Erfassen von Patientendaten schafft dafür die Voraussetzungen.

Quelle: Eigene Darstellung

Die meisten Dienstleistungen zeichnen sich dadurch aus, dass wir vorab wissen, was sie kosten. Sei es im Restaurant, beim Friseur oder bei der Autoreparatur: Wir wissen, wie viel wir bezahlen müssen. Geht es hingegen um Gesundheit, sind uns die Preise für Arztbesuch und Therapieleistungen häufig nicht bekannt. In vielen Gesundheitssystemen, zum Beispiel in Deutschland oder in den USA, bekommen Versicherte ihre Arztrechnungen oft nicht einmal zu Gesicht. Kostenkontrolle ist so natürlich schwerlich möglich.

Die Digitalisierung führt nun zu mehr Transparenz. Wir wissen vorab, was die Leistungserbringer im Gesundheitssystem in Rechnung stellen, und können darauf reagieren. Pay-for-Performance-Modelle beim Einsatz moderner Krebsmedikamente oder Beispiele von Oscar Health oder Collective Health aus den USA zeigen, wie Digitalisierung genutzt werden kann, um kosteneffiziente Gesundheitsnetzwerke zu bauen, in denen der Anreiz zur bestmöglichen Behandlung des Patienten im Mittelpunkt steht. Digitalisierung hilft damit auch, die schwarzen Schafe im Gesundheitswesen zu enttarnen. Wer keine Qualität liefert, wird es in Zukunft schwerer haben. Das geht so weit, dass Krankenversicherungen künftig Ärztinnen und Ärzte aus ihrem Versorgungsnetzwerk nehmen können, wenn sie schlechte Behandlungsergebnisse liefern, wenn sie von Patienten sehr negativ bewertet werden oder wenn die Kosten der Behandlung ohne Grund deutlich über dem Durchschnitt liegen.

Neue Anreizsysteme werden zu einer besseren und einfacheren Medizin führen. Das bestehende Anreizsystem verleitet die Akteure dazu, möglichst viele Untersuchungen bei einem Patienten durchzuführen, auch wenn diese nicht dringend geboten sind. In vielen Fällen zahlt ohnehin die Krankenkasse. Ein System, das dem Patienten tendenziell alles verordnet, was es kann und will, und nicht unbedingt das, was der Mensch braucht, verursacht enorme Ineffizienzen bei überschaubaren Heilungserfolgen. Künftig werden Ärzte und Kliniken von digitalen Assistenten unterstützt werden, die ihnen Behandlungspläne vorschlagen, basierend auf dem neuesten Stand der Wissenschaft. Dadurch wird sichergestellt, dass Leistungen evidenzbasiert erfolgen. Allein in den USA entstehen durch unnötig durchgeführte Behandlungen und Tests jedes Jahr Mehrkosten in Höhe von 600 Milliarden US-Dollar, in der Schweiz sind es 1 bis 2 Milliarden Schweizer Franken.[1] Hinzu kommen Kosten für mehrfach durchgeführte Tests, die der mangelnden Vernetzung der Akteure im Gesundheitssystem geschuldet sind. Auch diese werden heute anstandslos erstattet.

Wir brauchen also neue Vergütungssysteme, die die Prävention in den Mittelpunkt stellen und an der Erhaltung der Gesundheit orientiert sind. Statt Ärzte nach der Masse der Tests, den verfügbaren medizinischen

Geräten und Therapien zu bezahlen, sollten sie dafür belohnt werden, Patienten so schnell und so nachhaltig wie möglich zu heilen. Neben der erbrachten medizinischen Leistung wird künftig auch der Therapieerfolg eine entscheidende Rolle bei der Vergütung spielen.

Wenn wir sehen, dass wir Milliarden für die Behandlung von Diabetes ausgeben, dass aber mehr als die Hälfte der Diabetespatienten trotz Therapie weiterhin erhöhte Blutzuckerwerte haben, sollten wir uns eingestehen, dass hier Optimierungsbedarf besteht.[2] Gleiches sagt uns die Statistik, wenn die Hälfte aller Medikamente in der falschen Menge und zum falschen Zeitpunkt eingenommen werden.[3] Deshalb unsere Forderung: Die Vergütung der Ärzte, Krankenhäuser und der Pharmafirmen muss – wann immer möglich – mitunter an den Therapieerfolg gekoppelt werden. Andernfalls wird die Gesellschaft immer mehr Geld für das Gesundheitssystem aufbringen müssen, ohne dass die Menschen davon entsprechend gesundheitlich profitieren.

Effizienzgewinne und verbesserte Zugänglichkeit

Der digitale Wandel in der Gesundheitswelt birgt offensichtlich viele Chancen. Die Frage ist: Wer profitiert davon, und wer zahlt möglicherweise den Preis dafür? Digitalisierung kann einen Beitrag dazu leisten, die Herausforderungen anzugehen, vor denen unser Gesundheitssystem steht. Wertorientierte digitale Vergütungssysteme können helfen, Gesundheitskosten zu senken, ohne Qualität einzubüßen. Realweltdaten bringen ganz neue Möglichkeiten für die medizinische Forschung, und effiziente klinische Versuche beschleunigen den medizinischen Fortschritt. Digitale Assistenten unterstützen Menschen dabei, ein gesundes Leben zu führen, und werden damit zu effektiven Waffen im Kampf gegen die Epidemie der chronischen Krankheiten. Telemedizin und digitales Vitalwertdaten-Tracking geben eine finanzierbare Antwort auf den erhöhten Pflegebedarf in einer alternden Gesellschaft, indem sie nahtlose Betreuung und diagnostische Überwachung mit relativ geringem Personalaufwand ermöglichen. Digitale Tools können zum Beispiel erkennen, wenn eine ältere Person gestürzt ist, und automatisiert Hilfe rufen, oder sie können kontrollieren, dass ältere Menschen Medikamente in der richtigen Dosierung und zum richtigen Zeitpunkt einnehmen.

Und es profitieren nicht nur Patienten in den entwickelten Ländern. Der Zugang zu medizinischer Versorgung kann durch die Digitalisierung des Gesundheitswesens erweitert werden, besonders in armen oder abgelegenen Regionen. Entwicklungsländer könnten von der digitalen Gesundheitsrevolution besonders profitieren. Diagnose und Therapieempfehlungen auf Basis künstlicher Intelligenz sind ein wichtiger Baustein, um den 3,4 Milliarden Menschen, die weniger als 5,50 US-Dollar pro Tag verdienen, Zugang zu akzeptabler Gesundheitsversorgung zu verschaffen. Unbemannte Mini-Kliniken (siehe Kapitel 5) werden in absehbarer Zeit in Einkaufszentren und anderen öffentlichen Standorten in Entwicklungsländern zu finden sein. Sie ermöglichen vielen Menschen potenziell eine ordentliche medizinische Versorgung bei überschaubaren Kosten.

In Kenia nutzen 83 Prozent der Bevölkerung das Internet, in Senegal 58 Prozent.[4] Diese Chance sollte man sich nicht entgehen lassen. Telemedizin kann medizinische Versorgung kostengünstig in Gegenden bringen, in denen Fachärzte fehlen. Beeindruckend schilderte dies die Zeitung *Die Welt* in einer Reportage über Telemedizin in Tansania. Dort half Telezytologie dabei, die Gewebeprobe eines jungen Mannes richtig zu analysieren. Bei der Telezytologie werden die von einem Mikroskop aufgenommenen Gewebebilder per WLAN an einen Pathologen übermittelt. In ganz Tansania gibt es nur 30 Pathologen, daher helfen ihnen Pathologen aus aller Welt, unter anderem aus Deutschland, ehrenamtlich in ihrer Freizeit. Ohne Telemedizin wäre es in vielen Fällen unmöglich, gutartige von bösartigen Tumoren zu unterscheiden. Telemedizin rettet täglich Leben, nicht nur in Tansania, sondern in vielen Ländern dieser Welt.[5] In der Gesundheitswelt von morgen wird es vielleicht schon bald mehr digitale als analoge Arztbesuche geben. Die Digitalisierung in der Gesundheitswelt geht einher mit dem Versprechen, eine bessere Versorgung für eine breitere Gruppe an Patienten bei überschaubaren Kosten zu ermöglichen.

Aber es gibt auch große Herausforderungen der Digitalisierung, die es anzupacken gilt. Wir brauchen eine gesellschaftliche Debatte über Solidarität und Verantwortung im Gesundheitswesen. Welches Risiko muss der Einzelne tragen, welches nimmt ihm die Gesellschaft ab? In der digitalen Gesundheitswelt wird der Patient gläsern. Kommen die Daten in die falschen Hände, birgt dies große Gefahren. Es ist Aufgabe aller Beteiligter, dies zu verhindern. Vor allem aber muss verhindert werden, dass das solidarische Gesundheitssystem ausgehebelt wird. Patienten dürfen nicht diskriminiert werden, weil ihre Genetik ein höheres Risikoprofil aufweist und sie deshalb häufiger krank werden als andere oder weil sie höhere Arztrechnungen haben als die Vergleichsgruppe.

Kapitel 14
Prävention: Vorsorge statt Reparatur

Unsere Kernaussage:
Gesundheitssysteme im digitalen Zeitalter orientieren sich massiv an der Präventionslogik. Sie setzen auf Vorsorge und Vorbeugung inklusive diagnostischer Überwachung statt auf spätere Heilung und lenken nach diesem Prinzip ihre Investitionen. Sie nehmen die Effekte von »Health Literacy« ernst, also von Gesundheitskompetenz, und setzen auf Gesundheitsausbildung auf allen Ebenen, vor allem in den Schulen.

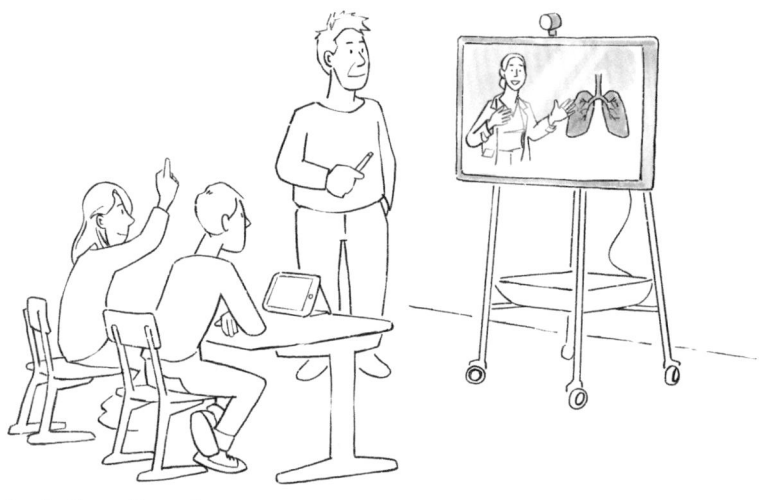

Quelle: Eigene Darstellung

Digitalisierung ist ein zentrales Schlüsselwerkzeug, um unser Gesundheitssystem umzubauen und der Vorsorge mehr Gewicht zu verleihen. Vorsorge, da sind sich alle einig, ist die beste Medizin. Besonders wichtig sind die Prävention und diagnostische Überwachung im Bereich der chronischen Krankheiten. Dafür gibt es bislang fast keine Budgets, sodass Ausgaben für Prävention nur 3 Prozent der Gesundheitskosten ausmachen. Die unzureichende Wertschätzung und Vergütung von Präventionsmedizin führen mitunter dazu, dass die Spezialisierung auf die Allgemeinmedizin unter jungen Ärztinnen und Ärzte immer unattraktiver wird. Facharzt zu sein wird deutlich besser vergütet und ist höher angesehen, Vorsorgemedizin hat im heutigen System einen vergleichsweise geringen Stellenwert. Mediziner haben für Prävention allein schon wegen ihrer vollen Terminkalender kaum Zeit.

Die digitale Gesundheitswelt gibt Ärzten wertvolle Zeit zurück, die sie für eine präventive Medizin benötigen. Digitale Coaches entlasten Ärzte künftig, indem sie zum Beispiel im Management von chronischen Krankheiten eine führende Rolle einnehmen. Zudem helfen digitale Tracker, Vitalwerte von Patienten kontinuierlich aufzuzeichnen. Durch eine diagnostische Überwachung wird es überhaupt erst möglich, präventiv und faktenbasiert mit Patienten über ihre Gesundheit zu sprechen. Ärzte werden in der neuen digitalen Welt dafür bezahlt, im Gespräch mit den Patienten die Rolle eines Verhaltens-Coaches einzunehmen.

Zudem dürfte sich unser Blickwinkel auf Gesundheit und Krankheit verändern. Es gibt nicht nur die Alternativen gesund oder krank, schwarz oder weiß. Es gibt vielmehr eine Skala an Grautönen dazwischen. Und wir alle haben Einfluss darauf, wo wir uns auf dieser Skala befinden. Im Gesundheitssystem von morgen werden wir nicht warten, bis sich Symptome einer Krankheit zeigen, sondern werden durch vorsorgendes Verhalten Tag für Tag versuchen, möglichst gesund zu bleiben. Wir bewegen uns weg von der Blitzlichtmedizin, die sich am aktuellen Zustand im Augenblick der Untersuchung orientiert. Gefragt ist eine ständige Beobachtung der eigenen Gesundheit, die Teil des täglichen Lebens wird. Mit automatisierten Sensoren, systematischen Screenings und regelmäßigen Check-ups können Anzeichen einer Krankheit früher erkannt, medizinische Versorgungsleistungen für den Patienten verbessert und Kosten gespart werden.

Auch die medizinische Forschung verändert durch die Digitalisierung ihren Blickwinkel. Sie wendet sich mehr der Entstehung von Krankheiten und damit der Vorsorge zu. Um Krankheiten wie Alzheimer zu erforschen, konnte man in der Vergangenheit lediglich Patientendaten ab dem Zeitpunkt der Diagnose sammeln. Dank digitaler Patientenakten, die in Datenbanken aggregiert werden, wird nun auch der Blick in die Vergangenheit möglich. So können Forscher besser verstehen, welche Faktoren die Entstehung von Krankheiten beeinflussen und wie man ihnen vorbeugen kann. Besonders im Bereich der mentalen Krankheiten könnten durch Datenreihen neue präventive Therapien entwickelt werden. Sie bringen hoffentlich bald den ersehnten Durchbruch im Kampf gegen Alzheimer.

Die große Herausforderung im Umgang mit Patienten wird sein, sie zu präventivem Verhalten zu motivieren. Wir Menschen wollen schließlich allzu oft nicht an Statistiken und Wahrscheinlichkeiten glauben, die ein bestimmtes Verhalten mit einer bestimmten Erkrankung verbinden – schon gar nicht bei uns selbst. Bestes Beispiel dafür ist nach wie vor der Tabakkonsum. Fast jeder dritte Schweizer raucht, in China ist es jeder Zweite – trotz fundierter Studienergebnisse und einer umfassenden öffentlichen Aufklärung über die schädliche Wirkung. Fitness-Tracker und Apps könnten helfen, die Menschen dauerhaft zu einem gesunden Leben zu motivieren, indem sie sie begleiten und ihnen helfen, gesunde Gewohnheiten im Alltag zu entwickeln. Auch digitale Coaches könnten ihren Beitrag leisten. Nutzen wir diese Chancen und gestalten wir unser Gesundheitssystem zu einem vorsorgenden System um!

Es gibt viele Beispiele, die belegen, dass diese Umgestaltung unseres Gesundheitssystems zu einem Präventivsystem Kosten und Leid ersparen. Die britische Gesundheitsbehörde hat gemeinsam mit der renommierten Hochschule *London School of Economics* verschiedene Präventionsprogramme aufgesetzt und auf ihren »Return on Investment« hin untersucht, hat also die Rendite beurteilt, die die Präventionsprogramme erwirtschaften, indem sie Gesundheitskosten vermeiden. Alle untersuchten Programme hatten zum Ziel, psychischen Krankheiten vorzubeugen. Im Vereinigten Königreich fallen jährlich über 100 Milliarden Pfund an Kosten für die Behandlung von psychischen Krankheiten an. Die Ergebnisse der Studie sprechen eine klare Sprache: Für jedes Pfund, das in eines der acht verschiedenen Präventionsprogramme investiert wurde, konnten in den folgenden drei Jahren bis zu 5 Pfund an Gesundheitskosten gespart werden.[1]

Auch in Amerika gibt es Belege dafür, dass Prävention das Gesundheitssystem entlastet. Ein Team des Magazins *Harvard Business Review* hat über Jahre hinweg die auf Allgemeinmedizin spezialisierte Praxiskette CareMore begleitet. Anders als in den meisten Arztpraxen versuchen die Ärzte von CareMore, ihre Patienten möglichst häufig zu sehen. Statt nur einmal im Quartal, werden Diabetes-Patienten bei CareMore fast wöchentlich in die Praxis einbestellt. Dadurch können Patienten intensiver begleitet und motiviert und damit kritischen Situationen vorgebeugt werden. Die Patienten von CareMore suchen 20 Prozent seltener als Vergleichspatienten Notaufnahmen auf. Müssen sie doch einmal ins Krankenhaus, so ist ihr Aufenthalt über 10 Prozent kürzer als der von Vergleichspatienten. Denkbar wäre, dass die engmaschige Betreuung, wenn sie zusätzlich digital unterstützt würde, noch mehr Kosten sparen könnte, indem zum Beispiel die Blutzuckerwerte von Diabetikern noch nahtloser digital kontrolliert und somit teure Folgeschäden wie offene Wunden an den Beinen oder Augenleiden verhindert werden könnten. Die Bezahlung der Ärzte von CareMore hängt zu 35 Prozent von der Zufriedenheit der Patienten sowie davon ab, wie sehr sich ihr Gesundheitszustand verbessert hat. CareMore macht es vor, wie das Gesundheitssystem von morgen funktionieren könnte.[2]

Weltweit kosten uns chronische Krankheiten mehr als 6 000 Milliarden US-Dollar, und das jedes Jahr. Die Hälfte dieser Kosten könnte durch Prävention vermieden werden. Ein größerer Fokus muss deshalb darauf gerichtet werden, wie Präventionsprogramme anhaltend erfolgreich umgesetzt werden können. Nur wenn die Programme leicht und kostengünstig skalierbar sind, können die Früchte der Prävention einem großen Teil der Bevölkerung zugutekommen. Wir sind überzeugt, dass digitale Tools hierbei eine entscheidende Rolle spielen werden.

Warum ist »Gesundheit« kein Pflichtschulfach?

Menschen können nur dann gesund bleiben, wenn sie in der Lage sind, die Kontrolle über die Faktoren zu übernehmen, die ihre Gesundheit bestimmen. Und dazu brauchen sie in erster Linie Wissen über Gesundheit und Krankheit. Diese Gesundheitskompetenz möglichst allen Menschen zu vermitteln ist ein wichtiges Ziel. Sie ist auch das beste Mittel, um die Nichtübertragbaren Krankheiten einzudämmen. Studien zeigen, dass Menschen mit hoher Gesundheitskompetenz gesünder sind. Alle Anstrengungen, das Wissen über die Vorsorge in der Bevölkerung zu verbreiten, zahlen sich aus – insbesondere in einer Ära steigender Gesundheitskosten.

Deshalb lautet unsere Forderung: Wir brauchen das Schulfach Gesundheit! Gesundheitsvorsorge sollte möglichst früh beginnen. Verhalten zu verändern ist umso schwieriger, je fester sich Gewohnheiten geformt haben. Bisher wird in allgemeinbildenden Schulen das Thema Gesundheit nur am Rande diskutiert. Ein Schulfach Gesundheit könnte helfen, Kinder zu mündigen Akteuren des Gesundheitssystems zu erziehen. Kinder könnten lernen, dass sie selbst ihre Gesundheit beeinflussen können und wie das geht. Dabei geht es nicht nur um die »Klassiker«, wie die schädliche Wirkung des aktiven und passiven Rauchens, von Drogen oder übermäßigem Alkoholkonsum. In der Schule kann vielmehr die Basis für ein Verständnis gesunder Ernährung gelegt werden. Was sind gesunde Lebensmittel? Warum sollte ich nicht mehr als fünf Gramm Salz pro Tag zu mir nehmen? In welchen Lebensmitteln steckt Salz? Auch Schulkantinen sind gefordert, eine gesunde und ausgewogene Ernährung anzubieten. Dass es dort immer mal wieder auch Pommes mit Ketchup gibt, gehört natürlich zum Genuss des Lebens.

Gesündere Ernährung allein reicht jedoch nicht. Die Schülerinnen und Schüler müssen auch dazu angehalten werden, sich mehr zu bewegen. Im bisherigen Schulalltag findet dieses Thema viel zu wenig Beachtung. Bewegung senkt nachweislich das Risiko, von Brustkrebs, Diabetes oder kardiovaskulären Krankheiten heimgesucht zu werden. Auch unserer Psyche geht es besser, wenn wir körperlich aktiv sind. Oft empfinden es Lehrer und Eltern aber als lästig, wenn Kinder und Jugendliche um sie herumtoben. Wie absurd! Statt das Herumtoben zu verbieten, sollten sie es fördern. Wie können wir hinnehmen, dass sich 80 Prozent der Schülerinnen und Schüler weltweit zu wenig bewegen?[3] Der Einfluss von Bewegung auf die Gesundheit ist eindeutig dokumentiert, die Statistiken der Weltgesundheitsorganisation (WHO) sprechen dazu eine eindeutige Sprache.

Und trotzdem handeln wir nicht. Wir lassen die Schüler von morgens bis abends auf ihren Stühlen sitzen und sind nur selten dazu in der Lage, Bewegungspausen in den Unterricht zu integrieren. Zudem überfrachten wir diese jungen Menschen mit allen möglichen Details in Biologie, Chemie und Physik. Aber auf ihren Körper zu achten, Signale wahrzunehmen, eine gute Balance aus Ernährung, Genuss und Bewegung zu finden, haben nur die wenigsten von ihnen gelernt. Dies sind verpasste Chancen, die mittel- und langfristig zu erheblichen Zusatzkosten für unser bereits angespanntes Gesundheitssystem führen. Zudem könnte man vielen der jungen Menschen zahlreiche chronische Erkrankungen in ihrem späteren Leben ersparen.

Es wäre so einfach, es bräuchte nicht viel, um in den Schulen die für einen gesunden Lebensstil notwendige Sensibilität zu schaffen. Eine allererste Maßnahme wäre es, dem Schulsport mehr Gewicht zu geben. Er sollte sich an den Leitlinien der WHO orientieren, die empfiehlt, dass sich Kinder täglich 60 Minuten bewegen.[4] Das gilt ganz besonders für Ganztagsschulen. Warum ist es nicht möglich, dass sich jedes Kind pro Tag eine Stunde in der Schule bewegt? Dafür könnte man problemlos bei allen anderen Fächern auf einige Minuten Unterrichtszeit verzichten. Lasst uns die Gesundheitskompetenz unserer Kinder fördern! Das erspart ihnen später sehr viel Leid und der Gesellschaft enorme Belastungen.

Aber auch über die Schule hinaus muss Gesundheit mehr in den Mittelpunkt der gesellschaftlichen Diskussion rücken. Viele Neuerungen, die die digitale Medizin mit sich bringt, erfordern einen Diskurs, weil durch sie Wertentscheidungen für unsere Gesellschaft getroffen werden. Wie wollen wir mit den gewaltigen Datenmengen und den sich daraus ergebenden Möglichkeiten umgehen? Wie präventiv sollte unser Gesundheitssystem werden? Möchten wir Gen-Screenings für alle, um den Risikofaktoren zum Beispiel für Krebs präventiv begegnen zu können? Oder wollen wir vielleicht gar nichts von den Risikofaktoren wissen und unser Leben lieber unbeschwert leben? Auf alle diese Fragen gibt es keine richtigen oder falschen Antworten. Es geht um ein Abwägen von gesellschaftlichen Werten, von Verantwortung und von Freiheit. Wir alle, nicht nur Politiker oder Gesundheitsunternehmen, müssen uns dieser Debatte annehmen.

Auch wenn der Wandel zu einem modernen, digitalisierten Gesundheitssystem neue Fragestellungen mit sich bringt, so sind wir überzeugt, dass nur ein zukunftsgerichtetes, an den beschriebenen fünf Pfeilern ausgerichtetes System den demografischen Herausforderungen und der Bewältigung der chronischen Krankheiten gerecht werden kann. Die digitale Medizin kommt mit dem Versprechen, diese besser, zugänglicher und bezahlbarer zu machen. Wir plädieren dafür, diese Chancen optimistisch zu nutzen.

Glossar & Abkürzungsverzeichnis

Adhärenz Einhaltung der vom Arzt verschriebenen Therapie (zum Beispiel Medikation) im Rahmen eines Behandlungsprozesses. Im Englischen spricht man oft von »compliance«.

App Eine App (Abkürzung für »Application Software«) ist eine Anwendungssoftware oder ein Computerprogramm, das unterschiedliche Funktionen erfüllen kann. Meist werden Apps auf mobilen Endgeräten wie Handys oder Tablets installiert und erweitern deren Funktionalität. Apps können kostenpflichtig oder kostenlos sein und werden meist über einen App-Store heruntergeladen.

Augmented Reality Computerbasierte Erweiterung der Realitätswahrnehmung, zum Beispiel durch Ergänzung der Realität durch virtuelle Elemente, die durch eine Brille oder einen Bildschirm projiziert werden.

Begleitdiagnostika (Companion Diagnostic) Diagnostische Tests, die vor oder auch während einer Behandlung eingesetzt werden, um festzustellen, ob eine Person für eine bestimmte Behandlung infrage kommt oder ob die Behandlung anschlägt.

Biomarker Ein Biomarker ist ein biologisches Merkmal, das im Blut oder in Gewebeproben gemessen und bewertet werden kann und als Indikator für die Wahl einer bestimmten Therapie gilt.

Biotech Interdisziplinäre Wissenschaft, die sich mit der Nutzung von biologischen Organismen oder Molekülen (Enzymen, Zellen, Bakterien, etc.) in technischen Anwendungen, zum Beispiel zur Gewinnung von neuen medizinischen Wirkstoffen, beschäftigt. Biotechnologisch hergestellte Medikamente basieren auf Zelllinien anstatt chemischer Synthese.

Blog Ein Blog (Abkürzung für »WebLog«) ist ein elektronisches Tagebuch im Internet. Auf diesem Tagebuch schreibt der Betreiber des Blogs (genannt Blogger) Beiträge zu verschiedenen Themenbereichen, die von Lesern (genannt Follower) kommentiert werden können. Blogs vermitteln meist die persönliche Perspektive des Bloggers und unterliegen nicht denselben journalistischen Qualitätskriterien wie Online-Artikel von Zeitungen oder Magazinen.

BRCA 1/BRCA2 BRCA sind sogenannte Brustkrebsgene aus der Gruppe der Tumor-Suppressor-Gene. Ihre Aufgabe ist der Schutz der Zelle vor bösartiger Entartung. Sie liegen auf Chromosom 17 (BRCA 1) und Chromosom 13 (BRCA 2). Abänderungen eines dieser beiden Gene gelten als Indikator eines erhöhten Risikos, an Brustkrebs zu erkranken.

Bruttoinlandsprodukt (BIP) Das Bruttoinlandsprodukt misst die Produktion von Waren und Dienstleistungen eines Landes und ist damit eine Messgröße für dessen Wirtschaftsleistung in einem festgelegten Zeitraum.

Chatbot Textbasiertes Dialogsystem, das das Chatten mit technischen Geräten automatisiert ermöglicht. Die schriftliche Konversation mit Chatbots gleicht derer, die Menschen untereinander führen würden. Oft ist es für den menschlichen Nutzer nicht direkt erkennbar, dass nicht ein Mensch Chat-Partner ist, sondern die Konversation durch Algorithmen gesteuert wird.

Chronische Krankheit Chronische Krankheiten sind Erkrankungen mit langer Dauer, die nicht vollständig geheilt werden. Sie können allerdings durch moderne Arznei- und Therapiemittel oft gelindert oder verlangsamt werden.

Computertomografie (CT) Eine Computertomographie ist ein bildgebendes Verfahren, das zur Diagnose von Krankheiten eingesetzt wird. Dabei errechnet ein Computer mithilfe von Röntgenstrahlen, die durch die untersuchte Schicht gesandt werden, Schnittbilder des menschlichen Körpers (zum Beispiel Quer- oder Längsschnitte).

Contact-Tracing-App Handyapplikationen, die zur Nachverfolgung von Kontakten im Rahmen von Pandemien oder Epidemien genutzt werden. Die Apps erfassen Kontaktpersonen, die sich in der Nähe einer Person aufgehalten haben, und können dadurch bei der Identifikation weiterer möglicherweise infizierter Personen helfen. Sie leisten somit einen Beitrag zur Unterbrechung von Infektionsketten.

Cyberchondrie Durch Informationen im Internet befeuerte psychische Störung, die zu einer ausgeprägten Angst führt, an einer ernsthaften Krankheit zu leiden, ohne dass ein entsprechender Befund vorliegt.

Digitale Patientenakte Elektronische Version der medizinischen Historie eines Patienten und dessen Gesundheits- und Krankheitsverlaufs über die Zeit. In den USA heißen diese Akten »Electronic Medical Records« (EMR), in der Schweiz »elektronisches Patientendossier«.

Diseasome Maß für das Risiko eines Individuums, in der Zukunft verschiedene Krankheiten zu entwickeln.

DNA DNA ist die Abkürzung des englischen Begriffs »deoxyribonucleic acid«. Auf Deutsch übersetzt heißt dies »Desoxyribonukleinsäure«, manchmal abgekürzt als DNS, was ein Synonym zu DNA ist. Auf der DNA sind alle Erbinformationen gespeichert. Hier findet die Zelle Baupläne und Angaben über Aufgaben.

Do-it-yourself (DIY) Auf Deutsch übersetzt heißt do-it-yourself »mach es selbst«. Der Begriff beschreibt Bereiche, in denen Konsumenten selbst Dienstleistungen erbringen oder Produkte herstellen und diese nicht vollständig von Unternehmen oder professionellen Anbietern beziehen.

Elektrokardiogramm (EKG) Ein Elektrokardiogramm ist eine Aufzeichnung der elektrischen Aktivitäten aller Herzmuskelfasern. Mit einem Elektrokardiogramm lassen sich vielfältige Aussagen zur Gesundheit des Herzens treffen. Die Messung erfolgt mithilfe von Elektroden am Körper oder bei Herzoperationen auch direkt am Herzen.

Environmentome Maß für den Einfluss der äußeren Umwelt und die Fähigkeit eines Individuums, Giftstoffe zu verarbeiten.

Epigenomics, Epigenom Eine Vielzahl von chemischen Verbindungen, die dem Genom sagen können, was es tun soll. Das Epigenom besteht aus chemischen Verbindungen und Proteinen, die sich an die DNA anlagern und Aktionen wie das Ein- oder Ausschalten von Genen und die Kontrolle der Produktion von Proteinen in bestimmten Zellen steuern können.

ETH Zürich Eidgenössische Technische Hochschule Zürich, Schweiz.

Exazerbation Verschlimmerung, zeitweise Steigerung, Wiederaufleben einer Krankheit.

Generation Z Als Generation Z bezeichnet man die Jugendlichen, die nach dem Jahr 1995 zur Welt kamen. Das genaue Anfangs- und Endjahr der Generation Z ist umstritten und variiert leicht je nach Quelle. Die Generation Z kennzeichnet sich dadurch, dass sie mit digitalen Medien und dem Internet aufgewachsen ist und hierdurch eine hohe digitale Kompetenz aufweist.

Genomics Bereich der Molekularbiologie, der sich mit der Struktur, Funktion, Evolution und Kartierung von Genomen befasst.

Gensequenzierung (DNA-Sequenzierung) Ein Prozess, bei dem die Abfolge von Nukleotiden in der DNA ausgelesen wird und somit die DNA analysiert werden kann.

Gigabyte Ein Byte ist eine digitale Speichereinheit. 1 Gigabyte sind 100 000 Millionen Bytes (10^9).

GPS Auf Signalen von Satelliten beruhendes, weltweit funktionierendes Hilfsmittel zur exakten Navigation oder Ortsbestimmung. Die Abkürzung kommt aus dem Englischen und steht für »Global Positioning System«.

HD-Auflösung Die Abkürzung HD stammt aus dem Englischen und steht für »high definition«, also eine hohe Bildschirmauflösung.

Health literacy Gesundheitskompetenz. Dieser Begriff beschreibt die Fähigkeit einer Person, Gesundheitsinformationen zu finden, zu verstehen, zu beurteilen und anzuwenden, um im Alltag angemessene Entscheidungen zur Gesundheit treffen zu können.

HSG Universität St. Gallen, Schweiz.

Hypoglykämie Absinken des Blutzuckers unter Normalwerte, Unterzuckerung, abnorm geringer Zuckergehalt des Blutes.

Just in time Zeitlich aufeinander abgestimmt. Erstellung von Dienstleistung oder Produkten genau zu dem Zeitpunkt, zu denen sie benötigt werden.

Kardiovaskuläre Krankheiten Krankheiten des Herz-Kreislauf-Systems, zum Beispiel Herzinfarkte oder Bluthochdruck.

Künstliche Intelligenz (Artificial Intelligence) Künstliche Intelligenz ist ein Teilbereich der Informatik der versucht, menschliche Entscheidungsstrukturen nachzubilden und diese von Computern und Algorithmen ausführen zu lassen. Hierbei wird versucht, dass Computer eigenständig Probleme lösen und somit intelligentes Verhalten simulieren.

Lifestyle-Reward-Programme Bonusprogramme, die einen gesunden Lebensstil durch monetäre Anreize belohnen.

Magnetresonanztomografie (MRT) Auch Kernspinresonanztomografie genannt. Durch ein Magnetfeld mit hoher Feldstärke und Radiowellen niedriger Intensität entstehen Schichtbilder, die zum Beispiel wasser- oder fettreiche Gewebe als helle Flächen, wasserstoffarme Gewebe sowie schnell strömende Blutanteile als dunkle Flächen ohne Behinderung durch Knochenstrukturen anzeigen. Einsatz zur Diagnostik zum Beispiel im Bereich des zentralen Nervensystems, von Organen oder des Herz- und Kreislaufsystems.

Maschinelles Lernen (Machine Learning) Maschinelles Lernen bildet einen Teilbereich der künstlichen Intelligenz ab. Dabei werden statistische Techniken verwendet, bei denen Computersysteme lernen, relevante Muster in Daten zu erkennen, anstatt sie spezifisch darauf zu programmieren.

Metabolom Abgeleitet vom Wort Metabolismus, das Stoffwechsel bedeutet. Das Metabolom fasst alle Stoffwechseleigenschaften einer Zelle oder eines Organismus zusammen.

Mikrobiom Gesamtheit aller Mikroorganismen (zum Beispiel Bakterien, Pilze), die den Menschen besiedeln (etwa in der Darmflora, auf der Haut etc.).

Non-Communicable Disease (NCD) Nichtübertragbare chronische Krankheiten, manchmal auch bezeichnet als nicht ansteckende chronische Krankheiten (zum Beispiel Diabetes, Krebs, Demenz).

Off-Label Use Verschreibung eines Medikamentes außerhalb der Indikationen, für die das Medikament zugelassen ist.

Omics-Daten Daten aus verschiedenen Teilbereichen der Biologie, die alle auf die Endung -omics (deutsch: -omik) enden. Zu diesen gehören zum Beispiel die Genomik oder die Proteomik.

Online-Forum Ein Online-Forum bezeichnet eine virtuelle Plattform, die dem Austausch, der Verbreitung und Archivierung von Meinungen, Wissen und persönlichen Erfahrungen zu einem bestimmten Themengebiet dient. Das Wissen kann von verschiedenen Nutzern des Forums zusammengetragen oder kommentiert werden. Online-Foren ermöglichen asynchrone Kommunikation, die Teilnehmer eines Forums müssen also nicht zeitgleich kommunizieren und können auch Beiträge lesen, die vor Jahren verfasst wurden.

Orthosomnie Krankhafte, übermäßige Fokussierung auf die Verbesserung des Schlafs beziehungsweise der Schlafdaten, die durch einen Schlaf-Tracker erfasst werden.

Pay for Performance Bezahlung für erfolgreiche Leistung. Pay for Performance beschreibt ein Vergütungsschema, bei dem nur bezahlt wird, wenn eine Behandlung den gewünschten Erfolg gebracht hat. Ein ebenfalls oft verwendeter Begriff ist »Outcomes-based Pricing«.

Peer-Gruppe Eine Gruppe gleichartiger oder gleichgesinnter Menschen, also zum Beispiel Menschen mit einem vergleichbaren sozio-demografischen Profil. Im Medizinbereich bezeichnet eine Peer-Gruppe oft eine Gruppe von Patienten, die an der gleichen Krankheit leiden.

PHQ-9-Wert Wert zur Messung des Schweregrades einer Depression, der von der Amerikanischen Psychiatrischen Vereinigung entwickelt wurde.

Placebo Wirkstofffreies, äußerlich nicht vom Original unterscheidbares »Leer«- oder »Scheinmedikament« ohne Wirkung. Placebos werden oft in klinischen Studien eingesetzt, um zu testen, ob ein Medikament tatsächlich einen therapeutischen Nutzen hat.

Präzisionsmedizin und Personalisierte Medizin Präzisionsmedizin und Personalisierte Medizin beschreiben Behandlungsansätze, bei denen die Therapie auf individuelle Merkmale eines Patienten zugeschnitten werden.

Public Private Partnership Auf Deutsch spricht man auch von einer öffentlich-privaten Partnerschaft. Diese beschreibt eine vertraglich geregelte Zusammenarbeit zwischen öffentlicher Hand und Unternehmen der Privatwirtschaft in einer Zweckgesellschaft.

Proteom Die Gesamtheit aller Proteine in einem Lebewesen (etwa dem Menschen) unter definierten Bedingungen, zu einem definierten Zeitpunkt.

Proteomik Die Erforschung des Proteoms, also der Gesamtheit aller Proteine in einem Lebewesen.

Quantified self Selbstvermessung. Die Tendenz, immer mehr Messdaten über das eigene Leben zu sammeln und zu analysieren (zum Beispiel Vitalwerte, Aktivität, Ernährung).

Realweltdaten Daten, die außerhalb von kontrollierten klinischen Studien erfasst werden. Dies können Daten aus der klinischen Praxis sein, aber auch Daten, die zum Beispiel über Mobilgeräte aus dem Patientenalltag erhoben werden.

Renminbi (RMB oder CNY) Der Renminbi ist die Währung der Volksrepublik China. Die offizielle Währungsabkürzung lautet CNY, während in China selbst häufig RMB genutzt wird. Yuan ist ein Synonym für Renminbi, das auch häufig verwendet wird. Zum 30.3.2020 entspricht ein Renminbi etwa 0,13 Euro.

RNA Abkürzung für das englische Wort »ribonucleic acid«, auf Deutsch Ribonukleinsäure, das mit RNS abgekürzt wird. Die RNA/RNS beschreibt einen Molekülstrang, der genetische Information transportieren kann und essenziell in der Produktion von Proteinen ist.

Schweizer Franken (CHF) Der Schweizer Franken ist die Währung der Schweiz und des Fürstentums Liechtenstein. Ein Franken entspricht 100 Rappen. Zum 30.3.2020 entspricht ein Schweizer Franken etwa 0,94 Euro.

Terabyte Ein Byte ist eine digitale Speichereinheit. 1 Terabyte entspricht 1 000 Milliarden Bytes (10^{12}).

Transkriptom Die Summe aller zu einem bestimmten Zeitpunkt in einer Zelle transkribierten – das heißt von der DNA in RNA umgeschriebenen – Gene, also die Gesamtheit aller in einer Zelle hergestellten RNA-Moleküle.

US-Dollar (USD) Der US-Dollar ist die Währung der Vereinigten Staaten von Amerika. Zum 30.3.2020 entspricht 1 US-Dollar etwa 0,91 Euro.

Value-based Medicine, Outcome-based Medicine Wertorientierte Medizin. Eine Sichtweise, bei der auf den Nutzen und den Erfolg der medizinischen Behandlung geachtet wird und dieser im Vordergrund steht.

Venture Capitalist Investor, der Unternehmen mit hohem Wachstumspotenzial im Austausch gegen eine Beteiligung Kapital zur Verfügung stellt.

Vitaldaten, Vitalwerte Messgrößen wichtiger Körperfunktionen. Die vier fundamentalen Vitalparameter sind die Herzfrequenz, die Atemfrequenz, der Blutdruck und die Körpertemperatur. Als weiterer Vitalparameter wird im intensivmedizinischen Umfeld häufig die Sauerstoffsättigung erfasst.

Word-of-Mouth Mund-zu-Mund-Weitergabe von Information oder Empfehlungen.

World Economic Forum (WEF) Weltwirtschaftsforum. Das Weltwirtschaftsforum ist eine vom Ökonomen und Philanthropen Klaus Schwab ins Leben gerufene Stiftung, die eine jährliche Konferenz im Schweizer Bergort Davos veranstaltet. Zu der Konferenz erscheinen internationale, führende Persönlichkeiten aus Politik, Wirtschaft und Gesellschaft.

World Health Organisation (WHO) Weltgesundheitsorganisation. Die Weltgesundheitsorganisation ist die Koordinationsbehörde der Vereinten Nationen für das internationale öffentliche Gesundheitswesen.

Yottabyte Ein Byte ist eine digitale Speichereinheit. 1 Yottabyte entspricht 1 Septillion Bytes (10^{24}).

Zettabyte Ein Byte ist eine digitale Speichereinheit. 1 Zettabyte entspricht 1 Sextillion Bytes (10^{21}).

Anmerkungen & Quellen

Kapitel 1
Der medizinische Fortschritt ist eine Erfolgsgeschichte
mit Folgen

1 Vgl.: Riley, J. C. (2005). Estimates of regional and global life expectancy, 1800–2001. *Population and development review, 31*(3), S. 537–543 sowie Zijdeman, R., & Ribeira da Silva, F. (2015). Life expectancy at birth (total). *IISH Dataverse.*

2 Vgl.: Field, M. J., & Behrman, R. E. (2003). Assessing health-related quality of life in end-of-life care for children and adolescents. In: *When children die: Improving palliative and end-of-life care for children and their families.* National Academies Press (US).

3 Tan, S. Y., & Tatsumura, Y. (2015). Alexander Fleming (1881–1955): discoverer of penicillin. *Singapore medical journal,* 56(7), S. 366.

4 Vgl.: World Health Organization (2010). *Statue commemorates smallpox eradication.* Geneva. https://www.who.int/mediacentre/news/notes/2010/smallpox_20100517/en/

5 Vgl.: Morgan, A. J., & Parker, S. (2007). Translational mini-review series on vaccines: the Edward Jenner Museum and the history of vaccination. *Clinical & Experimental Immunology,* 147(3), S. 389–394.

6 Vgl.: Statistisches Bundesamt (2019). *Vdek – Basisdaten des Gesundheitswesens 2018/2019.*

7 Vgl.: Crimmins, E. M., & Beltrán-Sánchez, H. (2011). Mortality and morbidity trends: is there compression of morbidity? *Journals of Gerontology Series B: Psychological Sciences and Social Sciences,* 66(1), S. 75–86.

8 Vgl.: World Health Organization (o. D.). *Health statistics and information systems.* Abgerufen am 28.01.2020 von: https://www.who.int/healthinfo/global_burden_disease/metrics_daly/en/

9 Vgl.: Ärztezeitung (2014). *Dialyse: Ein Lebensrettendes Minusgeschäft?* Abgerufen am 28.01.2020 von https://www.aerztezeitung.de/Politik/Ein-lebensrettendes-Minusgeschaeft-241433.html

10 Vgl.: World Economic Forum (2019). *Thailand gave healthcare to its entire population and the results were dramatic.* Abgerufen am 8.1.2019 von https://www.weforum.org/agenda/2019/04/thailand-gave-healthcare-to-its-entire-population-and-the-results-were-dramatic/

11 Vgl.: The Guardian (2019). *It's a godsend: the healthcare scheme bringing hope to India's sick.* Abgerufen am 8.1.2020 von https://www. theguardian.com/global-development/2019/mar/21/godsend-healthcare-scheme-bringing-hope-india-sick-ayushman-bharat

12 Vgl.: CNBC (2018). *Why Medical Bills In The US Are So Expensive.* Abgerufen am 27.01.2020 von https://www.youtube.com/watch?v=3NvnOUcG-ZI

13 Vgl.: The Guardian (2017). *The Americans Dying because they can't afford medical care.* Abgerufen am 10.01.2020 von https://www. theguardian.com/us-news/2020/jan/07/americans-healthcare-medical-costs

14 Vgl.: CNBC (2019). *This is the real reason most Americans file for bankruptcy.* Abgerufen am 29.01.2020 von https://www.cnbc. com/2019/02/11/this-is-the-real-reason-most-americans-file-for-bankruptcy.html

15 Vgl.: Yip, W., Fu, H., Chen, A. T., Zhai, T., Jian, W., Xu, R., ... & Mao, W. (2019). 10 years of health-care reform in China: progress and gaps in Universal Health Coverage. *The Lancet*, 394(10204), S. 1192–1204.

16 Vgl.: World Economic Forum (2019). *Thailand gave healthcare to its entire population and the results were dramatic.* Abgerufen am 8.1.2019 von https://www.weforum.org/agenda/2019/04/thailand-gave-healthcare-to-its-entire-population-and-the-results-were-dramatic

17 Vgl.: The Guardian (2019). *It's a godsend: the healthcare scheme bringing hope to India's sick.* Abgerufen am 8.1.2020 von https://www. theguardian.com/global-development/2019/mar/21/godsend-healthcare-scheme-bringing-hope-india-sick-ayushman-bharat

18 Vgl.: CNBC (2019). *This is the real reason most Americans file for bankruptcy.* Abgerufen am 29.01.2020 von https://www.cnbc. com/2019/02/11/this-is-the-real-reason-most-americans-file-for-bankruptcy.html

19 Vgl.: Tham, T. Y., Tran, T. L., Prueksaritanond, S., Isidro, J. S., Setia, S., & Welluppillai, V. (2018). Integrated health care systems in Asia: an urgent necessity. *Clinical interventions in aging*, 13, S. 2527.

20 Vgl.: US Department of Health & Human Services (2016). *MEPS Data.* Abgerufen am 29.01.2020 von https://www.registerednursing.org/healthcare-costs-by-age/

Kapitel 2 Chronische Krankheiten strapazieren unser Gesundheitssystem

1 Vgl.: Kasumov, A. (2018). *Soaring Health-Care Costs Forced This Family to Choose Who Can Stay Insured.* Abgerufen am 17.03.2020 von https://www.bloomberg.com/graphics/2018-risking-it-uninsured-family/

2 Vgl.: The World Bank (2019). *2017 Life expectancy at birth, total (years).* Abgerufen am 17.03.2020 von https://data.worldbank.org/indicator/ SP.DYN.LE00.IN?locations=US&name_desc=true

3 Vgl.: Interpharma (2019). *Grosse Zufriedenheit mit dem Gesundheitswesen.* Abgerufen am 17.03.2020 von https://www.interpharma.ch/fakten-statistiken/1830-grosse-zufriedenheit-mit-dem-gesundheitswesen sowie AOK Die Gesundheitskasse (2019). *Umfrage belegt Zufriedenheit der Deutschen mit Gesundheitswesen.* Abgerufen am 17.03.2020 von https://www.aok-bv.de/presse/dpa-ticker/index_22727.html und Gallup (2019). *Healthcare System A to Z.* Abgerufen am 17.03.2020 von https:// news.gallup.com/poll/4708/healthcare-system.aspx.

4 Vgl.: Xu K., Soucat A. & Kutzin J. et al. (2018). *Public Spending on Health: A Closer Look at Global Trends.* Geneva: World Health Organization.

5 Vgl.: World Health Organization (2015). *Current health expenditure as a percentage of gross domestic product (GDP).*

6 Vgl.: Swissinfo (2017). *Health insurance costs keep on rising.* Abgerufen am 17.07.2019 von https://www.swissinfo.ch/eng/expensive-coverage_ health-insurance-costs-keep-on-rising/43553132

7 Vgl.: Ebd. sowie Neue Zürcher Zeitung (2018). *Krankenkasse: Prämien kosten bis zu einen Fünftel des Einkommens.* Abgerufen am 20.06.2018 von https://nzzas.nzz.ch/wirtschaft/krankenkasse-praemien-kosten-fuenftel-einkommen-ld.1447205.

8 Vgl.: Statistisches Bundesamt (2019*). Statistisches Jahrbuch 2019 – Kapitel 4 Gesundheit.* Abgerufen am 17.03.2020 von https://www.destatis.de/ DE/Themen/Querschnitt/Jahrbuch/jb-gesundheit.pdf?__blob= publicationFile

9 Vgl.: Tozzi, J. (2018). Employees' Share of Health Costs Continues Rising Faster than Wages. *Insurance Journal.* Abgerufen am 20.09.2020 von https://www.insurancejournal.com/news/natio-nal/2018/10/08/503575.htm.

10 Vgl.: Witters, D. (2019). *U.S. Uninsured Rate Rises to Four-Year High.* Abgerufen am 17.07.2019 von https://news.gallup.com/poll/246134/ uninsured-rate-rises-four-year-high.aspx

11 Vgl.: Dezan Shira & Associates (2018). *China's Healthcare Reforms Underscore Market Growth.* Abgerufen am 20.03.2019 von https://www. china-briefing.com/news/healthcare-reforms-underscore-market-growth-china/

12 Vgl.: Fu, W., Zhao, S., Zhang, Y., Chai, P., & Goss, J. (2018). Research in health policy making in China: out-of-pocket payments in Healthy China 2030. *BMJ*, 360, k234. https://doi.org/10.1136/BMJ.K234

13 Vgl.: OECD (2018). *Asia Pacific should reduce inequalities in access to care for the most marginalised groups.* Abgerufen am 10.01.2020 von https://www.oecd.org/health/asia-pacific-should-reduce-inequalities-in-access-to-care-for-the-most-marginalised-groups.htm

14 Vgl.: Koopman, R. J., Mainous, A. G., Diaz, V. A., & Geesey, M. E. (2005). Changes in age at diagnosis of type 2 diabetes mellitus in the

United States, 1988 to 2000. *Annals of Family Medicine*, 3(1), S. 60–63.

15 Vgl.: Bundesamt für Öffentliche Gesundheit (2016). *Faktenblatt Nichtübertragbare Krankheiten*. Bern: Eidgenössisches Departement des Innern sowie Cigna Health Insurance (2015). *From Sick Care to Health Care: Building a Sustainable System*. Abgerufen am 25.03.2019 von https://3blmedia.com/News/Cignas-Second-Annual-CR-Report-Highlights-Cignas-Leadership-Helping-Build-Sustainable-Health

16 Vgl.: Bloom, D. E., Cafiero, E., Jané-Llopis, E., Abrahams-Gessel, S., Bloom, L. R., Fathima, S., … & O'Farrell, D. (2012). *The global economic burden of noncommunicable diseases* (No. 8712). Program on the Global Demography of Aging.

17 Vgl.: Institute for Health Metrics and Evaluation (2017). *Global Burden of Disease Study 2016 (GBD 2016) Results*. Seattle, United States: Institute for Health Metrics and Evaluation.

18 Vgl.: Suliman, A. (2016). *Paging all the Doctors: The looming public health crises threatening to take down China's health care system*. Abgerufen am 25.03.2019 von https://qz.com/756585/diabetes-is-chinas-next-public-health-crises/

19 Vgl.: Wang, F. (2017). China's Diabetes Problem: From 1 % to 10 % in 36 Years. *The Wall Street Journal*. Abgerufen am 09.03.2019 von https://blogs.wsj.com/chinarealtime/2016/11/14/chinas-diabetes-problem-from-1-to-10-in-36-years/

20 Vgl.: OECD (2015). *Health at a Glance 2015: OECD Indicators*. Paris: OECD Publishing. http://dx.doi.org/10.1787/health_glance-2015-en

21 Vgl.: López-Olmedo, N., Popkin, B. M., Smith Taillie, L., & Taillie, L. S. (2018). The Socioeconomic Disparities in Intakes and Purchases of Less-Healthy Foods and Beverages Have Changed over Time in Urban Mexico. *Journal Of Nutrition*, 148(1), 109–116.

22 Vgl.: Watson, K. & Treanor, S. (2016). *The Mexicans dying for a fizzy drink*. BBC News. Abgerufen am 03.09.2019 von https://www.bbc.com/news/magazine-35461270

23 Watson, K. & Treanor, S. (2016). *The Mexicans dying for a fizzy drink*. BBC News. Abgerufen am 03.09.2019 von https://www.bbc.com/news/magazine-35461270

24 Vgl.: Gagnon-Arpin et al. (2017). Modelling The Burden Of Cardiovascular Disease In Mexico And The Impact Of Reducing Modifiable Risk Factors. *Value in Health*, 20 (2017) A399–A811.

25 Vgl.: OECD (2016). *OECD Reviews of Health Systems: Mexico Report*. Abgerufen am 25.03.2019 von https://www.oecd-ilibrary.org/docserver/9789264230491-en.pdf?expires=1553518870&id=id&accname=ocid195658&checksum=A5A96C71B36E03434ED65B048493D21D

26 Vgl.: OECD (2016). *OECD Reviews of Health Systems: Mexico Report*. Abgerufen am 25.03.2019 von https://www.oecd-ilibrary.org/docserver/9789264230491-en.pdf?expires=1553518870&id=id&accname=ocid195658&checksum=A5A96C71B36E03434ED65B048493D21D

Kapitel 3
Digitalisierung ist ein wichtiger Erfolgsfaktor für das Gesundheitssystem von morgen

1 Vgl.: Neue Züricher Zeitung (2018). *Krankenkasse: Prämien kosten bis zu einem Fünftel des Einkommens.* Abgerufen am 20.06.2019 von https://nzzas.nzz.ch/wirtschaft/krankenkasse-praemien-kosten-fuenftel-einkommen-ld.1447205
2 Vgl.: Yun Y. et al. (2005), Economic burden and Quality of Life of Family Caregivers of Cancer Patients, *Oncology*, 68(2–3), S. 107–114.
3 Vgl.: World Health Organisation (2018). *Key Facts Sheet Cancer.* Abgerufen am 21.03.2018 von https://www.who.int/en/news-room/fact-sheets/detail/cancer sowie World Health Organization. (2010). *Global status report on noncommunicable diseases 2010.* Geneva: World Health Organization.
4 Vgl.: Drewnowski A., Popkin BM. (1997). The nutrition transition: new trends in the global diet. *Nutrition Reviews*, 55, S. 31–43.
5 Vgl.: World Health Organization (2010). *Global status report on noncommunicable diseases 2010.* Geneva: World Health Organization.
6 Ebd.
7 Vgl.: Burger, M., Bröstrup, A., & Pietrzik, K. (2000). *Abschlussbericht zum Forschungsvorhaben „Alkoholkonsum und Krankheiten.* Im Auftrag des Bundesministeriums für Gesundheit. Schriftenreihe des Bundesministeriums für Gesundheit, S. 134.
8 Vgl.: World Health Organization (2010). *Global status report on noncommunicable diseases 2010.* Geneva: World Health Organization.
9 Vgl.: World Health Organization (2014). *Global Status Report on NCDs.* Geneva: World Health Organization.
10 Vgl.: World Health Organization (2010). *Global status report on noncommunicable diseases 2010.* Geneva: World Health Organization.
11 World Health Organization (2017). *Noncommunicable Diseases Progress Monitor.* Geneva: World Health Organization, S. 5.
12 Vgl.: Gmeinder, M., D. Morgan and M. Mueller (2017). *How much do OECD countries spend on prevention?* OECD Health Working Papers, No. 101, Paris: OECD Publishing, https://doi.org/10.1787/f19e803c-en
13 Ebd.
14 Ärzteblatt (2018). *Männer weiter Vorsorgemuffel.* Abgerufen am 03.09.2019 von https://www.aerzteblatt.de/nachrichten/98922/Maenner-weiter-Vorsorgemuffel
15 Cheng-Tek Tai, M. (2012). Medical Ethics: An oriental understanding of health, *Tzu Chi Medical Journal*, 24 92e95, https://doi.org/10.1016/j.tcmj.2012.02.010
16 Ebd.

17 Vgl.: Ebd. sowie Naik, A. (2017). *Paying the doctors as long as they keep you healthy*. Abgerufen am 26.03.2019 von http://ashwinnaik.com/blog/2017/03/03/paying-the-doctors-as-long-as-they-keep-you-healthy/

18 Vgl.: European Commission (2019). *Sweden Healthcare*. Abgerufen am 18.07.2019 von https://ec.europa.eu/social/main.jsp?catId=1130&langId=en&intPageId=4809

19 Vgl.: Nordenram, G. (2012). Dental health- Health in Sweden: The National Public Health Report 2012. Chapter 16, *Scandinavian Journal of Public Health*, 40(Suppl 9): 281–286.

20 Vgl.: Health Promotion Board (2019). *Annual Report 2018/2019*. Abgerufen am 20.01.2019 von https://www.hpb.gov.sg/docs/default-source/annual-reports/hpb-annual-report-2018_2019.pdf?sfvrsn=df71c372_0

21 Ebd. S. 4.

22 Ebd. S. 22.

23 Vgl.: Phan, T. P., Alkema, L., Tai, E. S., Tan, K. H., Yang, Q., Lim, W. Y., … & Chia, K. S. (2014). Forecasting the burden of type 2 diabetes in Singapore using a demographic epidemiological model of Singapore. *BMJ Open Diabetes Research and Care*, 2(1), e000012.

24 Vgl.: Bloomberg (2019). *These are the worlds' healthiest nations*. Abgerufen am 16.12.2019 von https://www.bloomberg.com/news/articles/2019–02–24/spain-tops-italy-as-world-s-healthiest-nation-while-u-s-slips

25 Vgl.: Lawrence, D., Shah, A. K., Lee, E. K., Conway, S. J., Ramkumar, M. K., James, H. J., … & Ashar, B. H. (2018). Primary Care Provider Preferences for Communication with Inpatient Teams: One Size Does Not Fit All. *Journal of hospital medicine*, 13(3), S. 177.

26 Vgl.: European Commission (2012*). Study on enhancing procurement of ICT solutions for healthcare*. Belfast/Bonn: European Commission.

27 Vgl.: New England Healthcare Institute (2010). *A Matter of Urgency: Reducing Emergency Department Overuse*. Abgerufen am 28.03.2019 von https://www.nehi.net/writable/publication_files/file/nehi_ed_overuse_issue_brief_032610finaledits.pdf

28 Vgl.: Truven Health Analytics (2013). *Preventing unnecessary ER visits to reduce health care costs*. Abgerufen am 28.03.2019 von http://truvenhealth.com/media-room/press-releases/detail/prid/113/Study-Finds-Most-Emergency-Room-Visits-Made-by-Privately-Insured-Patients-Avoidable

29 Vgl.: Caldwell, N et al. (2013). How Much Will I Get Charged for This? Patient Charges for Top Ten Diagnoses in the Emergency Department, *PLOS ONE* 8(2): e55491. https://doi.org/10.1371/journal.pone.0055491

30 Vgl.: New England Healthcare Institute (2010). *A Matter of Urgency: Reducing Emergency Department Overuse*. Abgerufen am 28.03.2019 von https://www.nehi.net/writable/publication_files/file/nehi_ed_overuse_issue_brief_032610finaledits.pdf

31 Vgl.: Hawkins, M. (2017). *Survey of Physician Appointment Wait Times.* Abgerufen am 25.07.2019 von https://www.merritthawkins.com/ uploadedFiles/MerrittHawkins/Content/Pdf/ mha2017waittimesurveyPDF.pdf?source=post_page

32 Vgl.: Irving, G., Neves, A. L., Dambha-Miller, H., Oishi, A., Tagashira, H., Verho, A., & Holden, J. (2017). International variations in primary care physician consultation time: a systematic review of 67 countries. *BMJ open,* 7(10), e017902.

33 Vgl.: Medinside (2017). *Assistenzärzte: 90 Minuten am Patientenbett.* Abgerufen am 15.05.2020 von https://www.medinside.ch/de/post/ assistenzaerzte-90-minuten-am-patientenbett sowie Woolhandler, S., & Himmelstein, D. U. (2014). Administrative work consumes one-sixth of US physicians' working hours and lowers their career satisfaction. *International Journal of Health Services,* 44(4), S. 635–642.

34 Vgl.: Netflix (2019). *2018 Annual Report,* Abgerufen am 29.01.2020 von https://s22.q4cdn.com/959853165/files/doc_financials/annual_reports/ 2018/Form-10K_Q418_Filed.pdf

35 Vgl.: Densen, P. (2011). *Challenges and opportunities facing medical education.* Transactions of the American Clinical and Climatological Association, 122, S. 48.

36 Vgl.: Österle, H., Life Engineering (2020). *Mehr Lebensqualität dank maschineller Intelligenz?* Springer, Wiesbaden

37 Vgl.: Bloom, D. E., Cafiero, E., Jané-Llopis, E., Abrahams-Gessel, S., Bloom, L. R., Fathima, S., … & O'Farrell, D. (2012). *The global economic burden of noncommunicable diseases* (No. 8712). Program on the Global Demography of Aging.

Kapitel 4
Do-it-yourself-Medizin

1 Vgl.: Bertelsmann Stiftung (2018). *Das Internet: Auch Ihr Ratgeber für Gesundheitsfragen? Bevölkerungsumfrage zur Suche von Gesundheitsinformationen im Internet und zur Reaktion der Ärzte.* Gütersloh: Bertelsmann Stiftung.

2 Vgl.: Doherty-Torstrick, E. R., Walton, K. E., & Fallon, B. A. (2016). Cyberchondria: parsing health anxiety from online behavior. *Psychosomatics,* 57(4), S. 390–400.

3 Mitteldeutscher Rundfunk (2018). *Was »Dr. Google« mit uns macht.* Abgerufen am 15.01.2020 von https://www.mdr.de/wissen/dr_google_ macht_uns_krank-100.html

4 Vgl.: Bertelsmann Stiftung (2018). *Das Internet: Auch Ihr Ratgeber für Gesundheitsfragen? Bevölkerungsumfrage zur Suche von Gesundheitsinformationen im Internet und zur Reaktion der Ärzte.* Gütersloh: Bertelsmann Stiftung.

5   Vgl.: World Health Organization (2013). *The solid facts: Health Literacy.* Geneva: World Health Organization.

6   Ebd.

7   Vgl.: Babylon Health (2013). *NHS 111 powered by Babylon Outcomes evaluation.* Abgerufen am 16.01.2020 von https://assets.babylonhealth. com/nhs/NHS-111-Evaluation-of-outcomes.pdf

8   Vgl.: Topol, E. (2019). *Why Doctors Should Organize.* The New Yorker. Abgerufen am 01.03.2020 von https://www.newyorker.com/culture/ annals-of-inquiry/why-doctors-should-organize

9   Vgl.: Wicks, P., Massagli, M., Frost, J., Brownstein, C., Okun, S., Vaughan, T., … & Heywood, J. (2010). Sharing health data for better outcomes on PatientsLikeMe. *Journal of medical Internet research*, 12(2), e19.

10 Vgl.: Alivecor (2020). *Clinicians.* Abgerufen am 16.01.2020 von https:// clinicians.alivecor.com/

11 Vgl.: Medpage Today (2018). *Apple Watch ›Should Not Mean a Wearable Physician‹.* Abgerufen am 16.01.2020 von https://www.medpagetoday. com/cardiology/arrhythmias/75650

12 Vgl.: Forbes (2019). *Healthy.io Raises $60 Million Series C And Receives FDA Clearance For Smartphone-Based Diagnostic Test.* Abgerufen am 16.01.2020 von https://www.forbes.com/sites/jamessomauroo/2019/09/12/healthyio-raises-60 m-series-c-and-receives-fda-clearance-for-smartphone-based-diagnostic-test/#101139c028b1

13 Vgl.: Roberts, J. S., Gornick, M. C., Carere, D. A., Uhlmann, W. R., Ruffin, M. T., & Green, R. C. (2017). Direct-to-consumer genetic testing: user motivations, decision making, and perceived utility of results. *Public Health Genomics*, 20(1), S. 36–45.

14 Vgl.: Pitkin, F., Watson, L. A., & Foster, R. (2017). Direct to Consumer Laboratory Testing: A Review. *Ann Clin Lab Res*, 5, S. 2.

15 Vgl.: Ioannidis, J. P. (2016). Stealth research and Theranos: reflections and update 1 year later. *Jama*, 316(4), S. 389–390.

16 Vgl.: Wiggins, A., & Wilbanks, J. (2019). The rise of citizen science in health and biomedical research. *The American Journal of Bioethics*, 19(8), S. 3–14.

Kapitel 5
Digitale Patienten-Arzt-Beziehung

1   Hellin, T. (2002). The physician-patient relationship: Recent developments and changes. *Haemophilia*, 8(3), S. 450–454.

2   Vgl.: Hao, H. (2015). The development of online doctor reviews in China: an analysis of the largest online doctor review website in China. *Journal of medical Internet research*, 17(6), e134.

3 Vgl.: Practo (2019). Your home for health. Abgerufen am 20.01.2020 von https://www.practo.com/company/about

4 Vgl.: Docplanner (2019). *Making the healthcare experience more human.* Abgerufen am 20.01.2020 von https://www.docplanner.com/about-us

5 Vgl.: Mobile Health News (2018). *95 Prozent of Americans find online doctor reviews reliable, survey suggests.* Abgerufen am 20.01.2020 von https://www.mobihealthnews.com/content/95-americans-find-online-doctor-reviews-reliable-survey-suggests

6 Ebd.

7 Vgl.: Globe and Mail (2018). *Doctors can pay to hide negative reviews on websites like RateMDs.com. Should we use them?* Abgerufen am 20.01.2020 von https://www.theglobeandmail.com/life/health-and-fitness/article-doctors-can-pay-to-hide-negative-reviews-on-websites-like-ratemdscom/

8 Vgl.: Hong, Y. A., Liang, C., Radcliff, T. A., Wigfall, L. T., & Street, R. L. (2019). What Do Patients Say About Doctors Online? A Systematic Review of Studies on Patient Online Reviews. *Journal of medical Internet research*, 21(4), e12521.

9 Sweeney, V. (2015). *Doctor On Demand Review*, Youtube 13.02.2015. Abgerufen am 20.01.2020 von https://www.youtube.com/watch?v=sxP5EahPQuE

10 Vgl.: Ebd.

11 Vgl.: Singh, A. P., Joshi, H. S., Singh, A., Agarwal, M., & Kaur, P. (2018). Online medical consultation: a review. *International Journal Of Community Medicine And Public Health*, 5(4), 1230–1232.

12 Vgl.: Harvard Business School Forum (2015). Yisheng, C.*China's DoctorOnDemand app.* Abgerufen am 20.01.2020 von https://www.hbs.edu/openforum/openforum.hbs.org/goto/challenge/understand-digital-transformation-of-business/chunyu-yisheng-china-s-doctorondemand-app.html

13 BBC (2019). *Would you be happy to see your doctor online?* Abgerufen am 20.01.2020 von https://www.bbc.com/news/business-47196286

14 Ebd.

15 Vgl.: Ebd.

16 Ebd.

17 Ebd.

18 Vgl.: Forbes (2019). *AI Will Not Replace Doctors, But It May Drastically Change Their Jobs.* Abgerufen am 20.01.2020 von https://www.forbes.com/sites/forbestechcouncil/2019/03/15/ai-will-not-replace-doctors-but-it-may-drastically-change-their-jobs/#140a576f636a

19 Vgl.: Brady, A. P. (2017). Error and discrepancy in radiology: inevitable or avoidable? *Insights into imaging*, 8(1), S. 171–182.

20 Vgl.: Technode (2016). *AliHealth Invests $34M In Medical Imaging Services Company Wlycloud.* Abgerufen am 20.01.2020 von https://technode.com/2016/03/30/alihealth-invests-wlycloud/

21 Vgl.: World Bank (2018). *Nearly Half the World Lives on Less than $5.50 a Day*. Abgerufen am 01.05.2020 von https://www.worldbank.org/en/news/press-release/2018/10/17/nearly-half-the-world-lives-on-less-than-550-a-day

22 Vgl.: Muse, E. D., Godino, J. G., Netting, J. F., Alexander, J. F., Moran, H. J., & Topol, E. J. (2018). From second to hundredth opinion in medicine: A global consultation platform for physicians. *npj Digital Medicine*, 1(1), S. 55.

23 Vgl.: ebd. sowie Brady, A. P. (2017). Error and discrepancy in radiology: inevitable or avoidable? *Insights into imaging*, 8(1), S. 171–182.

24 Vgl.: Zion Market Research (2018). *Global E-Pharmacy Market Will Reach USD 107.53 Billion By 2025*. Abgerufen am 20.01.2020 von https://www.zionmarketresearch.com/news/compounding-pharmacies-market

25 Vgl.: Swissmedic (2019). *Swissmedic Leitfaden Arzneimittel aus dem Internet*. Abgerufen am 20.04.2020 von https://www.swissmedic.ch/swissmedic/de/home/humanarzneimittel/marktueberwachung/arzneimittel-aus-dem-internet/leitfaden-arzneimittel-aus-dem-internet.html

26 Vgl.: U.S. Food and Drug Administration (2019). *Internet Pharmacy Warning Letters*. Abgerufen am 20.04.2020 von https://www.fda.gov/drugs/drug-supply-chain-integrity/internet-pharmacy-warning-letters

27 Vgl.: Zhang, L., Zakharyan, A., Stockl, K. M., Harada, A. S., Curtis, B. S., & Solow, B. K. (2011). Mail-order pharmacy use and medication adherence among Medicare Part D beneficiaries with diabetes. *Journal of medical economics*, 14(5), S. 562–567.

28 Vgl.: Fernandez, E. V., McDaniel, J. A., & Carroll, N. V. (2016). Examination of the link between medication adherence and use of mail-order pharmacies in chronic disease states. *Journal of managed care & specialty pharmacy*, 22(11), S. 1247–1259.

29 Vgl.: Schmittdiel, J. A., Karter, A. J., Dyer, W., Parker, M., Uratsu, C., Chan, J., & Duru, O. K. (2011). The comparative effectiveness of mail order pharmacy use vs. local pharmacy use on LDL-C control in new statin users. *Journal of general internal medicine*, 26(12), S. 1396–1402.

30 Waddington, C. and Egger, D. (2008), »Integrated Health Services – What and Why?«, WHO Department of Health System Governance and Service Group, Technical Brief No.1, May 2008, World Health Organization, Geneva, S. 1.

31 Vgl.: Mobihealthnews (2019). *Ping An Good Doctor launches commercial operation of One-minute Clinics in China*. Abgerufen am 21.01.2020 von https://www.mobihealthnews.com/news/asia-pacific/ping-good-doctor-launches-commercial-operation-one-minute-clinics-china

Kapitel 6
Digitale Therapien

1   Vgl.: eMarketer (2019). *Digital Ad Spending 2019.* Abgerufen am 21.01.2020 von https://www.emarketer.com/content/global-digital-ad-spending-2019

2   Meru Health (2020). *Testimonials.* Abgerufen am 21.01.2020 von https://www.meruhealth.com/testimonials-all

3   Vgl.: Dascal, J., Reid, M., IsHak, W. W., Spiegel, B., Recacho, J., Rosen, B., & Danovitch, I. (2017). Virtual reality and medical inpatients: a systematic review of randomized, controlled trials. *Innovations in clinical neuroscience,* 14(1–2), S. 14 sowie Maples-Keller, J. L., Bunnell, B. E., Kim, S. J., & Rothbaum, B. O. (2017). The use of virtual reality technology in the treatment of anxiety and other psychiatric disorders. *Harvard review of psychiatry,* 25(3), S. 103.

4   Vgl.: Cnet (2018). *VR could be your next painkiller.* Abgerufen am 21.01.2020 von https://www.cnet.com/news/virtual-reality-at-hospitals-could-be-your-next-painkiller/

5   Vgl.: Nicholl, B. I., Sandal, L. F., Stochkendahl, M. J., McCallum, M., Suresh, N., Vasseljen, O., … & Mair, F. S. (2017). Digital support interventions for the self-management of low back pain: a systematic review. *Journal of medical Internet research,* 19(5), e179, und Dobson, R., Whittaker, R., Pfaeffli Dale, L., & Maddison, R. (2017). The effectiveness of text message-based self-management interventions for poorly-controlled diabetes: A systematic review. *Digital health,* 3, 2055207617740315 und Rose, T., Barker, M., Jacob, C. M., Morrison, L., Lawrence, W., Strömmer, S., … & Baird, J. (2017). A systematic review of digital interventions for improving the diet and physical activity behaviors of adolescents. *Journal of Adolescent Health,* 61(6), 669–677 und Wahle, F., Bollhalder, L., Kowatsch, T., & Fleisch, E. (2017). Toward the design of evidence-based mental health information systems for people with depression: a systematic literature review and meta-analysis. *Journal of medical internet research,* 19(5), e191 und Morrison, D., Wyke, S., Agur, K., Cameron, E. J., Docking, R. I., MacKenzie, A. M., … & Mair, F. S. (2014). Digital asthma self-management interventions: a systematic review. *Journal of medical Internet research,* 16(2), e51 und Unni, E., Gabriel, S., & Ariely, R. (2018). A review of the use and effectiveness of digital health technologies in patients with asthma. Annals of Allergy, *Asthma & Immunology,* 121(6), S. 680–691 sowie Ma, T., Sharifi, H., & Chattopadhyay, D. (2019). Virtual Humans in Health-Related Interventions: A Meta-Analysis. In *Extended Abstracts of the 2019 CHI Conference on Human Factors in Computing Systems* (S. 1–6).

6   Vgl.: Waltz, E. (2018). Pear approval signals FDA readiness for digital treatments. *Nat Biotechnol* 36, S. 481–482, doi:10.1038/nbt0618–481

7   Vgl.: Mobihealthnews (2019). *Fragmentation, regulations pose unique challenges for Europe's digital health market.* Abgerufen am 21.01.2020 von https://www.mobihealthnews.com/news/fragmentation-regulations-pose-unique-challenges-europes-digital-health-market

8   Vgl.: European Comission (2018). *Privacy Code of Conduct on mobile health apps.* Abgerufen am 21.01.2020 von https://ec.europa.eu/digital-single-market/en/privacy-code-conduct-mobile-health-apps

9   Vgl.: Mobihealthnews (2019). *Fragmentation, regulations pose unique challenges for Europe's digital health market.* Abgerufen am 21.01.2020 von https://www.mobihealthnews.com/news/fragmentation-regulations-pose-unique-challenges-europes-digital-health-market

10 Vgl.: World Health Organization (2003). *Adherance to long term therapies: evidence for action.* Geneva: World Health Organization.

11 Ebd.

12 Watanabe, J. H., McInnis, T., & Hirsch, J. D. (2018). Cost of prescription drug–related morbidity and mortality. *Annals of Pharmacotherapy,* 52(9), S. 829–837.

13 Vgl.: Proteus Digital Health (2019). *Proteus Digital Health® DigiMeds Data Demonstrates 99Prozent of Hepatitis C Patients at High Risk for Nonadherence Achieved a Cure.* Abgerufen am 22.01.2020 von https://www.proteus.com/press-releases/proteus-digital-health-digimeds-data-demonstrates-99-of-hepatitis-c-patients-at-high-risk-for-nonadherence-achieved-a-cure/

14 Vgl.: Thompson, D. (2019). *Interview during CB Future of Digital Health Conference,* New York.

Kapitel 7
Digitale Gesundheitsdaten und Datensicherheit

1   Vgl.: Frieden, T. R. (2017). Evidence for health decision making—beyond randomized, controlled trials. *New England Journal of Medicine,* 377(5), S. 465–475.

2   Ebd.

3   Vgl.: Kassell, L., Hawkins, M., Ralley, R., and Young, J. (2019). *History of medical records, A Critical Introduction to the Casebooks of Simon Forman and Richard Napier,* 1596–1634, Abgerufen am 09.12.2019 von https://casebooks.lib.cam.ac.uk/astrological-medicine/history-of-medical-records sowie Opentext (2017). *The History of Heath Information Management – From Then to Now.,* Abgerufen am 22.01.2020 von https://blogs.opentext.com/history-heath-information-management-now/

4   Ebd.

5 Vgl.: Aravind (2019). *Evolution of Medical Records, development and its importance*. Abgerufen am 22.01.2020 von http://old.aurosiksha.org/ebook/medical_records_chapter1.html

6 Vgl.: Opentext (2017). *The History of Heath Information Management – From Then to Now.*, Abgerufen am 22.01.2020 von https://blogs.opentext.com/history-heath-information-management-now/

7 Ebd.

8 Vgl.: Swan, M. (2013). The quantified self: Fundamental disruption in big data science and biological discovery. *Big data*, 1(2), S. 85–99.

9 Vgl.: Siemens Healthineers (2015). *Smart Use of Big Data: The Key to the Future*. Abgerufen am 22.01.2020 von https://www.siemens-healthineers.com/en-be/news/mso-big-data-and-healthcare-2.html

10 Vgl.: Andreu-Perez, J., Poon, C. C., Merrifield, R. D., Wong, S. T., & Yang, G. Z. (2015). Big data for health. *IEEE journal of biomedical and health informatics*, 19(4), S. 1193–1208 und Fortune (2016). *Here's How IBM Watson Health Is Transforming the Health Care Industry*. Abgerufen am 22.01.2020 von https://fortune.com/longform/ibm-watson-health-business-strategy/ sowie Quintero, D., and Lee, F. (2019). *IBM Reference Architecture for High Performance Data and AI in Healthcare and Life Sciences*, Armonk: IBM Corporation.

11 Vgl.: Dinov, I. D. (2016). Volume and value of big healthcare data. *Journal of medical statistics and informatics*, 4.

12 Vgl.: Nature (2019). *The future of electronic health records*. Abgerufen am 22.01.2020 von https://www.nature.com/articles/d41586-019-02876-y

13 Ebd. sowie Arndt, B. G., Beasley, J. W., Watkinson, M. D., Temte, J. L., Tuan, W. J., Sinsky, C. A., & Gilchrist, V. J. (2017). Tethered to the EHR: primary care physician workload assessment using EHR event log data and time-motion observations. *The Annals of Family Medicine*, 15(5), S. 419–426.

14 Vgl.: Andreu-Perez, J., Poon, C. C., Merrifield, R. D., Wong, S. T., & Yang, G. Z. (2015). Big data for health. *IEEE journal of biomedical and health informatics*, 19(4), S. 1193–1208.

15 Vgl.: Spil, T., & Klein, R. (2014). Personal health records success: why Google Health failed and what does that mean for Microsoft Health Vault? In *2014 47th Hawaii International Conference on System Sciences* (S. 2818–2827). IEEE.

16 Vgl.: Safran, C., Bloomrosen, M., Hammond, W. E., Labkoff, S., Markel-Fox, S., Tang, P. C., & Detmer, D. E. (2007). Toward a national framework for the secondary use of health data: an American Medical Informatics Association White Paper. *Journal of the American Medical Informatics Association*, 14(1), S. 1–9.

17 Ebd.

18 Vgl.: Koczkodaj, W. W., Mazurek, M., Strzałka, D., Wolny-Dominiak, A., & Woodbury-Smith, M. (2019). Electronic health record breaches as social indicators. *Social Indicators Research*, 141(2), S. 861–871.

19   Vgl.: Domas, S. (2016). *Protecting Medical Devices from Cyberharm*, TEDx Columbus. Abgerufen am 22.01.2020 von https://www.youtube.com/watch?v=EyqwUFJKZo0.

20   Ebd.

21   Vgl.: Herbert, T., (2018). *Was ist der Unterschied zwischen Privatsphäre und Sicherheit?* Abgerufen am 22.01.2020 von https://www.globalsign.com/de-de/blog/was-ist-der-unterschied-zwischen-privatsphaere-und-sicherheit/

22   Vgl.: Murgia, M. (2017)., *How data brokers sold my identity*, TEDxExeter. Abgerufen am 22.01.2020 von https://www.youtube.com/watch?v=AU66C6HePfg sowie Barth-Jones, D. (2012). The're-identification'of Governor William Weld's medical information: a critical re-examination of health data identification risks and privacy protections, then and now. *Then and Now* (Juli 2012).

23   Vgl.: Beauchamp, T. L., and James F. C. (2001). *Principles of biomedical ethics*. Oxford University Press.

24   Vgl.: Sim, I. (2019). Mobile devices and health. *New England Journal of Medicine*, 381(10), S. 956–968.

25   Vgl.: Pentland, A. (2009). *Reality mining of mobile communications: Toward a new deal on data*. The Global Information Technology Report 2008–2009, S. 1981.

Kapitel 8
Ergebnisorientierte Medizin

1   Immelt, J. (2019). *CB Insights Future of Health Conference*, 02.10.2019, Fireside Chat with Jeff Immelt, New York.

2   Vgl.: Comparis (2019). *Jeder neunte Patient erhält vom Arzt keine Rechnung.* Abgerufen am 22.11.2019 von https://www.comparis.ch/comparis/press/medienmitteilungen/artikel/2013/krankenkasse/arztrechnung/patienten-rechnung

3   Vgl.: Health Care Cost Institute (2019). *Healthy Marketplace Index.* Abgerufen am 22.11.2019 von https://www.healthcostinstitute.org/blog/entry/hmi-2019-service-prices

4   Vgl.: New England Healthcare Institute (2010). *A Matter of Urgency: Reducing Emergency Department Overuse.* Abgerufen am 28.03.2019 von https://www.nehi.net/writable/publication_files/file/nehi_ed_overuse_issue_brief_032610finaledits.pdf sowie New England Healthcare. (2008). *Waste and Inefficiency in the U.S. Health Care System.* Abgerufen am 28.03.2019 von https://media.washingtonpost.com/wp-srv/nation/pdf/healthreport_092909.pdf

5   Vgl.: Pratt et al. (2000). Higher Direct Medical Costs Associated With Physical Inactivity, *The Physician and Sportsmedicine*, 28:10, S. 63–70.

6   Vgl.: Etkin, J. (2016). The hidden cost of personal quantification. Journal of Consumer Research, 42(6), S. 967–984.

7   Vgl.: Neue Züricher Zeitung (2016). *Dank der Immuntherapie lässt sich das Leben vieler Menschen mit bösartigen Tumoren verlängern.* Abgerufen am 22.11.2019 von https://www.nzz.ch/nzzas/nzz-am-sonntag/neue-krebstherapien-immuntherapie-patienten-leben-deutlich-laenger-ld.117887

Kapitel 9
Digitale Medikamentenentwicklung

1   Vgl.: The Nobel Prize (2019). *All Nobel Prizes in Physiology or Medicine.* Abgerufen am 12.11.2019 von https://www.nobelprize.org/prizes/lists/all-nobel-laureates-in-physiology-or-medicine

2   Vgl.: Neuman, K. (2019). *When My Mother Forgot Me.* In New York Times. Abgerufen am 21.06.2019 von https://www.nytimes.com/2019/06/21/well/family/when-my-mother-forgot-me.html

3   Vgl.: Gorgan, D. (2018). *The Impact of Digital Health Companies on Cancer Treatments: A Qualitative Analysis* (Bachelorarbeit Universität St. Gallen). Abgerufen am 27.03.2020 von Katalog EDOK HSG (14611875101).

4   Vgl.: Sigrist, S., Bornstein, N., Lesmono, K., Dür, A., & Folkers, G. (2015). *Hacking Healthcare.* Zurich, CH: NZZ Libro.

5   Vgl.: Markarian, J. (2018). Robotic Automation Finds Use in the Pharma Lab, Pharmtech, *Equipment and Processing Report,* Volume 11, Issue 11.

6   Vgl.: WATRMC 18 (2018). *Abraham Heifets, CEO at Atomwise.* Abgerufem am 17.05.2019 von https://www.youtube.com/watch?v=-TyRuN0PPV8g

7   Vgl.: Williams, K., Bilsland, E., Sparkes, A., Aubrey, W., Young, M., Soldatova, L. N., … & Oliver, S. G. (2015). Cheaper faster drug development validated by the repositioning of drugs against neglected tropical diseases. *Journal of the Royal society Interface,* 12(104), 20141289.

8   Vgl.: Novartis (2017). *Bringing virtual reality to the lab.* Abgerufen am 26.03.2020 von https://www.novartis.com/stories/from-our-labs/bringing-virtual-reality-lab

9   Vgl.: MIT Industrial Liaison Program (ILP). (2019). *Andrew A. Radin & Andrew M. Radin, twoXAR (Video 1–4).* Abgerufen am 05.05.2019 von https://www.youtube.com/watch?v=nQy_B1Ddf00

10   Pfizer (2019). *Wie künstliche Intelligenz bei der Medikamentenentwicklung hilft.* Abgerufen am 22.01.2020 von https://www.pfizer.at/get-science/wie-kuenstliche-intelligenz-bei-der-medikamentenentwicklung-hilft/

11 Vgl.: Bookbinder, M. (2017.) *The Intelligent Trial: AI Comes To Clinical Trials*. Clinical Informatics News. Abgerufen am 04.11.2019 von http://www.clinicalinformaticsnews.com/2017/09/29/the-intelligent-trial-ai-comes-to-clinical-trials.aspx.

12 Vgl.: Harris Interactive (2001). Misconceptions and lack of awareness greatly reduce recruitment for cancer clinical trials. *Health Care News* 1(3).

13 Vgl.: Antidote (2019). *A Year in Review: An Interview with Antidote CEO, Laurent Schockmel*. Abgerufen am 22.01.2020 von https://www.antidote.me/blog/a-year-in-review-an-interview-with-antidote-ceo-laurent-schockmel

14 Vgl.: Antidote (2019). *Clinical Trial Patient Recruitment Case Studies: The Value of Saving Time*. Abgerufen am 22.01.2020 von https://www.antidote.me/blog/clinical-trial-patient-recruitment-case-studies-the-value-of-saving-time

15 Vgl.: Haddad, T. C., Helgeson, J., Pomerleau, K., Makey, M., Lombardo, P., Coverdill, S., … & LaRusso, N. (2018). *Impac}t of a cognitive computing clinical trial matching system in an ambulatory oncology practice*.

16 Vgl.: Feiner, L. (2019). *Apple CEO Tim Cook speaks with CNBC's Jim Cramer: Full transcript*. Abgerufen am 22.01.2020 von https://www.cnbc.com/2019/01/08/apple-ceo-tim-cook-interview-cnbc-jim-cramer-transcript.html

17 Vgl.: Bot, B., Suver, C., Neto, E. et al. (2016). The mPower study, Parkinson disease mobile data collected using ResearchKit. *Sci Data 3*, 160011 (2016) doi:10.1038/sdata.2016.11.

18 Ebd.

19 Vgl.: F. Hoffmann-La Roche AG (2019). *Roche's Position on Access to & Use of Real World Data*. Basel, CH: F. Hoffmann-La Roche AG.

20 Vgl.: McKinsey & Company (2018). *Real-world evidence: Driving a new drug development paradigm in oncology*, Boston: McKinsey & Company.

21 Amgen Inc (2017). *How Real-World Data is Transforming Drug Development*. Abgerufen am 22.01.2020 von https://www.amgenscience.com/features/how-real-world-data-is-transforming-drug-development/

22 Vgl.: Die ZEIT (2013). *Prof. Dr. med. Zufall*. Abgerufen am 22.01.2020 von https://www.zeit.de/2013/30/entdeckungen-medizin-geschichte-zufall/seite-3

23 Vgl.: Martin, L., Hutchens, M., Hawkins, C., & Radnov, A. (2017). How much do clinical trials cost? *Nature Reviews Drug Discovery*, 16(6), S. 381–382. doi:10.1038/nrd.2017.70.

24 Vgl.: Westdeutscher Rundfunk (2016). *Die stolze Schwerstarbeiterin*. Abgerufen am 22.01.2020 von https://www1.wdr.de/archiv/contergan/contergan158.html

25 Rassen, J. (2019). *CB Insights Future of Health Conference*, New York.

26 All of Us Research Program (2015). *President Obama Speaks on the Precision Medicine Initiative.* Abgerufen am 22.01.2020 von: https://www.youtube.com/watch?v=05gkYTBoRLo&t=3s

27 Vgl.: The Nobel Prize (2019). *All Nobel Prizes in Physiology or Medicine.* Abgerufen am 12.11.2019 von https://www.nobelprize.org/prizes/lists/all-nobel-laureates-in-physiology-or-medicine

28 Vgl.: Lunshof, J. E., Bobe, J., Aach, J., Angrist, M., Thakuria, J. V., Vorhaus, D. B., … & Church, G. M. (2010). Personal genomes in progress: from the human genome project to the personal genome project. *Dialogues in clinical neuroscience*, 12(1), S. 47.

29 Vgl.: Molteni, M. (2018) *With Medicare Support, Genetic Cancer Testing Goes Mainstream.* Wired. Abgerufen am 22.01.2020 von https://www.wired.com/story/with-medicare-support-geneticcancer-testing-goes-mainstream

Kapitel 10
Neue Rollenverteilung: Patienten an die Macht – und in die Pflicht

1 Vgl.: Topol, E. (2015). *The Patient Will See You Now: The Future of Medicine is in Your Hands.* New York: Basic Books, S. 33.

Kapitel 11
Digitale Gesundheitsdaten und Infrastruktur: Datenspenden ist das neue Blutspenden

1 Vgl.: Woolhandler, S., & Himmelstein, D. U. (2014). Administrative work consumes one-sixth of US physicians' working hours and lowers their career satisfaction. *International Journal of Health Services*, 44(4), S. 635–642.

2 Vgl.: Gfs. Bern (2017). *Verändertes Arbeitsumfeld und Einstellung zu neuen Finanzierungsmodellen: Auswirkungen Leistungsorientierung im Gesundheitswesen erkennbar.* Accompanying study commissioned by FMH 2017. Abgerufen am 02.06.2020 von https://www.fmh.ch/files/pdf20/2018_02_15_Begleitforschung_Kurzversion_FMH_WIK.pdf sowie VSAO (2020). *Arbeitssituation der Assistenz- und Oberärztinnen und -ärzte: Mitgliederbefragung 2020.* Abgerufen am 02.06.2020 von https://vsao.ch/wp-content/uploads/2020/05/FL_Auswertung_Grafiken-und-Tabellen_DE_20200511_V01.00.pdf

3   Vgl.: Spahn, J., Müschenich, M., & Debatin, J. F. (2016). *App vom Arzt: Bessere Gesundheit durch digitale Medizin.* Freiburg: Verlag Herder.
4   Ebd. S. 39.
5   Vgl.: Shrank, W. H., Rogstad, T. L., & Parekh, N. (2019). Waste in the US health care system: estimated costs and potential for savings. *JAMA,* 322(15), S. 1501–1509.
6   Vgl.: Iten, R. (2012). *Symposium Sustainable healthcare system.*

Kapitel 12
Präzision: Die Pille nur für mich

1   Vgl.: All of Us Research Program (2015). *President Obama Speaks on the Precision Medicine Initiative.* Abgerufen am 19.12.2019 von https://www.youtube.com/watch?v=05gkYTBoRLo&t=3s
2   Vgl.: Nature (2016). *China embraces precision medicine on a massive scale.* Abgerufen am 19.12.2019 von https://www.nature.com/news/china-embraces-precision-medicine-on-a-massive-scale-1.19108 sowie The Innovator (2019). *China Leaps Ahead in Precision Medicine.* Abgerufen am 19.12.2019 von https://innovator.news/china-leaps-ahead-in-precision-medicine-72cfc469df3d
3   Vgl.: ICPerMed (2020). *About ICPerMed.* Abgerufen am 25.03.2020 von https://www.icpermed.eu/en/icpermed-about.php

Kapitel 13
Ergebnisorientierung und Transparenz: Bezahlt wird erst bei Lieferung

1   Vgl.: Nature (2016). *China embraces precision medicine on a massive scale.* Abgerufen am 19.12.2019 von https://www.nature.com/news/china-embraces-precision-medicine-on-a-massive-scale-1.19108 sowie The Innovator (2019). *China Leaps Ahead in Precision Medicine.* Abgerufen am 19.12.2019 von https://innovator.news/china-leaps-ahead-in-precision-medicine-72cfc469df3d
2   Vgl.: Internet World Stats (2019). *Schätzung zum Anteil der Internetnutzer an der Bevölkerung in ausgewählten Ländern in Afrika im Jahr 2019.* In Statista. Abgerufen am 31.07.2019 von https://de.statista.com/statistik/daten/studie/233368/umfrage/anteil-der-internetnutzer-in-afrika-im-jahresvergleichnach-laendern/
3   Vgl.: Die Welt (2018). *Wo Ärzte über das Internet Leben retten.* Abgerufen am 19.12.2019 von https://www.welt.de/gesundheit/article180710664/So-funktioniert-die-Telemedizin-in-Tansania.html

4   Vgl.: Internet World Stats (2019). *Schätzung zum Anteil der Internetnutzer an der Bevölkerung in ausgewählten Ländern in Afrika im Jahr 2019.* In Statista. Abgerufen am 31.07.2019 von https://de.statista.com/ statistik/daten/studie/233368/umfrage/anteil-der-internetnutzer-in-afrika-im-jahresvergleichnach-laendern/

5   Vgl.: Die Welt (2018). *Wo Ärzte über das Internet Leben retten.* Abgerufen am 19.12.2019 von https://www.welt.de/gesundheit/ article180710664/So-funktioniert-die-Telemedizin-in-Tansania.html

Kapitel 14
Prävention: Vorsorge statt Reparatur

1   Vgl.: Public Health England (2017). *PHE highlights 8 ways for local areas to prevent mental ill health.* Abgerufen am 12.02.2020 von https://www. gov.uk/government/news/phe-highlights-8-ways-for-local-areas-to-prevent-mental-ill-health

2   Vgl.: Garg, V., Molosky, A., Palakodeti, S., Jain, S. (2018). *Rethinking How Medicaid Patients Receive Care.* Retrieved 02/12/2020, https://hbr. org/2018/10/rethinking-how-medicaid-patients-receive-care

3   Vgl.: Guthold, R., Stevens, G. A., Riley, L. M., & Bull, F. C. (2020). Global trends in insufficient physical activity among adolescents: a pooled analysis of 298 population-based surveys with 1· 6 million participants. *The Lancet Child & Adolescent Health*, 4(1), S. 23–35.

4   Ebd.